教师教育课程标准配套教材

心理学
XINLIXUE

主　编　胡　林　李召茂
副主编　熊庆秋　李欣晏
编　者　赵梦露　冯　琪　张晓茜
　　　　黄　倩　黄遇铭　黄　菁

西安交通大学出版社
XI'AN JIAOTONG UNIVERSITY PRESS

图书在版编目(CIP)数据

心理学/胡林,李召茂主编.—西安:西安交通大学出版社,2022.4(2025.7重印)
ISBN 978-7-5693-2550-8

Ⅰ.①心… Ⅱ.①胡…②李… Ⅲ.①心理学-教材 Ⅳ.①B84

中国版本图书馆 CIP 数据核字(2022)第 034363 号

书　　名	心理学
主　　编	胡　林　李召茂
副 主 编	熊庆秋　李欣晏
责任编辑	侯君英
责任校对	张　娟

出版发行	西安交通大学出版社
	(西安市兴庆南路1号　邮政编码 710048)
网　　址	http://www.xjtupress.com
电　　话	(029)82668357　82667874(市场营销中心)
	(029)82668315(总编办)
传　　真	(029)82668280
印　　刷	西安五星印刷有限公司

开　　本	787 mm×1092 mm　1/16　印张 14　字数 355 千字
版次印次	2022 年 4 月第 1 版　2025 年 7 月第 2 次印刷
书　　号	ISBN 978-7-5693-2550-8
定　　价	39.80 元

如发现印装质量问题,请与本社市场营销中心联系。
订购热线:(029)82665248　(029)82667874
投稿热线:(029)82668525
读者信箱:rw_xjtu@126.com

版权所有　侵权必究

前　言

心理学是一门研究人类心理现象、精神功能和行为的科学，其涉及领域广泛，包括心理学概论及心理现象产生的心理机制，以及知觉与注意、学习与记忆、思维想象、言语、情感与意志等，也包括个性倾向性系统，如需要、动机、兴趣、价值观等，还包括个性特征，如能力、气质、性格等。

心理学是高等院校教师教育专业的一门专业必修课，它在为师范生提供作为教师职业所需要的心理学基础知识的同时，也为师范生进一步学习其他教育理论课和更高阶段的心理学理论打下了坚实基础。通过对心理学基础知识的学习，了解心理学对象、性质和基本研究方法；明确学习心理学的意义，正确理解人类心理的实质，认识心理现象发生、发展以及相互作用的规律；初步培养学生运用心理学的基本原理分析和解决生活、学习中遇到的各种心理问题的能力。

本书的编者都是来自高等院校一线的心理学教师，不仅具有心理学的学科背景，而且具有丰富的教学实践经验，更加了解高等师范学校学生的特点。我们编写时兼顾理论性和应用（实践）性，遵循总结、借鉴、创新的原则，认真总结多年来教材使用的经验；借鉴国内外优秀教材的建设经验，进一步提高教材质量，力争在教材内容、风格、体系上创新。我们结合社会对中小学教师的新要求，探究针对性强的心理学教材。本教材在编写上具有以下特点：

（1）结合国家对教师职业资格准入的要求，在知识体系上更完整、更严谨。

（2）注重心理学的原理和规律在中小学教育教学及生活中的应用。

（3）反映国内外最新研究成果，更具有前瞻性和发展性，渗透课程思政的育人功能。

（4）本教材实用性、趣味性和可读性兼具。

（5）课后的思考题结合教师资格及招聘考试的真题，有利于学生的学习及知识的巩固迁移。

　　本书由胡林和李召茂主编并统稿。各章执笔者如下：第一章，李召茂；第二章，张晓茜；第三章，黄菁；第四章，黄倩；第五章，冯琪；第六章，李欣晏；第七章，赵梦露；第八章、第十一章，熊庆秋；第九章，黄遇铭；第十章，胡林。

　　本书在编写过程中参考了国内外同行的资料与文献，在此谨致最诚挚的谢意。由于编者水平有限，其中难免有些疏漏和遗憾。希望读者多提宝贵意见。

编者

2021 年 7 月

目 录

第一章 概 述 …………………………………………………………… (1)
  第一节 心理学的研究对象 ………………………………………… (1)
  第二节 心理学的发展史 …………………………………………… (7)
  第三节 心理学的研究方法 ………………………………………… (11)

第二章 心理的神经生理机制 …………………………………………… (16)
  第一节 神经元 ……………………………………………………… (16)
  第二节 神经系统 …………………………………………………… (18)
  第三节 条件反射 …………………………………………………… (23)

第三章 注 意 …………………………………………………………… (31)
  第一节 注意的概述 ………………………………………………… (31)
  第二节 注意的种类及规律 ………………………………………… (34)
  第三节 注意的品质及培养 ………………………………………… (37)

第四章 感觉和知觉 ……………………………………………………… (45)
  第一节 感觉和知觉的概述 ………………………………………… (45)
  第二节 感觉和知觉的基本规律 …………………………………… (54)
  第三节 观察力 ……………………………………………………… (65)

第五章 记 忆 …………………………………………………………… (68)
  第一节 记忆的概述 ………………………………………………… (68)
  第二节 记忆的基本过程及规律 …………………………………… (70)
  第三节 记忆系统 …………………………………………………… (76)
  第四节 记忆的品质及培养 ………………………………………… (81)

第六章 思维与想象 (85)
- 第一节 思维的概述 (85)
- 第二节 问题及问题解决 (91)
- 第三节 创造性思维 (103)
- 第四节 想象 (109)

第七章 言语 (113)
- 第一节 语言与言语的概述 (113)
- 第二节 言语的感知与理解 (121)
- 第三节 言语的产生及发展 (125)

第八章 情感和意志 (135)
- 第一节 情绪和情感的概述 (135)
- 第二节 情绪和情感的种类 (139)
- 第三节 情绪的调节与控制 (142)
- 第四节 意志的概述 (148)
- 第五节 意志的品质 (152)

第九章 个性倾向性 (157)
- 第一节 需要 (157)
- 第二节 动机 (162)
- 第三节 兴趣与价值观 (170)

第十章 能力 (178)
- 第一节 能力的概述 (178)
- 第二节 能力的理论与测量 (181)
- 第三节 能力的个别差异与发展 (192)

第十一章 气质与性格 (199)
- 第一节 气质与性格概述 (199)
- 第二节 气质的类型及高级神经活动学说 (202)
- 第三节 性格的特征及类型 (208)
- 第四节 性格的测验 (210)
- 第五节 性格的形成和发展 (214)

参考文献 (217)

第一章

概 述

🔴 学习目标

1. 了解心理学的研究对象及主要学派,理解心理学的学习意义。
2. 了解心理学的发展历史,理解心理学的研究任务。
3. 了解心理学的研究方法,并在将来的生活和工作中加以运用。

心理学是研究心理现象及规律的一门科学。人的心理现象纷繁复杂,古往今来,人们对它充满好奇与遐想,也对它进行了不断的探索与研究。人们可以从心理学的研究对象、心理学研究的任务及意义、科学心理学的产生与发展历史,以及心理学研究方法等方面了解人的心理,揭示其发生、发展的规律。

第一节 心理学的研究对象

一、什么是心理学

(一)心理学的定义

世界上存在着两种现象即物质现象和精神现象。人们对自然环境、自己的身体等物质现象的认识比较深刻,而对人的精神现象、心理现象(如感知、记忆、思维、情绪、气质和性格、能力等)产生的认识差别较大。

心理学的英文词汇是"psychology",它源自希腊文"psyche"和"logos"的组合。"psyche"的含义是"灵魂","logos"的含义是"阐述",把"psyche"和"logos"合起来即为"对灵魂或精神的研究",这是心理学最早的定义,但这个定义并没有对心理学做出科学解释。

在1879年,德国哲学家、心理学家冯特(W. Wunt,1832—1920)在德国莱比锡大学创建了世界上第一个心理学实验室,对人的心理现象系统地进行实验研究。从此,心理学从哲学中分离出来而成为一门独立的科学。随着心理学研究的深入,心理学逐渐有了相对统一的定义:心理学是研究人的心理现象及其规律的科学,具体来说是研究人的行为、心理活动规律的科学。人的心理活动和行为之间相互作用、相互依存,两者之间遵循着一定的规律。心理学通过探讨人的心理现象及其行为变化来分析、解释、预测、调控人的心理活动和行为。

(二)人的心理现象

人的心理现象丰富多彩,表现形式多种多样。心理学通常将心理现象分为两个方面,一方面是心理过程,探讨的是人的心理的共同性;另一方面是个性心理,探讨的是人的心理的差异性。概括为以下内容。

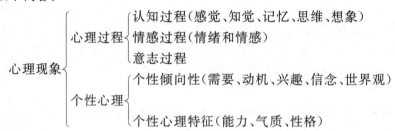

1. 心理过程

心理过程是指人的心理活动发生、发展的过程。心理过程包括认知过程、情感过程和意志过程。

(1)认知过程。认知过程是人们对客观事物的认识过程,也是信息加工、处理的过程。它包括感觉、知觉、记忆、思维、想象等过程。感觉是人脑对直接作用于感觉器官的客观事物的个别属性的反映。如物体的颜色、声音、气味、味道,以及软、硬、粗糙、平滑、冷热等。知觉是个体对直接作用于感觉器官的客观事物的整体属性的反映。通过知觉,人们就能够知道在自己面前的事物是一面红旗、一座山,还是一朵菊花;听到的是雷声还是鸟鸣声。人们不仅能感知当前的事物,而且感知过的事物能够在头脑中留下痕迹,以后当该事物出现时能够认出来,没有出现时能够回忆起来,大脑的这种保持经验的功能就是记忆。例如,我们可以背诵出曾经学过的诗词、公式,想起往昔同窗,以及曾经的悲喜。人不仅能认识事物的外部属性,并且能认识事物的本质属性和联系。例如,中医可以根据望闻问切判断病人的病情并进行诊断,教师可以根据学生的言行了解其内心世界,这类心理活动过程就是思维,人们可以运用思维解决问题。另外,人们还能对感知、记忆过的事物进行加工改造,形成新的事物形象。例如,读李白的诗《望庐山瀑布》时,人们头脑中会浮现出瀑布的样子。

(2)情绪情感过程。人在认识客观事物的过程中,对客观事物总是持有一定的感受和体验。例如,人们既具有对外界事物的喜怒哀乐的基本情绪,又具有对工作和学习的热爱、对大自然的赞叹、对朋友的喜爱、对道德模范的敬慕等情感。这些在认识基础上产生的态度体验就是情绪和情感。

(3)意志过程。每个人的生活,并非是一帆风顺的,总会遇到这样或那样的困难,我们能知难而进,克服困难达到目的,这就是意志过程。意志是人自觉地确定目的,并根据目的调节和支配自己的行动,克服困难以实现预定目的的心理过程。如"愚公移山""不想做元帅的士兵不是好士兵",这些都是体现意志过程的事例。

认知过程、情感过程和意志过程并非是孤立的,它们是相互联系、相互制约的,构成有机的整体。其中,认知过程是情绪情感过程和意志过程产生的基础,只有对客观事物有了一定的认知,才能引起相应的情绪和情感共鸣,如听到《二泉映月》人们不由悲上心头。在进行意志行动时正确地确定自己的目的,选择实现目的的途径、方法。此外,情绪情感和意志又对认知过程有重要影响,如"爱之切,则知之深"。积极的情绪情感和坚强的意志能推动认知的深入进行,消极的情绪情感和薄弱的意志对认知过程具有阻碍的作用。

情绪情感和意志二者之间也是相互影响的。积极的情绪情感可以成为意志行动的动力;消极的情绪情感会阻碍意志行动的进行;意志坚强的人可以控制消极的情绪情感,如"化悲痛为力量",意志薄弱的人,就会被消极的情绪情感所左右。

可见,在人的心理活动过程中,认知过程、情绪情感过程和意志过程是同一个心理活动的不同方面。研究人的心理过程发生、发展的规律是心理学研究的对象之一。

2. 个性心理

人是社会中的个体,个体在成长的过程中,受到环境、遗传、教育等诸多因素的影响,形成了相对比较稳定的心理特点,"人心不同,各如其面"反映了个体的差异性,即指个性。个性在西方也称为人格,是一个人区别于他人的心理特征的总称,即个体之间的差异性或独特性,它是心理学研究的另外一个对象。个性主要表现在个性倾向性和个性心理特征两方面。

(1)个性倾向性。个性倾向性是指人对客观事物的态度以及对活动对象的选择与趋向,是推动人从事活动的动力系统,主要包括需要、动机、兴趣、价值观、人生观和世界观等。需要是人在生理和心理上的某种失衡状态,是引起个体进行活动的基本原因,如生理需要中的衣、食、住、行的需要,社会需要中的成就、交往、权利的需要。动机是在需要的驱动下产生指向一定目标的推动人们活动的心理动力。兴趣是人对客观事物认识及情绪的心理倾向。"兴趣是最好的老师"。世界观是人对世界总的看法。有人是唯物论,有人是唯心论。世界观是心理动力中的最高表现形式,集中反映了人的社会属性。

(2)个性心理特征。个性心理特征是人在认知过程、情绪情感过程和意志过程中形成的相对稳定的特点,是个体诸多特点的组合,主要包括能力、气质和性格,使个人的心理活动与他人的心理活动区别开来。①能力是指一个人顺利完成某种活动所必须具备的心理特征,表现了人与人之间存在差异的活动效率及潜在可能性。例如,有人思维深刻、聪明伶俐,有人认识肤浅、愚笨迟钝;有人擅长数学;有人语言丰富;有人在音乐方面吹、拉、弹、唱样样精通;有人没多少文化但动手操作能力强,这些都反映了个体能力的差异性。②气质是指人的心理活动产生稳定的动力特征,表现为心理活动的强度、速度、稳定性、倾向性等特征。例如,有人活泼好动、反应机敏;有人急躁直率、容易冲动;有人性情安静稳重、反应迟缓;有人性情内向细腻、多愁善感,这些都是气质类型。③性格是指人对现实的稳定态度和与之相适应的习惯化了的行为方式的心理特征,它是人格的核心。例如,有人勤劳善良,有人懒惰阴险;有人坚果敢,有人优柔寡断;有人独立自信,有人依赖自卑,这些都是性格差异的具体表现。能力、气质和性格三者之间相互影响、相互作用,从而使一个人的心理活动和行为表现区别于其他人。

人的心理过程和个性心理之间密切联系,相互影响而构成有机整体。心理过程是个性心理形成的基础,个性心理形成后制约着心理过程的进行和发展,且在心理活动中表现出来。

总之,心理学是研究人的心理过程发生、发展规律的科学,是研究心理特征形成、变化与发展规律的科学,也是研究心理过程和个性心理相互关系的规律的科学。

(三)心理学发展中的主要种类

心理学自1879年成为一门独立学科以来,随着心理学学科研究领域的深入发展,逐渐演变出许多的学科分支。这些分支学科有的是理论上的任务,有的是实践上的任务。这些学科主要有以下几种。

1. 普通心理学

普通心理学是研究正常成人的心理现象及一般规律的科学。普通心理学概括了各分支学科的研究成果,同时又为各分支学科提供理论基础。在普通心理学范畴内还包括感知觉心理学、记忆心理学、思维心理学、动机心理学、情绪心理学、个性心理学等。普通心理学是心理学中最基础的学科,也是学习其他心理学的入门学科。

2. 发展心理学

发展心理学是研究人类个体心理发展规律的科学。发展心理学按照人生发展的各个阶段可分为婴幼儿心理学、学龄儿童心理学、少年心理学、青年心理学、成年心理学和老年心理学,分别研究各年龄阶段的心理特点及其形成规律。

3. 生理心理学

生理心理学是研究心理的生理机制的科学,它试图以脑内的生理机制来解释心理现象。生理心理学主要研究各种感觉系统的机制、学习和记忆、情绪、气质等各种心理现象的神经机制以及内分泌腺对行为的机制等。这些研究对揭示心理现象和它的物质本体与神经过程的关系、科学地解释心理现象、指导临床实践都有实践的意义。

4. 教育心理学

教育心理学是研究学校情境中学与教的心理规律的科学,它的内容主要涉及学生心理、学习心理(知识技能的学习、学习理论、学习策略、问题解决、良好品德的形成)、教学心理(教学设计、教学管理、因材施教)、教师心理等几大块。教育心理学的研究影响着教学的有效性,对人才的培养和选拔产生极大的应用价值。

5. 社会心理学

社会心理学是研究个体和群体在相互作用中的心理和行为发生及变化规律的科学。具体地说,它研究社会认知、社会动机、社会态度、社会感情、团体心理(如从众心理)、社会印象以及时尚、风俗舆论、流言等社会心理现象的特点及其变化发展的条件和规律。

6. 人格心理学

人格心理学是研究个体认知、情绪、动机与行为整体性的独特模式的心理科学。人格心理学描述和了解个人独特的稳定的心理特征和行为,同时也探讨人格形成的影响因素,并对人格特征进行测量和评估,运用人格理论对人性做系统的解释。

7. 临床心理学

临床心理学是以心理与行为异常表现为研究对象的心理学分支学科。临床心理学主要研究和说明异常心理与行为的基本性质与特点。研究个体心理差异以及生存环境对异常心理发生、发展的影响、诊断、矫正系统。这些异常心理主要有情绪问题、犯罪倾向、智力迟钝、行为怪异等,从而建立系统理论,作为心理诊断和治疗的依据。

除以上学科外,属于心理学范畴的还有认知心理学、心理测量学、动物心理学、管理心理学、工业心理学、军事心理学、司法心理学等近百种分支学科。

二、心理学的任务

心理学的研究内容是心理现象,也叫心理活动。心理学的主要研究任务是认识心理的本质,揭示心理活动发生发展的规律。具体来说,心理学的任务包括描述和测量、解释和说明、预测和控制人的心理三个方面。

(一)描述和测量人的心理

人的心理活动如果不能被描述和测量,就不能被理解和控制,有时甚至会被看成是绝对任意的、不受因果规律支配的、完全自由的。因此,心理学家大量的工作是描述和测量心理现象和行为,寻找心理活动的规律性。例如,心理学家通过大量测验揭示了人类注意的广度和稳定性、感觉阈限、遗忘的规律、智力水平、性格的类型和特征等规律。心理学所使用的测量工具要考虑信度和效度,测量的数据既在测验时有稳定性和一致性,又要能测量出结果。

(二)解释和说明人的心理

解释和说明人的心理活动,实际上就是找出产生所观察到的某些心理现象的原因。这个过程既包括把已知事实组织起来以形成与事实相符的说明,也包括就事件之间的关系提出需要证明的假定。例如,有的学生课后把老师布置背诵的课文诗句读了三四遍就认为自己背熟了,可是第二天却背诵不出来,也不知原因。其实是他对于所记忆的知识没有做到过度学习。心理学研究表明,学习的熟练程度达到150%时,记忆效果最好;超过150%时,效果并不递增,很可能引起厌倦、疲劳等,从而成为无效劳动。

(三)预测和控制人的心理

科学的重要作用在于预测和控制。人们掌握了心理活动的规律,就能根据客观现实需要去预测和控制心理活动。例如,教师知道了一个学生的主要性格特征,就能够较准确地预测这个学生的日常行为表现。根据一个人的机械能力测验的分数,就能够预测他在机械装配上的成就。另外,了解了影响心理活动的因素,就能够尽量消除不利因素,创造有利因素,改变和控制个体的行为,使活动效率提高。如教师可以运用行为主义的强化理论来塑造学生良好的学习行为。在班级管理中,可以运用班杜拉模仿理论,树立榜样来影响学生,培养学生良好的品德。

三、心理学研究的意义

(一)心理学的理论意义

心理学的研究成果能够丰富和发展辩证唯物主义的哲学原理,探明心理现象的各种规律,在理论上具有重大的意义。

首先,心理学的研究成果为马克思主义认识论和辩证法提供了科学论据。心理学研究心理、意识的起源和发展,研究心理现象对客观事物的依存性,研究外界的客观刺激怎样引起大脑的活动而产生主观的心理现象等问题。这些科学资料,有助于辩证唯物主义者具体地论证物质第一性、意识第二性,意识是高度组织起来的物质的产物以及意识是客观世界的反映等哲学命题,有助于辩证唯物主义的发展。

其次,这个领域的研究对其他相邻的社会学科(如文学、法学、政治学、艺术、经济学等)也有一定的理论意义。因为这些学科和心理学一样都要研究人的心理,只不过研究的侧重点有所不同。心理学的研究成果有助于其他学科深入地认识各自的研究对象。

再次,心理学是教育科学的理论基础,它为教育学、学科教学法,以及班级管理提供理论依据,也为心理学的应用分支学科(如教育心理学、管理心理学等)提供理论依据。

(二)心理学的实践作用

任何实践活动都是在人的心理的调节下完成的。心理学的研究成果能使人们运用已发现的心理规律去预测和控制心理现象的发生和发展,以提高各种实践活动效率。这样,心理学就可以直接参与到极为广泛的实践活动中去,为许多领域的实践服务。

1. 有助于提高教育和教学质量

心理学从它诞生以来,就与教育紧密联系在一起,表现出其特殊的教育意义,成为教育的理论依据之一,而教育反过来也促进了心理学的发展。教育是在教师的引导下使学生掌握知识技能、发展智力、形成良好品德的过程。而学生掌握知识技能、发展智力、形成良好品德的过程也是心理活动的过程,必须通过感知、记忆、思维、想象、注意、情绪、情感、意志等心理过程才可能实现。心理活动过程存在一定的规律,心理学对心理活动规律的研究,有助于教师确定教学目标、依据教学内容选择适当的教学方法。例如,情绪影响着个体的认知,积极的情绪能够成为学习的动力,消极的情绪会成为学习的阻力。作为教师应尽可能地创设良好的环境,让学生在愉快的气氛中进行学习;在进行直观教学时,根据感知的强度律、差异律、活动律、组合律制作和使用直观教具,能够提高感知的效果;让学生依据遗忘的规律,进行及时复习、过度学习、合理分配复习时间并采用良好的记忆方法和策略提高记忆的效果。让学生明确心理学知识是教师进行教育教学的依据之一,教师掌握了心理活动的规律,就可以依据它们分析学生的实际,去制订比较合理的教学或教育的方案,预见后果,总结成败的经验教训,剖析存在于学生身上的各种问题的客观原因与心理原因,并采取对策,从而提高教育教学的质量。心理学在当今也为教师的职业成长提供了许多的理论依据。

2. 有助于个体了解自我,进行自我教育

学习心理学有助于个体了解自己的认知特点,如记忆力、思维、想象等;正确认识自己人格中的特点,全面合理地进行自我评价、自我控制和自我调节;提高自己的能力和水平。

3. 有助于提高个体心理素质,促进心理健康

素质教育是以全面提高人的基本素质为根本目的,尊重人的主体性和主动精神,以人的性格为基础,注重开发人的智慧潜能,形成人的健全个性为根本特征的教育。素质教育重视提高学生的道德素质、身体素质、智力素质、审美素质和劳动素质。人的全面发展的基础是有良好的心理素质。心理素质的内涵非常广泛,主要是心理健康。心理健康的标准是智力正常、情绪健康、意志健全、行为协调、人际关系适应、人格完整和谐、自我意识完善等。

第二节 心理学的发展史

心理学作为一门独立的科学只有100多年的历史,但其思想和实践却有2000多年的历史。著名的德国心理学家艾宾浩斯曾经说过,"心理学有一个漫长的过去,但只有短暂的历史"。在2000多年中,心理学的发展受到哲学、生理学、生物学的影响,直到1879年德国心理学家冯特建立世界上第一个心理学实验室,心理学才从哲学中分离出来,成为一门独立的科学,开始蓬勃发展。

一、早期的心理学思想

我国古代思想家就有许多关于心理的论述。《三字经》中的"人之初,性本善;性相近,习相远";《荀子·天论》中的"形具而神生,好恶喜怒哀乐臧焉,夫是之谓天情";《神灭论》中的"行存则神存,行谢则神灭"。在先秦时期的著作中就蕴涵有"知、情、意"起源的心理学思想。《黄帝内经·素问》中提出:"诸髓者,皆属于脑。"

西方最早论述心理学思想的著作是古希腊哲学家亚里士多德所著的《灵魂论》。亚里士多德把心理功能分为认识功能和动求功能。文艺复兴后期,对科学心理学的诞生产生巨大影响的是法国的笛卡尔和英国的洛克。笛卡尔是二元论者,他认为身心是两种不同的本原,身心可以相互影响。洛克倡导经验理论,他认为人的心灵是一块白板,一切观念都是从后天经验获得的。19世纪以后,由于物理、化学和生物学的发展,一些学者开始应用实验的方法来研究人的心理活动的特点和规律。1859年,达尔文在《物种起源》一书中提出"物竞天择,适者生存"生物进化论的思想,使遗传、环境、个别差异和适应等问题成为心理学研究的主要课题。1877年达尔文发表了《一个婴儿的生活简史》,这是他对自己的一个孩子的观察记录,是进行系统自然观察的典范,对促进儿童心理学的发展有着重要的作用。

在生理学方面,19世纪德国三位生理学家的研究极大地影响了心理学的发展。柏林大学教授缪勒提出的"神经特殊能量说"指出,"人类对外界刺激之所以产生感觉,之所以能够辨别,完全是有赖于各种不同神经传导所发生的特殊能量所致。"他主张大脑功能分区和神经细胞的神经冲动的理论。赫尔姆霍兹对人的颜色视觉进行了深入的研究,他认为,"在人的视觉神经系统中,存在着感受红、绿、蓝三种不同光波的感受器"。继视觉研究后,赫尔姆霍兹又研究了听觉现象,1863年提出了听觉共鸣说。赫尔姆霍兹所提出的色觉理论与听觉理论,迄今仍是心理学上解释色觉与听觉现象重要的基本原理,同时赫尔姆霍兹还开创了心理活动过程的测量和反应时经典研究的先河。费希纳也是一位对科学心理学的诞生有重大影响的生理学家,他首创用实验的方法将物理刺激的变化转化为心理感受性的过程,发现了物理量与心理量之间的函数关系,为心理物理学的发展奠定了基础。

二、心理学发展中的主要学派

在心理学的产生和发展过程中,学者们围绕着心理学的研究对象、任务、性质、方法展开了争论，产生了不同的思想和学派。

(一)构造主义学派

自德国心理学家威廉·冯特(Wilhelm Wundt,1832—1920)(见图1-1)建立世界上第一个心理学实验室开始，心理学就成为一门独立的科学，也标志着构造主义的开始。冯特探讨意识结构的理论体系被他的忠实弟子铁钦纳(Edward B. Titchener,1867—1927)所继承和发展，并把这种心理学理论体系命名为构造心理学。

构造主义认为，心理学应该研究人的意识经验，意识经验由感觉、意象和感情三种元素组合而成。心理学的研究方法是实验内省法。实验内省法是让被试报告自己在变化的实验条件下的心理活动，从而分析出意识过程的基本元素，发现这些元素如何合成复杂心理过程的规律。

图1-1 冯特

构造心理学在心理学发展中使心理学摆脱了思辨的羁绊，走上了实验研究的道路，从而使心理学成为一门独立的科学。但是，这个学派从事的"纯内省"的"纯科学"的分析，严重脱离实际，又羁绊了心理学的发展。

(二)行为主义学派

行为主义学派是现代心理学中影响很大的一个学派，它产生于1913年，创始人是美国心理学家约翰·华生(John Broadus Watson,1878—1958)(见图1-2)。1913年，华生在《心理学论坛》上发表了《行为主义者所见的心理学》的论文，标志着行为主义的产生。

华生提出，心理学研究的是看得见的行为的科学，而非模糊的不可见的意识的科学。他反对冯特心理学的意识和内省这两个基本概念，认为只有直接观察到的东西才能成为科学研究的对象，只有客观的方法才是科学的方法。他主张从可观察到的刺激和反应方面去研究心理学。把"刺激-反应(S-R)"作为解释行为的公式，心理学研究的目的是寻找预测和控制行为的途径。新行为主义者托尔曼将"S-R"变成了"S-O-R"，在"刺激"和"反应"之间引进了"认识、期望、目的"等作为中间变量。后期，斯金纳高举行为主义大旗，在巴甫洛夫的经典条件反射基础上提出操作性条件反射，他认为强化训练是学习过程的主要机制，并设计了程序教学。

图1-2 华生

行为主义坚持客观研究法，对心理学走上客观研究的科学道路起到了积极作用，促进了心理学的广泛应用和程序教学的开展。但是，行为主义否定对人的心理、意识的研究，把人与动物等同起来，分析行为的机械主义观点，又对心理学的发展产生了消极的影响。

(三)精神分析学派

精神分析学派由奥地利精神病医生西格蒙德·弗洛伊德(Sigmund Freud,1856—1939)(见图1-3)在1900年创立,精神分析理论主要来源于精神病治疗的临床实践,强调心理学应该研究潜意识现象。

弗洛伊德认为,人的心理可以分为两部分:意识与潜意识。精神生活或意识像是一座冰山,只有暴露在海面上的一小部分可以看见,其他在海面下不能看见。弗洛伊德认为无法被知觉的意识部分是潜意识,人的行为会不断地受到潜意识的思想观念、冲动、欲望等的影响。他把人格分成本我、自我、超我三部分。本我是先天的、本能的、追求快乐的原则;超我是内化的道德,压抑本我的原始冲动,追求道德的原则;自我处于二者之间,调节本我、超我与环境三者间的关系,追求现实的原则。

图1-3 弗洛伊德

精神分析是一种治疗精神病的技术,它在心理学方面的影响是使心理学从片面的某些心理现象的探讨,转而趋向内部的、个人整体方面的研究。随着精神分析理论的发展及其临床实践,心理学越来越重视在人格发展过程中的社会环境和文化对其的影响。

(四)人本主义学派

20世纪50年代末,行为主义和精神分析是西方心理学的两大势力,被称为心理学的"第一势力"和"第二势力"。人本主义心理学产生于20世纪50年代末60年代初,主要代表人物是亚伯拉罕·马斯洛(Abtshsm H. Maslow,1908—1970)(见图1-4)和卡尔·罗杰斯(Carl Rarsom Rogers,1902—1987)。人本主义心理学反对行为主义单纯研究外显行为,不理解人的内在本性;同时又反对精神分析学派只研究精神病异常心理,不考察正常人的心理。

人本主义心理学家认为,心理学应该探讨的是完整的人,而不是把人的各个从属的方面割裂开来加以分析。人本主义心理学主张心理学应当以正常人为研究对象,应该研究人的本性、潜能、尊严和价值,研究对人类进步富有意义的现实问题。马斯洛提出了"需要层次理论",需要的最高层次就是促进人的自我实现。

图1-4 马斯洛

人本主义注重人的独特性和社会性,认为人的本质是自主的、能动的,人具有高于一般动物的心理潜能,这些潜能是人所特有的极其宝贵的内在价值。充分发挥潜能是人的高级的心理需要,是人生追求的最高目的,实现这一目的,无疑是有积极意义的。但人本主义理论主要来自思辨和推测,不能用实验加以证明,这是它的局限性。

(五)认知心理学派

认知心理学是20世纪50年代中期,在西方兴起的一种心理学思潮,20世纪60年代后迅速发展。1967年美国心理学家乌尔里克·奈塞尔(Ulic Neissor,1928—2012)《认知心理学》一书的出版,标志着心理学发展到一个新的阶段,它认为心理学不仅要研究外显的行为,也要研究行为基础的内部心理机制。

认知心理学有广义和狭义之分。广义的认知心理学指凡是研究人的认识过程的都属于认知心理学。狭义的认知心理学,也就是信息加工心理学,是指用信息加工的观点和术语,通过与计算机相类比,用模拟、验证等方法来研究人的认知过程。信息加工心理学认为人是一个信息加工的系统,人的认知过程就是信息的输入编码、贮存和提取的过程,并将这一过程归纳为四种系统模式:感知系统、记忆系统、控制系统和反应系统。

认知心理学强调,大脑中已有的认知结构对人的行为和当前的认知活动起决定作用,并力求通过计算机模拟等方式发现人们获取和利用知识的机制,从而揭示认识人类认知活动的规律。现代认知心理学在研究方法上也有所突破,除了应用心理学的一般研究方法外,还有一些独特的研究方法,例如,使用反应时记录法,即通过测量一个过程所需要的时间,来确定这个过程的性质和其他过程的关系。

随着研究的深入,认知心理学与计算机科学相结合产生了人工智能,与神经科学相结合产生了认知神经科学,这些研究使认知心理学成为当今心理学发展的主流。

知识与拓展 1-1
现代心理学的一些重要事件

1879年,威廉·冯特(wilhelm wundt,1832—1920)在德国莱比锡大学创建了世界上第一个正式的心理学实验室,标志着独立的科学心理学诞生。

1883年,弗朗西斯·高尔顿(Francis Galton,1832—1911)发表对《人类官能及其发展的探讨》,这开辟了研究个体心理和心理测验的途径。

1883年,斯坦利·霍尔(Granville Stanley Hall,1844—1924)创办了美国第一个心理学实验室。1887年他创办了美国第一本心理学杂志——《美国心理学杂志》。

1885年,赫尔曼·艾宾浩斯(Hermann Ebbinghaus,1850—1909)发表《论记忆》,这开创了用实验方法研究记忆的先河。

1890年,威廉·詹姆斯(William James,1842—1910)出版了他的代表作《心理学原理》,文章中提出了意识流理论,对美国机能心理学的产生和发展有重要影响。

1905年,比纳(Alfred Binet,1857—1911)和西蒙共同编制了《比纳-西蒙智力量表》,1908年他们发表了这个量表的修订本。

1913年,美国心理学家华生(John Broadus Watson,1878—1958)发表了《从一个行为主义者眼光中所看的心理学》,这宣告了行为主义心理学的诞生。

1912年,马克斯·韦特海默(Max Wertheimer,1880—1943)、柯勒(Wolf-gang Kchler,1887—1967)和科夫卡(Kart Kofflca,1886—1941)在法兰克福研究似动现象,他们在此基础上建立了格式塔心理学。

1900年,西格蒙德·弗洛伊德(Sigmund Freud,1856—1939)发表了《梦的解释》,1916—1917年发表了《精神分析引论》,他创立了精神分析学派。

1917年,北京大学首次在中国建立了心理学实验室;1920年南京高师(东南大学)建立了中国第一个心理学系;1921年在南京成立了中华心理学会,张耀翔任会长;1922年张耀翔主编了中国第一本心理学杂志——《心理》。

1923年,伊凡·彼德罗维奇·巴甫洛夫(Ivan. P. Pavlon,1849—1936)发表了《动物高级神经活动(行为)客观研究20年经验——条件反射》,文章系统地提出了高级神经活动学说。

1929年,卡尔·拉什里(Kadl. Lashley,1890—1958)发表了《大脑机制与智能》,文章提出了大脑功能的均势(equi-putentiality)原理和总体活动(mass action)原理,对推动大脑高级功能的研究和计算机学习的研究有重要意义。

1937年,伯尔赫斯·弗雷德里克·斯金纳(Burrhus Frederic Skinner,1904—1990)发表了《两种类型的条件作用》,文章首次提出"操作性"的概念。第二年他出版了《有机体的行为》,这标志着新行为主义的诞生。

1943年,亚伯拉罕·马斯洛(Abraham Harold Maslow,1908—1970)发表了《人类动机论》,随后出版了《动机与人格》一书,创立了人本主义心理学。

1950年,让·皮亚杰(Jean Piaget,1896—1980)发表了《发生认识论导论》(3卷集),这标志着发生认识论体系的建立。

20世纪60年代初,美国心理生物学家斯佩里博士(Roger Wolcott Sperry)及其同事进行了著名的裂脑研究,发现了大脑两半球功能的差异,大大促进了对脑的高级认知功能的研究。

1967年,奈塞尔(Neisser)发表了《认知心理学》,这标志着现代认知心理学的诞生。

1973年,亚历山大·鲁利亚(Alexander. Romanovich. Luria,1902—1977)出版了《神经心理原理》,书中总结了从20世纪40年代以来的研究成果,创立了神经心理学。

1980年,中国心理学会加入国际心理学联合会。

1991年,欧洲科学技术发展预测与评估委员会(FAST)出版系列丛书,其中第四卷为《认知神经科学》,这标志认知神经科学一个科学分支得到认可。

(来源:彭聃龄,《普通心理学》,北京师范大学出版社,2001:27.)

第三节　心理学的研究方法

人的心理现象是世界上三大难题之一,"知人知面不知心""人心叵测"反映了人的心理的复杂性和难以认知性,而科学的指导思想和方法论,有助于正确认识心理现象,揭示人的心理现象发生和发展的规律。对于心理学的具体研究方法主要介绍以下几种。

一、观察法

观察法是在自然条件下有目的、有计划地观察被试的行为活动,做出详尽的记录,然后进行分析处理,从而判断其心理活动的方法。观察法有不同的类型,根据观察者的身份,观察法可分为参与观察与非参与观察。参与观察是观察者参与被观察者的活动,以被观察者团体中的一个成员出现,一般运用于对成人的心理研究;非参与观察不是被观察者活动中一个正式的成员,一般运用于对儿童的心理研究。根据观察要求和时间不同,观察法又可分为长期观察和定期观察。如著名教育家陈鹤琴长期观察记录其儿子心理的发展变化,撰写了《一个儿童发展的程序》一书。

观察法的主要优点是所观察的行为发生在自然环境中,被观察者的行为比较真实自然,可以提供丰富的信息。尤其是在需要了解行为的自然状态或对一些隐秘行为进行研究时,其他方法难以取代。观察法的局限是观察者处于被动状态,他只能消极等待被观察者的某些行为出现,而且,观察积累的资料只能说明"是什么",不能解释"为什么"。因此,在使用观察法时,要和其他方法相结合,由观察发现的问题还需要其他研究方法做进一步的探讨。

要使观察时能够获得正确的资料,应用观察时需注意:观察必须有明确的目的和周密的计划,对要观察的行为特征有明确的界定;观察必须系统,避免零星、偶然;可采用时间抽样方式,也可采用事件取样方式;观察时必须随时做记录,不能用推测与描述来代替事实,应该在被观察者处于自然状况下进行观察。

二、实验法

实验法是有计划、有目的地严格控制或创设条件使被试产生某种心理现象,然后进行分析研究的方法。实验法不但要研究"是什么"的问题,而且要研究"为什么"的问题。应用实验法进行研究,需考虑三个变量:自变量、因变量、控制变量。由实验者安排、控制操纵和实施的实验条件称为自变量;实验者预定要观察、测量和记录的被试的各种反应的变化称为因变量,如学生的学习策略的运用与学习成绩的关系。学习策略的运用是自变量,学习成绩是因变量。实验除自变量以外的一切可能影响实验结果的因素,实验中必须加以控制的变量称为控制变量,又称为无关变量、无关因子、非实验因素或非实验因子。比如,对学生的学习态度、已有的知识水平、教师的教学方法等影响学生的学习成绩的因素加以控制。实验研究时采用两组被试:实验组与控制组。实验组与控制组的被试除了在接受主试要求时不同外,其他的实验过程与条件相匹配。

实验法可分为实验室实验法和自然实验法。实验室实验法是在特定的实验室中,借助各种仪器设备,严格控制各种因素进行实验,以研究人的心理的方法。比如"感觉剥夺实验",该方法适用于对心理过程及其生理机制的研究,也可以用来研究人的能力、气质等个性心理。实验室实验法的优点是实验中各种因素控制严格,实验结果客观可靠,能够精确地测定自变量与因变量之间的关系。不足之处在于目前还不能对一些复杂的心理现象(如性格)进行有效的研究。此外,研究情境的人为因素较大,往往离实际情况较远,所以影响了研究结果在实践中的应用。自然实验法是在日常生活条件下,对某些因素加以控制或改变去研究人的心理的方法。它可以研究各种心理过程和个性心理,而且是儿童心理学、教育心理学、社会心理学研究中的常用方法。比如社会心理学的"从众实验"。自然实验法的优点是,实验者利用实际的生活情景来研究心理活动的变化规律,被试处于自然状态,所得结果比较切合实际,可以有效地应用于实践。它的不足之处是,实验情景不易控制,容易受无关变量的影响。为了确保研究的质量,使用自然实验法时要有明确的研究课题、研究途径和步骤,比较不同条件的不同结果,反复验证所得出的结论。

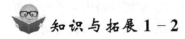

知识与拓展 1-2

孤儿院的实验研究

丹尼斯在伊朗孤儿院研究发现,由于孤儿院只能满足孩子们的物质需要,儿童很少得到活动的机会,结果只有42%的儿童能够在2岁时独自坐起来,到4岁时能够独立走路的也只占15%。智力测验后发现,他们的平均智商仅53分。丹尼斯追踪一些被领养的孩子后发现,1岁以前被正常家庭领养的孩子,经过若干年的教育后,智力勉强可以达到同龄儿童的平均水平,但6岁以后被领养的孩子,智力永远达不到正常水平。

1966年,斯基尔斯把育婴堂中一组19个月的发展落后的孤儿作为实验组,改变他们的抚养条件,使他们每人由认为温柔的姑娘充当代理母亲照料。这些姑娘同孩子说话,逗孩子笑,同孩子一起玩耍并进行各种非正式训练。4年之后,实验组平均智商提高32分,而在孤儿院中的对比组则落后21分。20年后追踪调查发现,实验组中有1/3的孩子进入了大学。大多数孩子读完了中学,能够独立谋生,并结婚生育了智力正常的孩子。而对比组中的大多数孩子的智力则不超过三年级水平,他们不是留在专门收容机构中,就是不能自己养活自己。

(来源:张德,《心理学》,东北师范大学出版社,1993.)

三、测验法

测验法也叫作心理测验,它是研究者运用标准化的心理测量工具对人的心理和行为进行定量评价的方法。心理测验所用的量表是经过一系列严格的科学程序编制而成的。测验的种类很多,按照测验的内容又可把测验分为智力测验、特殊能力测验、创造能力测验和人格测验。按测量的规模,可把测验分为个别测验和团体测验。按测验的形式,可把测验分为文字测验和非文字测验。测验心理有两个必需的基本要求:测验的信度和效度。信度是指心理测验得到的数据具有一致性和可靠性。效度是指心理测验得到的结果是研究者所要测量的心理品质。

测验法的主要优点是标准化测验编制十分严谨、效果可靠;结果的量化程度高,用数字对人的心理或行为进行描述,施测容易控制,减少了被试在回答问题过程中的主观因素的影响,数据比较客观,测验法的结果处理十分方便;有常模进行比较,简便省力。测验法也有局限性,测验是一种间接测量,如果行为样本未选准,项目所引起的反应就难以推断所要测量的心理,测验不可避免地受到经验和文化条件的影响;测验法对施测者要求较高,施测者应具有一定的专业知识和较熟练的测验技能,熟悉测验手册的各种要求等。

四、调查法

调查法是就某一问题要求被调查者回答自己想法或做法,由此来分析、推测群体心理倾向的研究方法。调查法经常用来了解个体和群体的基本情况。在心理学研究中,为了研究那些不能从外部观察的心理活动或心理特征,也可以用调查法。

调查法是一种间接收集资料的方法,不受时间、空间条件的限制,涉及的范围广,收集资料速度快。但调查结果的可靠性依赖于回答者的合作,在自然进程中收集资料,不能确定现象或行为之间的因果关系。

调查法有多种形式,主要有问卷调查、访谈调查和活动产品分析等。问卷调查也称为问卷法,是研究者采用事先拟定的问题,采取由被试对问题的回答来收集相关的资料,据此对回答结果进行分析研究的方法。问卷法的优点是不受时间、地点的限制,能在较大范围内进行调查研究,节省人力、物力;问卷的内容是根据需要进行设计的,因此,可以收集到其他方法难以获得的资料。但是,问卷法也存在不足,发出去的问卷回收率比较低时,就会影响结果的准确性;由于各种原因,有些被试在某些问题上不一定能如实回答问题,会影响问卷的可信度。访谈调查也称为访谈法,是研究者根据事先拟好的问题向被调查者提出,以一问一答的方式进行调查的方法。要使访谈取得较好的效果,首先要创设一种坦诚、信任的良好气氛。其次,调查者事先应有充分的准备和训练,尽量使谈话标准化,记录保持一致,这样才有可能对结果进行客观的分析和概括。访谈调查的优点是,可以直接向被调查者说明访谈的目的,提高回答问题的准确程度;研究者还可以控制谈话过程,可以使调查的遗漏减少;也可以考察被调查者回答问题的真实程度。访谈法的缺点是在一定时间内访谈对象只能限于少数人;研究者的言行不当或被调查者的某种心态都会影响回答的真实性。

活动产品分析是通过被试活动的产品,如对日记、作文、绘画、自传、模型、手工作品及其他劳动产品的分析来研究被试心理特点的方法。

调查法使用方便,但其在严格控制条件方面有一定的局限性。因此,运用调查法进行心理的研究只属于初步的研究,其结果需要加以验证。

总之,心理学研究方法很多,每种方法都有它的优点,也有一定的不足,因此在心理学的研究中不只运用一种方法,而是以一种方法为主,与其他方法结合使用,取长补短,更好地揭示人的心理活动的规律。这也是我们在教育教学中必须掌握并加以恰当运用的研究方法。

复习与思考

(一)选择题

1. 人格的核心成分是( )。
   A. 情感   B. 意志   C. 兴趣   D. 性格
2. 在教育实验中,控制其他条件,考察不同教学方式对学习效果的影响。教学方式在这项实验中属于( )。
   A. 因变量   B. 自变量   C. 干扰变量   D. 无关变量
3. 科学心理学诞生于( )。
   A. 1864 年   B. 1879 年   C. 1903 年   D. 1920 年
4. 人本主义心理学号称"第三势力",主张以正常人为研究对象,研究的目的应是了解人性潜能,追求自我实现。( )是人本主义代表。
   A. 皮亚杰   B. 苛勒   C. 马斯洛   D. 弗洛伊德
5. 下列说法正确的是( )。
   A. 心理过程包括认知、情感、意志三个部分构成。
   B. 知觉是人类认识客观世界的第一步。
   C. 记忆可以帮助我们获得间接的概括化的经验。
   D. 气质属于个性心理,也属于个性倾向性。

(二)简答题

1. 简述心理学的研究对象。

2. 简述心理学的基本任务。

3. 简述心理学的主要研究方法。

4. 现代心理学的主要派别有哪些？请比较各个心理学派别在心理学研究上的不同主张。

(三)材料题

材料：有人说，要做好教书育人工作，并不一定要学心理学，现实生活中没学过心理学而成为优秀教师的大有人在，而有的学了心理学的却仍然教不好书。可见，学不学心理学无所谓。

问题：对此，你是怎样看待的？

第二章

心理的神经生理机制

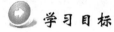 学习目标

1. 了解神经系统的结构与机能,认识心理现象的生理机制,比较经典性条件反射和操作性条件反射的异同。
2. 通过分析研究条件反射经典实验的操作过程,掌握探究心理问题的方法和思路。
3. 树立科学的心理观。

人的心理是怎样产生的?这是一直以来困扰着人类的问题。经过研究发现:人的一切心理活动都是通过神经系统的活动来实现的,大脑是产生心理现象的重要器官。本章将介绍神经系统的结构与机能,讲解心理现象的生理机制。

第一节 神经元

一、神经元的结构

神经元即神经细胞,是神经系统的结构和机能单元。每个神经细胞由树突、细胞体和轴突三部分组成(见图2-1)。树突较短,长度只有几微米,形状就像树的分枝,其作用是接受刺激,将神经冲动传向细胞体。细胞体的形态和大小都有很大的差异,有圆形、锥体形、梭形和星形等。细胞体最外层是细胞膜,内含细胞核和细胞质,其作用是整合接受的刺激、维持细胞生命活动。轴突较长,其长度从十几微米到一米。每个神经细胞只有一根轴突,其作用是将神经冲动从细胞体传出,到达与之联系的各种细胞。

根据功能不同,神经元分为感觉神经元、运动神经元和中间神经元三类。感觉神经元负责收集刺激信息传入中枢神经系统。运动神经元的作用是将中枢神经系统的指令传到肌肉和腺体,产生相应的反应。中间神经元彼此连接,构成中枢神经系统的运算回路,负责加工和整合信息,发出指令。

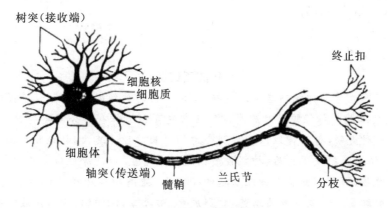

图 2-1 神经元的结构

二、神经元的机能

神经元是通过接收和传递神经冲动来进行工作的。当任何一种刺激作用于神经细胞时,神经元就会从静息的状态转变为兴奋的状态,这就是神经冲动。

(一)细胞内的电传递

神经细胞膜内外存在大量的带电离子,这些带有正电荷或负电荷的离子在膜内外的分布不同。细胞膜外是带正电荷的钠离子和带负电荷的氯离子,细胞膜内是带正电荷的钾离子和带负电荷的大分子有机物。在静息状态下,细胞膜对钾离子有较大的通透性,对钠离子的通透性较差,大量钾离子外流,导致细胞膜内外出现电位差,膜内比膜外略带负电。

当神经元某一部位受到刺激时,细胞膜的通透性发生变化,钠离子通道临时打开,进入细胞膜内,使膜内正电荷迅速上升,膜外由正电位变成负电位,膜内由负电位变成正电位,形成动作电位;而邻近未受到刺激的部位,依然是膜外为正电位,膜内为负电位,这样兴奋部位与静息部位之间就出现了电位差,于是细胞膜内外就产生了电流,把兴奋从神经元一处传向另一处。

(二)细胞间的化学传递

单个神经元无法执行神经系统的机能,各个神经元之间必须互相联系,构成神经回路,才能传导信息。神经元之间的信息传递是通过突触实现的,突触是一个神经元与另一个神经元彼此接触的部分,由突触前膜、突触间隙和突触后膜构成(见图2-2)。

当神经冲动沿着轴突传导至轴突末梢时,突触小泡破裂,突触前膜释放神经递质,神经递质经过突触间隙,与突触后膜上的受体结合,引发离子通道的开放,造成突触后电位。突触后电位的性质取决于开放的离子通道。钠离子进入细胞会产生兴奋性突触后电位。钾离子通道与氯离子通道

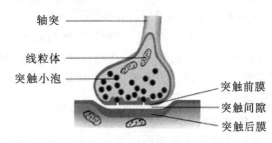

图 2-2 突触的结构

的开放,能引起抑制性突触后电位。

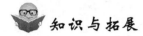

神经胶质细胞

人脑中除了有大量的神经细胞彼此连接,构成复杂的神经网络之外,还有总数是神经细胞10倍的神经胶质细胞。神经胶质细胞对脑的正常发育和工作有十分重要的作用。首先,神经胶质细胞作为一种支架,帮助神经细胞找到合适的生长路径。其次,神经胶质细胞能够清理脑内环境,当神经细胞受损或死亡后,神经胶质细胞就会增生,以清除垃圾。再次,神经胶质细胞会形成一层绝缘层(髓鞘),包裹在神经细胞的轴突上,提高神经冲动的传导速度。最后,一种特化的神经胶质细胞——星形胶质细胞,会形成血-脑屏障,保护脑,阻断血液中的有害物质进入神经细胞。

第二节 神经系统

一、神经系统的结构

神经系统是指由神经元构成的一个复杂的机能系统,根据结构和机能的不同,分为外周神经系统和中枢神经系统两部分。

(一)外周神经系统

外周神经系统由躯体神经系统和植物神经系统构成,躯体神经系统负责调节身体骨骼肌的运动,包含12对脑神经和31对脊神经,植物神经系统负责维持基本的生命活动,包含交感神经和副交感神经。

1. 躯体神经系统

脊神经与脊髓相连,一共有31对,其中颈神经8对、胸神经12对、腰神经5对、骶神经5对、尾神经1对。每对神经由两种神经细胞构成,一种是感觉神经,负责将刺激传入中枢神经系统;一种是运动神经,负责将中枢神经系统发出的指令传出,引起相应的反应。

脑神经与脑相连,一共有12对,分别是嗅神经、视神经、眼动神经、滑车神经、三叉神经、外展神经、面神经、听神经、舌咽神经、迷走神经、副神经和舌下神经。其中,嗅神经、视神经和听神经为感觉神经,负责把相应的嗅觉、视觉、听觉和平衡觉信息传入中枢神经系统;眼动神经、滑车神经、外展神经、副神经和舌下神经为运动神经,负责控制眼球、颈部和面部肌肉以及舌的运动;其余为混合神经。三叉神经负责面部感觉和咀嚼肌的运动,面神经负责接收部分味觉信息,并支配面部表情,舌咽神经感知味觉并支配唾液分泌,迷走神经负责接收内脏感觉和颈部、内脏的活动。

2. 植物神经系统

植物神经系统也叫作自主神经系统,这个系统全天工作,一般不受中枢神经系统的调控,负责内脏和血管的活动。植物神经系统主要解决两种问题,一种是有机体受到威胁时的活动,另一种是维持正常生理活动。当有机体处于紧张状态时,交感神经使心率加快,氧气传递增加,加速各类活动以逃避危险。危险过后,副交感神经负责减缓生理节律,使个体心跳变缓,呼吸放松,恢复到平静状态。所以说,交感神经和副交感神经在机能上具有拮抗作用,交感神经加速内脏的活动,而副交感神经的作用刚好相反,负责抑制过度兴奋的内脏活动。

虽然植物神经系统的活动一般不受中枢神经系统的调控,不能被个体有意识的控制,但是经过生物反馈的训练,个体可以一定程度上调控自己的内脏活动。例如,一位高血压的患者,通过仪器显示自身的血压变化情况,当血压开始下降时,仪器出现闪光,患者开始分析自身的心理活动状态,并记住这种状态不断重复,直到能够保持自己的血压在一个较低的水平上,实现对血压的控制。

(二)中枢神经系统

中枢神经系统负责对传入的信息进行加工与整合,向身体各个部位发出指令,包括脊髓和脑,脊髓在脊柱中,脑在颅腔内。

1. 脊髓

脊髓连接了脑和外周神经系统,来自躯干和四肢的刺激经过脊髓传入脑,经过脑的分析与综合,对相应活动进行支配。脊髓也可以完成一些不需要大脑参与的快速简单的反射,如膝跳反射、抓握反射、巴宾斯基反射等。一旦脊髓受损就会导致腿或躯干的麻痹,在临床上可以观察到这种现象,脊髓受损的高度越高,麻痹程度越严重。

2. 脑

脑是人体最复杂的器官,它由100亿个以上的神经细胞和1000亿个以上的神经胶质细胞构成,每个神经细胞又与其他神经细胞存在密切的联系,形成复杂的神经网络。脑是中枢神经系统中的高级部位,大量的心理活动与脑的工作息息相关。脑由脑干、间脑、小脑和大脑四部分构成。

(1)脑干在脊髓和大脑中间,包括延髓、脑桥和中脑。延髓下端与脊髓相连、上端与脑桥相连,是一个4厘米左右的狭长形结构。延髓与有机体的基本生命活动息息相关,支配着人体的呼吸、排泄、吞咽等活动,因此也叫作"生命中枢"。脑桥位于延髓和中脑之间,参与调节和控制人的睡眠。中脑位于丘脑底部,小脑、脑桥中间,与个体的眼球、面部肌肉运动,视觉、听觉、身体姿势调节等活动相关。

脑干中有一大片白质和灰质交织的区域,被称为网状结构或网状系统。网状系统根据功能分为上行系统和下行系统,上行系统控制机体的觉醒,如果遭到破坏,有机体将陷入昏迷;下行系统控制肌肉的活动,可以加强或减弱肌肉的紧张状态。

(2)间脑位于脑干上部、大脑下部,由丘脑和下丘脑两部分构成。丘脑负责接收除嗅觉之外的所有外界感觉信息,把它们传导到大脑皮层,形成相应的视、听、味、触等感觉。下丘脑是调节交感神经和副交感神经的主要皮下中枢,对维持机体平衡,调节内分泌活动有重要作用。例如,下丘脑前部对体温的升高很敏感,它可以启动机体散热,使汗腺分泌、血管舒张;而下丘脑后部对体温下降很敏感,它可以使血管收缩、汗腺停止分泌。

(3)小脑在脑干背面,由左右对称的两个半球构成,负责配合大脑维持身体的平衡和协调动作,比如走路、舞蹈、打球等。

在大脑皮层内侧深处,有一个由海马体、杏仁核和下丘脑构成的机能系统,被称为边缘系统。边缘系统与有机体的动机、情绪和记忆活动息息相关。杏仁核负责控制情绪和形成情绪记忆,有研究发现,对于精神特别活跃的个体,杏仁核损伤有镇定效应。另外,杏仁核的损伤也会造成面孔表情识别能力的下降或丧失。海马体是边缘系统中最大的结构,对于外显记忆的获得有重要作用。心理学家从患者 H.M. 的临床研究中,发现了海马受损的后果。在 H.M. 27 岁时,为了缓解频繁发作的癫痫,他通过外科手术进行治疗,手术中 H.M. 的海马体被切除一部分。从那之后,H.M. 一直认为自己生活在进行手术的 1953 年,只能回忆起 1953 年之前的事情。但是海马体损伤并没有影响 H.M. 的内隐记忆,它能够学会新技能,但却不能记住它,也不记得发生了这件事。

(4)大脑即端脑,也叫作大脑皮层,重量为脑的三分之二,成年人的大脑皮层分为左右对称的两个半球,表面积约为 0.22 平方米。根据大脑皮层上三条大的沟裂(中央沟、外侧裂和顶枕裂),大脑皮层被分为额叶、顶叶、颞叶、枕叶四个区域(见图 2-3)。经过一系列研究发现,大脑皮层不同区域的机能有所差异。额叶与有机体的思维和自主运动相关,额叶受损会让个体的行为能力丧失,并引起其人格的改变。例如盖吉病例,盖吉在一次意外爆破中,一根长约1.1米的铁棍刺穿了他的颅骨,使他的额叶受损,在盖吉恢复后,整个人的行为与人格发生了极大的转变。意外发生之前的盖吉是一个熟人眼中机灵、聪明、精力充沛、毅力不凡,努力实现自己计划的人。意外发生之后,盖吉会随时随地的提出许多异想天开的计划,又会很快否定,当需求不能被满足时,会表现得很不耐烦,经常伴有无礼和污秽的言辞。顶叶负责产生各类躯体感觉,颞叶形成听觉,枕叶加工视觉信息。

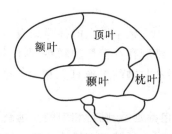

图 2-3 大脑皮层不同脑区的位置

大脑皮层的中央沟前后分别是有机体的躯体运动中枢和躯体感觉中枢。躯体运动中枢负责控制人体的 600 多块随意肌,产生随意动作。其中负责支配手指运动的皮层占最大的区域。躯体感觉中枢负责触觉、温度觉和痛觉。其中最大的区域与唇、舌、大拇指和食指的感觉活动相关。

大脑是左右对称的结构,研究发现人类大脑两半球的功能存在差异。而关注到这一现象来源于布洛卡的研究。布洛卡在对病人进行尸检时发现,存在布洛卡失语症(听得懂、看得懂、能够书写,但是说话时发音困难、语言不流利)的患者,其大脑左半球的相应脑区都有损伤,而对应的右半球脑区受损,并没有出现类似的语言障碍。大脑的左右半球通过胼胝体进行信息交流,正常人的大脑是一个完整的整体,不论哪一个半球进行工作,另一个半球都会通过胼胝体获得信息。所以如果想要研究大脑半球的差异需要特殊的被试。斯佩里和加扎尼加找到了因为治疗癫痫切断胼胝体的裂脑病人,通过实验探究了大脑半球的功能。

斯佩里和加扎尼加设计了一个实验装置(见图 2-4),保证被试获得的视觉信息分别呈现给单侧半球。人类的每只眼睛都分为左右两侧视野,两只眼睛左侧视野获得的信息会到达右半球,右侧视野获得的信息会到达左半球,正常情况下左右两半球的信息会通过胼胝体共享,但是裂脑病人由于胼胝体被切断,所以信息只能停留在单侧半球,无法共享。研究者在病人的左半球呈现一个球,问病人看到了什么,病人可以正常作答;研究者又在病人的右半球呈现一把锤子,问病人看到了什么,病人回答什么也没看到。通过一系列类似的实验,研究者发现,从功能上说,大脑左半球主要负责言语、阅读、书写、数学运算和逻辑推理等活动;右半球与空间感知、情绪、艺术欣赏等活动密切相关。

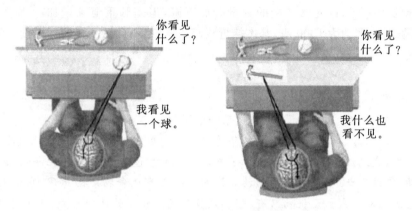

图 2-4 裂脑人实验装置

二、神经系统的工作方式

在有机体与环境的互动过程中,神经系统发挥了重要的作用,而实现这一机能的基本活动方式是反射。实现反射的生理结构叫作反射弧,完整的反射弧由五个部分构成,分别是感受器、传入神经、神经中枢、传出神经和效应器(见图 2-5)。当外界刺激作用于相应的感觉器官,感受器产生神经冲动,沿着传入神经进入神经中枢,神经中枢对信息进行加工和整合,生成活动指令,指令沿着传出神经到达相应的效应器,产生相应的反应,这就是反射。

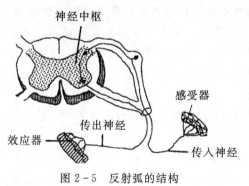

图 2-5 反射弧的结构

三、神经系统的发育

达尔文的进化论告诉我们,世界上所有的物种都有共同的祖先,在自然选择的作用下,经过长期进化形成今天种类繁多的物种。从没有神经系统的单细胞动物,到具有复杂神经活动的脊椎动物,再到发达的人类大脑,神经系统也在不断进化中,产生一系列优势机能。

刚出生的新生儿神经细胞的数量已与成年人相同,但脑重只是成年人的四分之一,约为400克。新生儿神经系统中负责本能行为的神经回路已经形成,但大脑皮层的神经细胞之间基本没有任何突触连接。在出生后的一年里,由于多样化的环境刺激,婴儿的大脑皮层快速发展,以每秒钟数以百万计的速度形成突触连接,1岁时脑重约为800克。随着学习的深入,为了使神经传导的效率更高,突触连接的数量开始下降,但是脑重继续增加,3岁时脑重约为1100克,到7岁时脑重约为1300克,基本接近成年人的脑重,此后发育速度缓慢,15岁左右达到成年人水平。

知识与拓展 2-2

神经系统的进化

根据科学家的推算,地球在45—46亿年前形成。刚形成时,地球的表面温度很高,所有元素都呈气态分布,直到温度下降,慢慢形成了岩石、水和大气等。大约35亿年前,地球上开始出现生命活动,经过不断进化,分化为动物和植物。随着有生命物质的出现,它们表现出与无机物完全不同的活动形式。无机物只有机械的、物理的或化学的反应形式,例如受到外力作用下的形变。而生命物质出现了感应性,可以维持机体与环境的平衡,调节各种生命活动以获得种系的发展。动物与植物的感应性活动水平也存在差异,植物的感应性水平较低,一般无法自由移动,所以只能在一定位置上接受外界刺激,做出相应的反应。相比而言,动物的感应性活动要比植物复杂得多。

在动物进化过程中,出现最早、最低级的是原生动物,例如没有神经系统的单细胞动物——草履虫,它虽然结构简单,但是能够对外界刺激作出多种反应,如趋向有利刺激,避开有害刺激;摄取和消化食物,并在饱食之后不再对食物作出反应等。这类动物的感应性活动多与生物体的基本生命活动相关,由一个细胞执行各类反应。随着进化,单细胞动物发展到多细胞动物,从多细胞动物开始,身体的各个部分出现分化,有了专门的感觉器官和运动器官,这时为了协调身体各部位的活动就出现了神经系统。最早的多细胞动物——腔肠动物,如水螅、海蜇和水母等,它们已经具有介于感觉细胞和运动细胞之间的神经细胞,每个神经细胞都有丝状突起,组成网状神经系统,负责传递兴奋,这就是最初的神经系统状态。在腔肠动物的网状神经系统中,没有突触连接,它们的神经冲动可以向任何方向传导,所以刺激这类动物身体的任何一点都能引起全身的反应。

在动物神经系统的进化史上,有两个重要的阶段,一个是无脊椎动物阶段,另一个是脊椎动物阶段。无脊椎动物的神经系统属于链状或节状神经系统,由头部神经节和腹部神经节构成,头部神经节是集中在头部的一群神经细胞,头部神经节的发达,在神经系统进化上称为"发头现象",为脑的产生准备了条件。脊椎动物的神经系统是管状空心的,增大了神经组织的空间和表面积,有利于兴奋的传导和物质的交换。管状神经系统为脑的形成准备了条件,神经管前端膨大部位首先形成脑泡,然后发展为五个相对独立的脑泡:前脑、间脑、中脑、延脑和小脑。进化到爬行动物时,大脑皮层开始出现,伴随着大脑皮层的形成,脑成为调节有机体活动的最高级部位。

哺乳动物的神经系统机能进一步进化,大脑皮层开始出现沟回,皮层表面积得到扩大,使得大脑皮层承担高级调节和指挥机能成为可能。大约300—400万年前,哺乳动物发展到高级阶段,出现了灵长类动物,它们的神经系统已经达到了相当完善的程度,脑在外形、结构和机能上都已经接近人脑。此时,灵长类动物不仅可以感知环境、控制行为,还能够认识事物之间的外部联系,有了简单的概括能力,出现了思维活动的萌芽。例如,在苛勒的黑猩猩实验中,当黑猩猩通过跳跃够不到挂在高处的香蕉时,它会借助散落在房间四周的木箱,通过站上箱子获得香蕉,而且在一个箱子高度不够时,会把箱子摞起以增加高度,最终吃到香蕉。

人类的大脑皮层上有区别于其他动物的、特有的一种神经中枢——语言中枢。人类的语言中枢由听觉性语言中枢、运动性语言中枢、视觉性语言中枢和书写性语言中枢四部分构成,它们分别控制人类语言活动中的听、说、读、写。语言中枢的出现为人类语言活动奠定了物质基础,在此基础之上,语言功能可以使人们分享经验、吸取教训,让人类积累的文明和精神财富可以一代代传递下去,不断推进人类文明的发展。

知识与拓展 2-3

典型案例:海豚的集体营救行为

海豚是一种高等脊椎动物,具有发达的脑和神经系统,因而具备许多智慧行为。下面是描述海豚集体营救行为的一段报道。

在小安得列斯群岛附近,一只幼小的海豚游到了同伴看不见的地方,突然遭到三条鲨鱼的袭击。它马上发出一系列尖锐的嘘嘘声,即海豚语言中的SOS求救信号。短促的双嘘声好像紧急的警报器发出的声音,第一部分的音高猛升,第二部分突然下降,这些求助声起到了超乎寻常的效果。二十多只海豚用嘘嘘声、吱吱声、哼哼声、咯咯声、隆隆声和唧唧声予以强烈的响应,并立即停止"交谈",就好像听到海上船只发出求救信号时,绝对的"无线电静寂"一样。然后这些海豚以每小时约64公里的最快速度,像箭一样射向小海豚被袭击的地点。雄海豚毫不减速地猛击鲨鱼,一而再的攻击鲨鱼躯体的两侧,直到鲨鱼的软骨完全粉碎,沉入加勒比海底。

在战斗中,雌海豚则负责帮助受重伤、无力浮出水面的小海豚。几只雌海豚并列排在小海豚两旁,把它们的鳍状肢伸到小海豚下面,举起小海豚,使小海豚的鼻孔露出水面,能够呼吸。这种救死扶伤的灵巧动作是由嘘嘘声的信号交换仔细调节的,这些"担架员"不时换班。在另一种情况下,科学家还观察到这类救护活动会不停顿地持续进行整整两周,直到受伤的海豚康复为止。

第三节 条件反射

一、反射的种类

有机体适应环境的过程中,通过神经系统会做出一系列有规律的反射,根据先天和后天的不同,人的反射分为无条件反射和条件反射。

(一)无条件反射

无条件反射即本能,是人生下来就会、先天遗传的行为。新生儿的无条件反射主要有两种:生存反射和原始反射。生存反射是对有机体生存有重要意义的无条件反射,包含食物反射(如吮吸反射)、防御反射(如眨眼反射)和定向反射(如追踪反射)三类。原始反射是和个体无意识躯体运动相关的无条件反射,例如,巴宾斯基反射、抓握反射、摩罗反射和游泳反射等。

(二)条件反射

条件反射是个体经过后天学习才获得的行为活动。行为主义的联结理论强调学习是在刺激与反应之间建立起联系的过程,即形成条件反射的过程。根据学习过程的差异,联结理论提出了两种条件反射:经典性条件反射和操作性条件反射。

二、条件反射的种类

(一)经典性条件反射

经典性条件反射是由俄国生理学家巴甫洛夫提出的,巴甫洛夫在研究狗的消化腺活动时发现,狗吃到食物会分泌大量唾液;随后又发现狗只需要看到食物就会分泌唾液;最后发现听到研究人员的脚步声,狗就会分泌唾液。于是,巴甫洛夫通过相应的实验系统地研究了这一现象,提出了经典性条件反射。

1. 经典性条件反射的形成

巴甫洛夫将狗固定在架子上,在狗的脸颊上通过外科手术把部分唾液腺暴露出来,连接上导管收集狗的唾液(见图2-6)。

图2-6 经典性条件反射实验装置

实验分为三个阶段,第一阶段为条件反射建立前的过程,测量狗对不同刺激的反应,这个时候狗吃到食物会有分泌唾液的无条件反应,呈现铃声会吸引狗的注意但不能引起分泌唾液的反应;第二阶段为学习建立条件反射的过程,长时间地让铃声和食物匹配出现,狗在吃到食物时会分泌唾液;第三阶段为建立起条件反射的过程,经过长时间的学习,狗建立了铃声与食物的联系,在只听到铃声不呈现食物时,也出现了分泌唾液的条件反应(见表2-1)。

表 2-1　经典性条件反射的形成过程

阶段	形成过程		
建立前	无条件刺激（食物）	→	无条件反应（分泌唾液）
	中性刺激（铃声）	→	引起注意但不分泌唾液
建立中	中性刺激（铃声）＋无条件刺激（食物）	→	无条件反应（分泌唾液）
建立后	条件刺激（铃声）	→	条件反应（分泌唾液）

经过大量研究,巴甫洛夫根据引起条件反应的条件刺激物的不同,把条件反射分为两大类,一类是由客观存在的具体实物作为条件刺激引起的条件反射,被称为第一信号系统,比如望梅止渴等;另一类是以语言符号为中介的条件刺激引起的条件反射,被称为第二信号系统,比如谈梅生津、谈虎色变等。巴甫洛夫指出,以语言为中介的第二信号系统是人类独有的学习,与动物的学习存在本质的差异。

2. 经典性条件反射的规律

(1)习得律。经过研究发现,条件刺激先出现 0.5 秒,紧接着呈现无条件刺激,然后两种刺激同时消失的方式,最容易形成条件反射。而条件刺激与无条件刺激同时出现同时消失的效果稍差。最差的是条件刺激先出现,消失一段时间后,无条件刺激再出现的方式。

(2)消退律。研究发现,当条件反射建立之后,如果只呈现条件刺激,没有无条件刺激的匹配出现,形成的条件反应会逐渐削弱,直至消失。

(3)泛化与分化。研究中发现,当狗形成条件反射之后,如果听到和铃声相类似的声音也会出现分泌唾液的行为,这一现象叫作泛化。泛化现象在日常生活中十分普遍,比如,一朝被蛇咬,十年怕井绳。与泛化相反的过程就是分化,为了帮助狗区分不同的声音,会呈现许多与实验中铃声相类似的声音,但是只有一种声音出现后才会伴随无条件刺激,经过学习,狗就可以只对某一个声音做出分泌唾液的反应。

(4)高级条件作用。以已经形成的条件反射为基础,把条件刺激看作无条件刺激,与另一个中性刺激建立起联系,形成新的条件反射的过程就是高级条件作用。比如,随着生活经验的积累,家长的批评会引起学生的焦虑,当考试失败和家长的批评联系在一起后,考试失败也会引起学生的焦虑,甚至有可能出现学生走进考场或听到考试安排时,就会感到十分焦虑。

(二)操作性条件反射

经典性条件反射关注的是个体生理的、与生俱来的行为反应,而人类的行为中还有许多非先天的,后天塑造的反应,操作性条件反射则是从这一角度对行为的学习进行探讨。

1. 桑代克的试误说

美国著名心理学家桑代克通过研究猫如何打开迷笼（见图2-7），提出了自己对于行为塑造的看法。桑代克将一只饥饿的猫放进一个带有机关的迷笼里，把食物放在笼子外猫可以看见的地方。猫只有触碰到笼内的机关，才能从迷笼中出来，吃到食物。研究发现，刚开始猫进入迷笼后，经过一系列盲目的尝试，触碰到机关，从笼中出来吃到食物。随着实验次数的增加，猫逃出迷笼的速度越来越快，无关动作越来越少，最后，只要一被放进迷笼，就会立即触碰机关，获取食物。

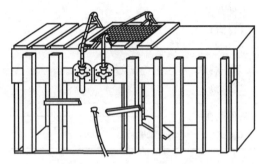

图2-7 桑代克的迷笼装置

在研究的基础上，桑代克提出了自己对于条件反射形成的理论。他认为，猫通过不断尝试错误，建立了迷笼刺激情境与触碰机关行为之间的联结，总结为"试误说"。随后，桑代克还提出了条件反射建立的三大定律：练习律、准备律和效果律。练习律是指建立起的条件反射在不断应用中会获得增强，反之则会逐渐减弱或遗忘。准备律强调在行为塑造之前要激发相应的动机，就像桑代克在猫饥饿的状态下进行实验操作。效果律指出，在刺激与反应之间建立起联结之后，如果获得了满意的后果，这种联结就会增强，反之，如果获得不满意的后果，联结就会减弱。这也就是说，行为的后果会对一个人未来的行为表现起关键的作用。

2. 斯金纳的操作性条件反射

在桑代克研究的基础上，斯金纳系统地研究了条件反射建立的过程，并提出了一系列教育实践的措施与方法。

首先，斯金纳将行为区分为应答性行为和操作性行为。应答性行为是由已知刺激引起的，无条件反射就是一种应答性行为，比如，遇到强光，眼睛会马上收缩。操作性行为是有机体自发做出的，并不是由已知刺激引发的，例如猫刚进入迷笼时做出的一系列行为反应。根据行为的不同，斯金纳区分了两种条件反射，一种是建立在应答性行为基础上的经典条件反射，另一种是建立在操作性行为基础上的操作性条件反射。

随后，斯金纳通过自己发明的实验装置——斯金纳箱（见图2-8），系统地研究了白鼠建立起条件反射的过程。斯金纳箱内装有一个杠杆，杠杆与食物供应装置相连，只要触碰杠杆就会有食物自动滚落。斯金纳把饥饿的白鼠放进箱内，经过几次探索，白鼠就会出现不断按压杠杆的行为，直到吃饱。在这一实验中，白鼠刚开始按压杠杆的行为属于自发的操作性行为，当按压杠杆获得食物之后，白鼠就把食物与按压杠杆的反应建立了联系，形成操作性条件反射。

在此基础之上，斯金纳总结提出：任何行为如果伴随了强化刺激，行为重复出现的概率就会增加；任何能够提高行为概率的刺激物都是强化物。在这一点上，操作性条件反射与经典性条件反射有本质上的差异。经典性条件反射是先呈现条件刺激和无条件刺激，由无条件刺激

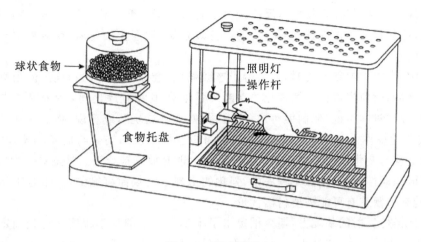

图 2-8 斯金纳箱

引起相应应答性行为,通过不断重复,建立起条件刺激和无条件刺激的联结,从而形成条件反应。而操作性条件反射中起重要作用的是行为反应之后伴随出现的刺激,通过刺激的强化增加行为再次出现的概率。

在操作性条件反射中,强化是最重要的变量,对强化的控制就是对行为的控制,为此,斯金纳对强化进行了系统全面的研究。斯金纳根据增强或者减弱行为的后果不同,提出了强化与惩罚。强化就是能够增强反应概率的后果,分为正强化和负强化。正强化通过呈现愉悦刺激增加反应频率,负强化通过撤销厌恶刺激增加反应频率。惩罚就是降低反应概率的后果,分为正惩罚和负惩罚。正惩罚通过呈现厌恶刺激降低反应频率,负惩罚通过撤销愉悦刺激降低反应频率(见表 2-2)。

表 2-2 强化与惩罚的种类

种类	反应频率增加	反应频率降低
呈现刺激	正强化	正惩罚
撤销刺激	负强化	负惩罚

强化分为一级强化和二级强化两类。一级强化满足基本的生理需要,例如,食物、安全、温暖等。二级强化是与一级强化反复结合,获得强化效力的中性刺激,比如金钱、分数、赞赏等。

如何实施强化,什么样的强化程序效果好,斯金纳也做了探讨。强化程序指强化出现的时机和频率,也会对行为频率产生影响。强化程序分为连续强化程序和断续强化程序。连续强化程序是在每一个正确反应之后都伴随强化。断续强化程序是只在部分正确反应之后呈现强化。断续强化程序又可分为间隔程序和比率程序,间隔程序是根据时间间隔安排强化,比率程序是根据正确反应的数量安排强化。间隔程序和比率程序既可以是固定的,也可以是随机的,每种程序各有特点。固定间隔程序是每隔固定时间进行强化,比如计时工资。固定间隔程序会导致强化来临时反应频率增加,强化过后反应频率下降,对行为的维持效果较差,如果过了强化时间还没有强化,反应频率会急剧下降。固定比率程序是每隔固定反应次数进行强化,比如计件工资。固定比率程序对于行为的维持效果也较差,如果过了预期次数而不强化,反应频率会急剧下降。随机间隔程序是间隔不定时间长度进行强化,比如随机小测验。这种程序对行为的维持效果较好,但停止强化后反应频率会有所下降。变化比率程序是间隔不定反应次数进行强化,比如钓鱼。这种程序对行为的维持效果最好,停止强化后,反应频率也还会保持一段比较高的水平。

在教学中,学生学习新行为时,如果给予连续强化,会加快学习的速度。但当学生掌握了这个新行为之后,就应当进行断续强化。在断续强化中,比率程序比间隔程序更能提高行为的速度。比如,教师对学生说"你们做对这10道题,就去操场玩",或者说"你们完成这10道题,20分钟后我要检查你们的作业,全部做对的人可以去操场玩",前者与后者相比,学生完成作业的速度会更快。变化强化程序比固定强化程序更能有效维持行为。学生对行为的维持取决于强化的不可预期性,在变化强化程序中,强化的出现是无规律可循的,学生必须始终如一地作出反应,稍有松懈就有可能需要付出代价。

在操作性条件反射的基础上,斯金纳提出了小步子教学的教学程序。首先确定教学的目标(学生需要养成的行为)和学生的现有水平,然后明确从学生现有水平到目标之间的各个小步行为,通过各种教学手段让学生按步骤完成相应的学习内容,并及时给予学习效果的反馈。通过这种教学内容小步呈现、学习者自定学习步调和及时反馈的方式,可以取得良好的教学效果。

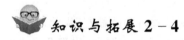

知识与拓展 2-4

普雷马克原理

1959年,普雷马克做了一个实验,实验分为两个阶段。在第一个阶段,他让参与实验的孩子从两种活动中选择一种:第一种选择是玩弹球游戏机,第二种选择是吃糖果。其中,一部分孩子选择了第一种,一部分孩子选择了第二种。第二个阶段,普雷马克告诉喜欢吃糖的孩子,如果他玩一段时间的游戏机可以吃到更多的糖果,结果发现孩子玩弹球游戏机的频率逐渐增加。另外,他告诉喜欢玩游戏机的孩子,如果吃一些糖果,可以玩更长时间的弹球游戏机,结果也发现孩子们吃糖的数量不断提高。

在实验的基础上,普雷马克提出可以用个体比较喜欢的活动强化不太喜欢的活动,以提高不太喜欢活动的发生频率。也就是说可以先让个体做一些自己不太喜欢做的事情,然后"柳暗花明",让孩子做自己喜欢的事情,通过这种操作,不断强化个体提高不太喜爱活动的频率。但有时,我们会发现,有些教师和家长付出了金钱,提供了许多东西对学生进行强化,但效果却不好,其中的原因可能是强化物选取的不恰当。普雷马克原理针对这一问题也进行了进一步的探讨:首先根据学生自主选择的可能性,对行为进行排序。其次,个体对于行为的偏好顺序并不会一直不变,教师需要定期观察学生,不断调整行为的排序,在不同的情景中和学生商量他想要的到底是什么。

习得性无助

习得性无助的现象来源于心理学家塞里格曼的研究。塞里格曼将狗关进一个笼子里,笼子的底部是金属的,笼子中间竖着一块隔板。当狗在笼子左侧时,塞里格曼给笼子底部通上电,给狗施加难以承受的电击。这时,狗为了躲避电击,会越过隔板,跳到笼子的右边,当右边也有电击时,狗又会跳回左边,经过不断地重复,最终,当笼子底部通电时,狗不再跳跃,而是一动不动承受电击。塞里格曼把观察到的这种现象称为习得性无助,它描述的是个体在多次经历失败挫折之后,表现出的一种绝望和放弃的态度。

习得性无助不仅在动物身上存在,在人类活动中也存在。在现实生活中,习得性无助的现象十分普遍。在人类个体的成长道路上,总会遇到一些挫折和失败,比如,考试失利、失恋、工作失误、投资失败等,其中有一部分人经历失败之后,就会破罐子破摔、听天由命、放弃努力,这些就是习得性无助的状态。

知识与拓展 2-5

典型案例 1:用高频活动奖励低频活动

峰峰(化名)已经是初一年级的学生了,可是在许多方面还存在一些问题,比如学习不用功、作业总是拖拖拉拉、挑食(爱吃肉不爱吃蔬菜)、练小提琴不能持之以恒、作息时间不恰当等。这些问题令父母十分苦恼,但是峰峰妈妈发现峰峰也有自己的爱好,他喜欢游戏、上网、踢球、看动画片、喝饮料。于是峰峰妈妈想出了一个办法,列出了下面这张清单,并将它贴在峰峰写字台边的墙上,这样他就可以时常受到提醒:

首先完成当天的家庭作业,然后可以玩游戏;

首先完成打扫自己的房间,然后可以出去踢球;

首先完成洗自己的袜子,然后可以看动画片;

首先完成吃蔬菜,然后可以喝饮料;

首先完成练习 20 分钟的小提琴,然后可以出去玩;

首先完成期中考试取得好成绩,然后可以买电脑;

首先完成期末考试取得好成绩,然后可以上网。

在旁边再放一张时间安排表。

结果峰峰虽然第一周有些任务完不成,但每一周都要比前一周进步,到了期末考试时,就已经做得很不错了。

典型案例 2:跳出无助的怪圈

一天上课,王老师向学生提问,突然发现,班上那个学习成绩最差的学生也跟着大家举起了手。老师心中一喜,就让这个孩子起来回答问题,谁知他却一个字也答不上来。下课后,老师把这个孩子叫到办公室,问他为什么不会也举手,孩子哭着说:"老师,别人都会,我老不举手,同学会笑话我的。"孩子的回答使这位老师陷入了深深的歉疚之中——其实每个孩子都有着强烈的自尊,这种自尊容不得老师的忽视。于是他与这位学生悄悄约定:今后,老师提问时,你如果会,就举左手;不会,就举右手。以后,每当这位学生举起左手时,老师就争取机会让他答题。一段时间之后,这个成绩最差的学生变得开朗了,成绩也一天天提高了。

复习与思考

(一)选择题

1. 神经元中接受外界刺激或接受前一神经元传来的神经冲动的部位是( )。
   A. 树突　　　　　B. 轴突　　　　　C. 细胞核　　　　　D. 细胞质
2. 神经系统是由( )组成的。
   A. 脊髓和脑　　　　　　　　　　B. 外周神经系统和中枢神经系统

C. 周围神经系统、躯体神经和自主神经　　D. 外周神经系统、脑干、间脑、小脑和端脑

3. 视觉中枢位于(　　)。
A. 大脑皮层额叶　　B. 大脑皮层顶叶　　C. 大脑皮层枕叶　　D. 大脑皮层颞叶

4. 下列属于第二信号系统的是(　　)。
A. 见风流泪　　B. 谈梅生津　　C. 望梅止渴　　D. 吃梅生津

5. 小强不按时完成作业，妈妈就禁止他看动画片，一旦按时完成就取消这一禁令，随后小强按时完成作业的次数增加了,这属于(　　)。
A. 正强化　　B. 负强化　　C. 正惩罚　　D. 负惩罚

(二)简答题

1. 简述神经元的机能。
2. 简述大脑左右半球的功能。
3. 简述负强化与惩罚的区别。
4. 简述经典性条件反射与操作性条件反射的异同。

(三)材料题

材料：某小学三(1)班李老师发现,班上有几个同学的作业总是字迹潦草。为了帮助这些学生,李老师专门雕刻了2枚印章,并制作了一些好孩子的小卡通画奖品。每当这几个同学的作业工整干净时,她就在练习本上加盖一个小红花印章,连续得到3次小红花就加盖一个一级棒印章,并获得一张好孩子卡通画的奖励。获得3张好孩子卡通画的学生作业将会被放在光荣榜上展览。

问题：请结合操作性条件反射理论,分析李老师的教学行为。

第三章

注 意

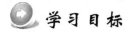 学习目标

1. 掌握注意的概念、特点及与心理过程的关系。
2. 理解并掌握影响几种注意的条件及规律。
3. 根据所学知识分析自己的注意品质,运用注意的规律提高注意力。

在纷繁复杂的外界环境下,有多种多样的信息不断作用于人,人们利用感知、记忆、思维等认识活动去反映它们,但这种反映带有明显的选择性。这种选择性的高度表现,就是贯穿在各种认识活动中的一种共同的心理状态——注意。注意是人们非常熟悉的心理现象,也是非常重要的心理现象。

第一节 注意的概述

一、注意的概念

注意是一种常见的心理现象,如学生上课时专心地听讲,仔细地观察挂图,聚精会神地思考教师提出的问题。这里的"专心""仔细""聚精会神"都是对人的注意状态的描述。

注意是心理活动对一定对象的指向和集中。注意有两个基本特征:一是指向性,是指心理活动有选择地反映一些现象而离开其他对象;二是集中性,是指心理活动对一定对象的持续反映。

所谓指向性既可以是外部世界的对象和现象,也可以是我们自己的身体、行为和思想。它有两种形式:一种是有意的,一种是无意的。无论是哪种形式,在特定的时间内,人对刺激进行有意反应的能力总是有限的。只有注意指向的事物,才能进行清晰的反映。例如,一个人在剧院里看戏,他的心理活动就指向了舞台上演员的台词、动作、表情、服饰,而忽视了剧场里观众的所作所为。

所谓集中性不是对所反映的事物一扫而过,而是能在特定的方向上保持并深入下去,使所

反映的事物达到一定的清晰、完善、深刻的程度。集中性不仅指心理活动离开了无关事物,而且也抑制了无关活动。与集中性相联系的是注意的强度和紧张度。

二、注意的功能

(一)选择功能

注意是人们在某一时刻使心理活动选择有意义的、符合需要的和与当前活动任务相一致的各种刺激;避开或抑制其他无意义的、附加的、干扰当前活动的各种刺激。

客观环境和人的内心世界都是纷繁复杂的,而个人的认识能力又是有限的。在同一时间内,人脑只能反映部分客观事物。正因为注意的这种选择性,才使人的心理活动具有方向性,才能使人以较少的精力完成更繁重的任务,从而保证工作的高效率。

(二)维持功能

注意具有维持的功能,表现为心理活动在时间上的延续。即当外界信息进入人的知觉、记忆等心理过程并进行加工时,注意能够把已选择为有意义、需要进一步加工的信息保持在意识中。信息输入后,每种信息单元必须通过注意才能得以保持,如果不加以注意,就会很快消失。因此,需要将注意对象的内容保持在意识中,一直到完成任务达到目的为止。

(三)调节和监督功能

调节和监督功能可使人对所从事的活动进行有效调控。表现在能排除来自外部和内部的干扰并对错误行为进行纠正,控制着心理活动朝着预定方向发展,这是注意最重要的功能。人只有在注意的状态下,才能对信息进行反馈,并相应地调节、监督自己的行为。在注意状态下,人可以发现和纠正活动中的错误,提高活动的准确性和速度。同时,当活动的条件或人的需要发生变化时,可以适时分配注意和转移注意,使人能适应变化多端的环境。注意使人实现对活动全程的监督,适时调节,从而顺利地完成活动。

三、注意的生理机制和外部表现

(一)注意的生理机制

巴甫洛夫认为,注意就其产生的方式来说,是有机体的一种定向反射。所谓定向反射,是指每当新异刺激出现时,有机体便将感受器朝向新异刺激的方向,以便更好地感受这一刺激。注意的中枢机制是神经过程的负诱导。负诱导的产生使大脑皮层某一部位的活动特别活跃,称为优势兴奋中心,其周围部位则处于相对的抑制状态。尽管每一时刻都有无数刺激作用于感官,但只有那些落到优势兴奋中心的少数刺激才能引起注意,落在其周围处于抑制状态的刺激不引起注意。因此,注意集中于某事物时,对其他事物就会出现"视而不见""听而不闻"等现象。注意的生理机制决定了注意的指向性和集中性两个特征。

当人集中注意时,在大脑皮层相应区域就会产生一个兴奋中心,每个兴奋中心都会引起周围区域的抑制。注意越集中,对其他事物感知也就越模糊。优势兴奋中心不是长时间保持在皮层的一个部位,而是不断从一个区域转移到另一个区域。

(二)注意的外部表现

一个教师在上课的时候,能否知道学生是不是在认真听讲呢?他是可以做到的。这是因为人在注意状态下,常常伴随着特定的行为变化,有时通过观察就可以了解个体的注意状态。一般来说,注意的外部表现有以下四个方面。

1. 适应性动作出现

人在注意状态下,感觉器官一般是朝向注意对象的。当注意一个物体,我们会"注目凝视"。注意一种声音,会"侧耳细听"。在专注于回忆往事或思考问题时,我们又常会"眼神发呆,若有所思"。当然,最明显的适应性动作就是个体能够跟随组织者的思路,配合做各种运算或操作,这也说明个体正处于积极的有意注意状态。

2. 无关动作的停止

当人们集中注意时,就会高度关注当前的活动对象,一些与活动本身无关或起干扰作用的动作会相应减少甚至停止。因此,一个认真听讲的学生不会总是东张西望,交头接耳,或者玩一些与活动不相干的东西。

3. 呼吸运动的变化

人在注意时,呼吸常常是轻缓而均匀,有一定的节律。但有时在紧张状态下高度注意时,常会屏息静气,甚至牙关紧闭,双拳握紧。

4. 眼动

心理学的研究发现,在视觉注意中,眼睛有三种基本运动形式:注视、跳动和追随运动。这是眼睛在注视物体的时候,眼睛也无时无刻不在运动。注视是指将眼睛的中央窝对准某一物体的时间超过100毫秒,在此期间被注视的物体成像在中央窝上,获得比较充分的加工而形成清晰的像;眼跳是注视点或者注视方向突然发生改变,这个过程中可以获得时空信息,但是几乎不能形成比较清晰的像;追随运动是当被观察物体与眼睛存在相对运动时,为了保证眼睛总是注视这个物体,眼球会追随物体移动。以上三种眼动方式经常交错在一起,目的均在于选择信息,将要注意的刺激物置于像与中央窝区域,以形成清晰的像。眼动被认为是一种研究视觉信息加工的有效手段。我国的眼动研究起步较晚,但近年来国内对眼动的研究也越来越深入,眼动研究已经不再仅仅局限于阅读研究中,而是作为心理学研究中的一项重要指标,被运用到应用心理学领域的研究中。

知识与拓展 3-1

学生听课时的外部表现

集中状——鸦雀无声,眼光有神,全神贯注,听得入迷。
活跃状——发言积极,思维活跃,气氛欢快,议论纷纷。
顿悟状——群怀振奋,豁然开朗,眉飞色舞,喜笑颜开。
疑惑状——情绪紧张,眉头紧锁,疑虑重重,焦虑不安。
厌倦状——心烦意乱,死气沉沉,东倒西歪,昏昏沉沉。
松散状——漫不经心,松松垮垮,东张西望,交头接耳。

掌握注意的外部特征,对于教育工作者有重要意义。有经验的教师能根据学生的坐姿和面部表情,特别是通过眼神了解学生上课时注意集中的情况,判断学生对教材的理解程度,从而采取相应措施,使教学过程顺利进行。当然,注意的外部特征和内部状态有时不尽一致,貌似注意现象的出现便说明了这一点。因此,教师应善于分析学生的注意状态,从而提高教育教学效果。

第二节 注意的种类及规律

根据注意发生的目的和意志的努力程度,可将注意分为无意注意、有意注意和有意后注意。了解注意的种类和规律为我们正确反映客观事物创造了条件,也对教师做好教学工作具有十分重要的意义。

一、无意注意

(一)无意注意的概念

无意注意又叫作不随意注意,是指没有预定目的,也不需要意志努力的注意。在这种情况下,我们对要注意的东西没有任何准备,也没有明确的认识任务。注意的引起不是依靠意志努力,而主要取决于刺激本身的性质。比如,你正在聚精会神地看电视,突然被母亲叫到要吃饭了,这个时候引起的注意就是无意注意。因为本身的目的是为了看电视,不是听到母亲的叫声,并且这种注意不需要意志的努力。这种注意就是无意注意。

(二)引起无意注意的原因

无意注意的产生,取决于外界刺激物的特点和个体主观状态。

1. 刺激物的特点

(1)刺激物的强度,例如一声巨响、一道强光、一种鲜艳的颜色等,都会立刻引起我们的注意。但是在这种情况下,起决定作用的不是刺激的绝对强度,而是刺激的相对强度(即一种刺激与其他刺激互相比较的力量)。例如在屋里安静的时候,很小的脚步声也能引起注意,而在很喧闹时,这种脚步声就不起作用了。

(2)刺激物的对比,例如万绿丛中一点红、鹤立鸡群等,又如在许多小孩中有一个大人,就容易成为注意的对象。

(3)刺激物的运动变化,例如霓虹灯的一闪一灭的刺激,特别容易引起行人的注意。

(4)刺激物的新异性,例如在听报告时,如果报告人的声音突然停止了,马上就会引起听众的注意。

2. 个体主观状态

(1)需要和兴趣。人的需要和兴趣影响着人对事物的态度。凡能满足人的需要的事物,都容易成为无意注意的对象。如电视中对各地风景人情的介绍会使旅游者倍加关注,而街边餐馆的招牌则对饥肠辘辘的行人特别有吸引力。凡能使人感兴趣的事物,人们就会对它抱有积极的态度,也就容易引起人的无意注意。如热爱本职工作的人,与自己的工作有关的一切事物都会引起他的注意。

(2)态度和情绪状态。如果人们对某一事物抱有积极的态度,那么,这一事物就极易引起他们的注意。如处于心情愉快等情绪状态时,平时不易于引起注意的事物,此时也能引起他们的注意。而心情烦躁时,以往能注意的事物,此时也不一定能引起注意。

(3)知识经验和期待。个人已有的知识经验对保持注意有重大影响。尽管新异刺激物能引起无意注意,但人们对之不具备应有的知识和经验,则这种注意很快就会消失。如果对新异刺激物有一定程度的了解,则会寻求进一步的了解,就会保持长时间的注意。

期待中的事物有强大的吸引力,易使人于不知不觉中形成无意注意,如章回小说的末尾往往以"欲知后事如何,且听下回分解"给人留下悬念,使人对故事下一步的发展予以企盼。

二、有意注意

(一)有意注意的概念

有意注意或随意注意是自觉的、有预定目的的注意。在有意注意时往往需要一定的努力,人要积极主动地去观察某种事物或完成某种任务。例如,正当我们津津有味地阅读小说时,上课时间到了,为了更好地完成学习任务,就努力把自己的心理活动从小说的内容转向并集中到老师所授课的内容上,这种注意就是有意注意。

人的有意注意是在生活实践中产生的。在日常生活、工作、学习和劳动中,人所遇到的事情是多种多样的。人们为完成一定的任务,不但应把注意集中到感兴趣的事物上,尤其还要迫使自己把注意集中到一时不感兴趣但却必须关注的事物上,并维持集中过程的一定强度。这便在实践过程中产生了有意注意。

(二)引起和保持有意注意的条件

1. 明确目的任务

有意注意是由目的、任务来决定的,目的越明确、越具体,对完成目的、任务的意义理解越深刻,完成任务的愿望越强烈,就越能引起和保持有意注意。

2. 组织有关活动

在明确目的任务的前提下,合理地组织能引起注意的有关活动,有利于有意注意的维持。如提出需要思维活动参与的问题,提出加强注意的自我要求,尽可能地把智力活动与实际活动(如实验操作、技能练习)密切结合起来等,这些将有助于维持学生持久的注意。

3. 激发间接兴趣

间接兴趣是引起和保持有意注意的重要条件之一。所谓间接兴趣,是指对活动本身和过程暂无兴趣,但对活动的意义和最后获得的结果有很大兴趣。例如,学习外语这一活动往往使人感到单调、枯燥,但当学习者认识到掌握外语这一工具后,可以借鉴国外的科学技术,为自己今后的职业发展打好基础,就对学习外语产生了间接兴趣。这一间接兴趣,能维持人们稳定而持久的注意。

4. 用意志力排除各种干扰

有意注意是与排除干扰相联系的。干扰可能是外部的刺激物,如分散注意的声音和光线等;也可能是机体自身的某种状态,如人的疾病、疲倦、无关思想和情绪的影响。为此,我们要设法采取一定措施排除这些干扰。除了事先去掉一切可能妨碍工作或学习的因素,创造良好的工作或学习环境外,更重要的是用坚强的意志同一切干扰作斗争,要努力培养和锻炼自己在任何干扰情况下进行工作和学习的自制能力。

三、有意后注意

(一)有意后注意的概念

有意后注意是注意的一种特殊形式,它有自觉的目的却不需要意志努力。有意后注意又称为随意后注意,是指有目的,但不需要做更大意志努力的注意。其特点是自觉性较好,保持时间较长,消耗精力少,不容易疲劳。其性质是更高级、主动、自觉(是人类特有的既自觉又轻松的注意形式)。如有的人电脑打字时"盲打",有的人不用盯着看就可以织毛衣。

有意后注意兼有无意注意和有意注意的特点,但与二者又有所区别。与无意注意的不同点在于它有预定的目的,与有意注意的不同点在于它的保持无须意志努力,至少不需要明显的意志努力。所以说它是注意的高级形态。

把有意注意发展为有意后注意是注意保持的有效手段。所以,有意后注意是保证工作和学习高效率的手段,也是进行创造性劳动的重要条件。

(二)有意后注意形成的条件

1. 活动的目的任务

因为有意后注意是有预定目的的注意,所以它同有意注意一样,当认识到某一活动的重要性时就能坚持不懈从事这一活动,为有意后注意产生创造条件。

2. 活动的熟练程度和知识经验

若对某种活动非常熟悉,熟知从事这项活动必备的知识,则参与这项活动就非常顺利,用不着克服什么困难,无须付出意志努力。例如,初学骑自行车,技术不熟练,既要回忆动作要领,又要将这些付诸实践。尽管小心谨慎,不能分心,还免不了摔跤。尔后,经过多次反复地练习,身体各部位的动作协调一致,技能娴熟,可以边骑车边聊天,边骑车边思考其他问题,于是有意后注意就形成了。

四、无意注意、有意注意和有意后注意的关系

无意注意、有意注意和有意后注意既有区别又有联系,在实际工作中是不能截然分开的。无意注意时轻松,不易疲劳,节省精力,有时对事物的印象也比较深刻。但只凭无意注意,没有目的性和计划性,工作变得杂乱无章,获得的知识也只能支离破碎。况且,工作、学习、生活中遇到的事情不可能总是那么吸引人,其中必然会遇到很多困难和干扰,也可能会感到单调和枯燥。有意注意在人的活动中起主导作用,但缺乏直接兴趣,单纯依靠意志努力去维持注意,时

间久了,人脑会由于疲劳转入抑制状态,这种注意同样难以持久。有意后注意虽然避免了无意注意和有意注意的弊端,是注意保持的有效手段,但若离开了有意注意和无意注意,就成了无源之水,无本之木。同时,人对任何事物都形成有意后注意也是不可能的。如,对技术性的活动易形成有意后注意,而对智能性活动则很难。所以,这三种注意是相互依存、协同参与、共同配合、相互制约的。

第三节 注意的品质及培养

一、注意的品质

注意的品质包括注意的广度、注意的稳定性、注意的分配、注意的转移四个方面。

(一)注意的广度

注意的广度也叫作注意的范围,是指在同一时间内能清楚地把握对象的数量。在同一时间内,人能清楚地看到的事物的数量或听到的声音的种类是有限的。以信息加工的观点给出的操作性定义,在注意点来不及移动的很短时间内(1/10秒)所能接受的同时输入的信息量。心理学家很早就开始研究注意的广度。1830年哈密顿(Hamilton)最先做了示范实验,他在地上撒了一把石弹子,发现人们要立刻看到六个以上很不容易。如果把石子两个、三个或五个一堆,人们能看到的堆数和单个的数目几乎一样多,因为人们会把一堆看作一个单位。如果用速视器测定,在十分之一秒时间内,成人一般能注意到8~9个黑色的圆点、4~6个没有联系的外文字母或3~4个几何图形。扩大注意的范围,可以提高学习和工作的效率。排字工人、打字员、驾驶员等都需要较大的注意范围。

注意广度与以下几个因素有关。

1. 知觉对象的特点

如果被知觉的对象形态相似、排列整齐、颜色大小相同、能构成彼此有联系的整体,注意的范围就大些;反之,注意的范围就小些。例如,对颜色相同的圆点比对颜色不同的圆点的注意范围要大,对一组相互平行的线段比数量相同但分布得杂乱无章的线段的注意范围要大,对集中在一起的字母比数量相同但分散在各个角落里字母的注意范围要大。

2. 个人的知识经验

与活动对象有关的知识经验越丰富,注意的范围就越大。因为,对注意的对象越熟悉,就越能把它作为一个整体来感知。如初学阅读的小学生,总是把一个个字作为对象来感知。但随着知识经验的丰富,他们掌握了大量的词汇,于是,就把词作为一个有意义的整体来感知了,发展下去,又可把句子当作一个整体去感知。这样,注意的范围就比原来扩大了。

注意的范围在实践中有重要意义。如在学习时,注意范围大,阅读速度和听课时记笔记的速度就快,观察实验现象就能全面具体,就可在同等时间内获得更多的信息。在现实生活中,某些职业对人们有特殊要求,如排字工人、驾驶员、电报员、侦察员等都得有较大的注意范围。

3. 个人的活动任务

在知觉对象特点相同的情况下,活动的任务越繁重、越复杂,注意的范围就越小。如用速示器显示出一些不成词的字母,一是要求被试说出有多少个字母,二是要求被试说出同时看到的字母中,哪些写法有错误,错在何处。测试结果表明,第二个要求比第一个要求效果要差得多。因为,第二个任务要求不仅要辨认字母,而且还要分辨每个字母的细节,这显然比第一个任务要复杂得多。另外,对活动的目的任务越明确、认识越深刻,注意的范围就越大。

(二)注意的稳定性

注意的稳定性也称为持久性,是指在一定事物上,注意所能持续的时间。其标志是在某一些时间段内的高度集中。这是注意在时间上的特性,是注意的最重要品质。学生在一堂课的时间内,使自己的注意保持在与教学活动有关的对象上;医生在进行手术时,要连续几小时高度紧张地工作;教师在讲课的过程中思想高度集中等,都是注意稳定性的表现。注意集中的持续时间越长,注意的稳定性越高。

在集中注意感知某一事物时,很难长时间保持不变。如把一只手表放在离被试一定远的地方,使其刚刚能够听到手表的滴答声。即使是十分专心地听,也会感到时而听到时而听不到,或者感到手表的声音时强时弱。注意的这种周期性变化现象称为注意的起伏现象。注意的起伏现象是不能直接控制的感受性所发生的周期性变化。当要求全神贯注地持续观看时,便会发现该图中的小方块时而向前凸出,时而又向内凹进(见图3-1)。这种看到图形反复变动的现象就是典型的注意起伏现象。它是一种经常发生的、受神经活动本身特点影响的正常心理现象。一般来说,1~5秒内的注意起伏不影响完成复杂而有趣的活动。但研究也证明,15~20分钟的注意起伏,将导致注意不由自主地离开客体。

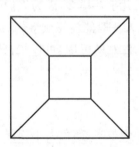

图3-1 注意的起伏现象

影响注意的稳定性的因素有以下三个。

1. 注意对象的特点

一般地说,对象内容丰富、复杂多变,观察时注意可在一定范围内进行,注意就能稳定持久。而内容贫乏、单调和静止的对象,人们不易从不同方面去观察时,就不易保持稳定的注意。通常内容丰富的对象比单调的对象更能维持注意的稳定性。相对于一个透明的玻璃杯,儿童可能更愿意关注一幅色彩丰富的图画。此外,活动的对象比静止对象更能维持注意的稳定性。相对于一幅静止的图画,儿童可能更愿意关注活动的电视画面。

2. 活动的内容和方式

在复杂而持续时间长的活动中,若不能更换活动的内容和方式,则易出现疲劳和注意集中的减弱,不易维持稳定的注意。

3. 人自身的状态

注意的稳定性与人的身体状况有关,当人失眠、疲劳、生病时,人的注意力就不易稳定,如果人的身体健康、精力充沛,人的注意力就能持久稳定。

人自身的积极性与注意的稳定性有更重要的关系。若人对所从事的活动的意义理解得深刻,对活动的目的任务认识得明确,态度积极主动,对活动抱有极大的兴趣,活动中能进行深入地思考,注意就容易稳定持久。反之,注意就容易分散。

与注意的稳定相反的状态是注意的分散。注意的分散是注意离开当前应完成的活动任务而被无关事物所吸引。它由无关刺激物的干扰和单调刺激的长期持续所引起,也与人的主观状态有关。干扰决定于附加刺激物的特点和附加刺激物与注意对象的关系。一般地说,与注意对象相类似的刺激物,比不同类刺激物的干扰作用大。在主观状态中,使人发生兴趣的或强烈地影响着情绪的其他对象,也会引起注意的分散。保持注意的稳定性在实践中有重要意义。速记、校对、收发电报、实验等工作都需要注意有高度的稳定性,即使短时间的注意分散,也会严重影响工作质量。养成稳定注意的习惯对学生的学习亦有重要意义。教师应利用注意稳定性产生的条件,组织好教学活动。

(三)注意的分配

注意的分配是指同一时间内把注意指向于不同的对象。注意的分配对人的实践活动是必要的,也是可能的。谁能够把注意同时分配到较多方面,谁就能把握更多的事物,顺利地完成复杂的工作。例如,教师上课时边讲课、边板书、边观察学生的反应,学生听课时边听、边记、边思考、边注视教师和黑板,都需要很好地分配注意力。

有人有较好的注意分配能力,据说拿破仑能够同时做七件事。1889年法国的心理学家庞尔汉,证明自己有在朗诵一首诗的同时又能写下另一首诗的能力,他还能在朗诵一首诗的同时计算复杂的乘法。汽车驾驶员在驾驶汽车时,除了注意汽车上的机件外,还要把注意分配到交通信号、行人、转弯等方面,除了注视马路上的情况,还要配合手脚的动作来驾驶汽车。这些都是注意的分配现象。

注意能否较好的分配,往往依赖于一系列条件,如同时并进的几种活动的性质、复杂程度以及人们对这些活动的熟练程度和习惯程度等。概括起来,注意的分配包括以下几个方面。

1. 活动的熟练程度

在同时进行的两种或几种活动中,只有一种是不熟悉的,而其他的都已达到了自动化的程度。此时注意的分配才有可能(当然,对几种活动都熟悉,注意的分配更容易实现),这是注意分配的最重要的条件。如听讲的同时记笔记,只有在对写字达到了娴熟的程度时二者才能并行不悖。这是因为熟练了的活动无须给予更多的注意就能自动地实现,以至于有可能把大部分精力用于不熟悉的活动上。由此可知,一个人不能同时进行两件都不熟悉的、都需要集中精力的活动。另外,由于熟练的活动使注意的分配成为可能。因此,人们可有意识地通过练习而逐步培养自己注意的分配能力。

例如,初次登讲台的教师,往往由于怕讲不好,情绪紧张,只注意自己的讲述,虽然看着学生却不能理会学生是否在注意听讲。教学经验丰富的教师,熟悉教材,从容不迫,能在讲课时,注意到学生的反应以及整个课堂活动。

2. 活动的内在联系

为了更好地分配注意,可以同时进行几种活动,通过练习建立起一定的联系,使这些活动之间形成统一的、协调一致的动作系统。如果要进行几种毫不相关的活动,则注意的分配是很困难的。例如,汽车驾驶员经过专门训练,形成了一定的动作系统,已不需要特别的意志努力就可以把注意分配到行车、转弯、绕过障碍物及注意路面情况上。而一个人边弹琴边唱歌,如果弹的和唱的不是同一首歌,注意就很难进行分配。

3. 活动的性质

注意的分配与活动的性质有密切关系。如果同时进行的活动属于动作技能,则注意的分配就比较容易。如果同时进行的是两种智力活动,注意的分配就比较困难,即使这两种活动能同时进行,其中一项或两项活动也会受到影响。有一个实验,要求被试依靠脚腕的转动,用右脚按顺时针或逆时针(只能选用一种方式)方向画圆,同时在一张纸上连续笔算三位数的加减题,题目不重复,这两项活动进行得越快越好。结果发现被试不能两者兼顾,很难实现注意的分配。

善于分配注意,对于人完成各种复杂的工作和学习任务都有着十分重要的意义。可以说,培养熟练地分配注意的能力是任何复杂劳动都必需的。至于在日常生活中,更是处处要求人们的注意能很好地分配。例如上课时,教师需要一边讲课,一边板书,一边用姿势动作表情帮助说话,一边还要考虑调整教学内容、变化教学方法,以保持学生高昂的学习热情。还有航空员、乐队指挥、舞台表演等,都要善于分配注意。

(四)注意的转移

注意的转移是指有目的、迅速及时地把注意从一个对象转移到另一个对象上。如学生上完一节课后,能根据学习任务的需要,主动地将注意转移到下节课另一科目的学习上,这就是注意的转移。

注意的转移可以发生在不同的活动之间,也可以发生在同一活动的不同对象之间。如,学生复习功课时,一会儿翻阅课本,一会儿演算习题,一会儿又闭目沉思,活动的任务相同,而注意的对象却在不断转移。

注意的转移与注意的分散有着本质区别。注意的转移是根据任务的需要,有目的、主动地把注意转向新的对象,使后一种活动合理地顺利地取代前一种活动,这是注意的积极品质。而注意的分散则是在需要注意稳定的时候,由于无关刺激的干扰,或由于刺激物的单调,使注意不由自主地离开需要注意的对象而转向与完成任务无关的活动上,这是注意的消极品质。

衡量注意的转移有许多指标,主要的有三种:其一为转移的时间,即从一种活动转移到另一种活动所需要的时间;其二为单位时间内的工作范围(与没有注意转移的活动中的工作范围相比较);其三为工作的准确性,即转移注意时工作的失误程度。注意的转移分完全转移和不完全转移。完全转移是指从一个对象彻底地转移到另一个对象上,不完全转移是指人虽然已进行新的工作,但因循守旧,仍根据旧的工作程序来搞新的工作,以至于工作中频频失误。衡量注意转移的水平,既要分析转移的时间或速度,也要考虑完全转移的程度。

影响注意转移的因素有以下几点。

1. 注意的紧张程度和新活动的特点

注意的紧张程度是指心理过程对某一个事物的高度集中而同时离开其余一切事物的程

度。一般地说,注意的紧张程度越高,新活动越不符合引起注意的条件(如人的需要和兴趣,新旧事物或前后两种活动的关系),注意的转移就越困难缓慢。如学生课间做了有趣的游戏,虽然下节课已经开始了,但他的注意力仍不能尽快转移到课业上来,而另一个人刚刚听完轻音乐就进行紧张的智力活动,注意的转移就容易,正是从不同角度说明了这个问题。

2. 活动的目的性

活动的目的性是注意的重要条件。对需要转移的活动的意义理解得深刻,目的明确,注意就能随着任务的转移而迅速转移。即使原来的活动颇具吸引力,也能顺利地实现转移。

3. 神经过程的灵活性

神经过程灵活性强的人,注意的转移就迅速、容易;反之,注意的转移则相对缓慢。

4. 已有的习惯

养成集中注意习惯的人,在工作、学习以及日常生活中,能根据需要,及时准确地将注意转移到新的对象上。而养成注意分散习惯的人,注意转移的速度慢且一时难以做到完全的转移,以致降低了工作效率。

善于主动及时地转移注意,对于许多活动都是必要的,一些专门性的活动更是如此。比如一名好的飞行员在起飞和降落的五六分钟内,注意的转移需达 200 次。学生每天都要学习不同性质的好几门课,还要从事许多不同类别的活动,这也要求他们有快捷准确的转移注意的能力。

以上介绍了注意的四种品质。应当指出的是,上述四种品质是密切联系的。一个人注意能力的强弱,不仅取决于注意品质的个别特点,也取决于这几种品质的相互搭配和有机结合。

二、注意缺陷型多动症

(一)概述

儿童多动症,即注意缺陷障碍(ADHD),轻微脑功能损伤,轻微脑功能失调。它的临床特征是以注意障碍,活动过多(冲动任性)为主要表现的儿童行为异常性疾患。它产生的原因有神经及化学性因素、遗传性因素、环境因素和解剖学因素。

(二)治疗方法

1. 药物治疗

多数多动症儿童在服用药物后动作行为或认知功能都有所改善,但药量副作用可导致因营养不良影响骨骼生长和成长发育。

2. 心理治疗

心理治疗主要针对多动症儿童的情绪、亲子关系、人际交往、自我认知等方面展开,这些方面对于多动症儿童适应社会、发展自我是非常有益的,但注意缺陷多动障碍本身的症状效果不明显,可作为多动症的一个常规的辅助治疗出现。

3. 行为治疗

行为治疗对改善多动症儿童行为有明显作用。主要体现在自我管理、时间管理、学校及家庭行为控制等方面。行为治疗是多动症的必要治疗措施。如果单纯的药物治疗很可能随着停药效果就消失了,但如果同步配合行为治疗就会在停药后保持某些有效的行为特点。

4. 运动治疗

运动治疗是针对因脑部发育迟缓造成的学习困难,以运动刺激脑部的自动化机制,改善脑部管理阅读、书写、注意力、动作协调等特定区域的效率,而且一旦改善后,就不会退步,这种脑部生理特性改变的可能性,称为"脑神经细胞的可塑性"。

三、儿童注意的培养

注意是学习活动中最重要的心理条件。许多学习成绩不理想的学生存在一个共同的缺点,就是注意力涣散,表现为漫不经心,懒懒散散,粗心大意。因此,培养学生的注意力非常有必要,这应从以下几个方面着手。

(一)培养间接兴趣

兴趣和注意有密切的关系,它是培养注意力的一个重要的心理条件。对于有兴趣的事物,就会在大脑皮层形成优势兴奋中心,使注意力高度集中,使人记忆敏锐、思维活跃,对所学内容能清晰地反映;相反,没有兴趣,就会对事情漠然置之,很难集中注意力。

间接兴趣是引起和保持有意注意的重要条件之一。有时活动本身缺乏吸引力,但活动的目的与结果使人感兴趣,为了完成活动任务,活动本身则成为有意注意的对象。因此,为了引发学生学习的间接兴趣,教师在一门课开始时应阐明本门课的学习意义和重要性,让学生明确认识到本学科知识对他们所具有的价值,以引起他们对学习结果的兴趣,从而调动他们对该门课学习的积极性,来唤起他们注意的维持。

(二)养成良好的学习习惯

良好的学习习惯有助于提高注意力。首先,要使学生养成力图把握重点的学习习惯。不管是听课、读书或者做作业,都要认真思考。认真思考的过程不仅能把注意力吸引过来,还能使认识得到加深,并产生愉快的体验,使注意力稳定。其次,要使学生养成劳逸结合的学习习惯。疲劳是集中注意力的大敌。长时间连续工作,彻夜不眠地看书,会使人疲劳,因而大脑神经兴奋水平降低,注意力难以集中。例如,长时间开车的司机会因疲劳驾驶出现事故,这是非常危险的,有些人为此付出了惨痛的代价。学生们在学习过程中,也一定要注意劳逸结合,保持精力充沛的状态,才能增强注意力集中的水平。

(三)保持良好的心理状态

导致注意分散最重要的因素是自己不稳定的心理状态,因此,保持良好的心理状态是维持注意的重要条件。首先,能不能使注意集中,自信心是关键。静下心来以后,就要相信自己能够集中注意,全神贯注地听课,于是就获得好的效果;如果没有信心,认为自己的注意集中不起来,那就会真的出现注意力不集中。其次,心情愉快有利于注意集中。心情舒畅或联想愉快的事情能帮助注意的集中。最后,心情平静有益于注意集中。情绪稳定有助于个人控制自己的心理状态,使自己集中精力,指向学习目标。在需要注意集中之前,要先使心神安定下来,"只要能静下心来,就等于集中了一半的精力";反之,一个心情焦躁、烦乱的人要想集中注意是很困难的。

(四)重视集中注意的自我训练

俄国心理学家普拉诺夫说:"要想使自己成为一个注意力很强的人,最好的方法是,无论干什么事,不能漫不经心!"培养自己注意力的可靠途径就是训练自己能在各种各样的环境条件下都能专心学习或工作。一旦确定了要干的事,就要有计划、有目的地集中注意,去干好要干的事,不受其他刺激的影响和干扰。据说毛泽东在青少年时为了集中自己的注意,就常到繁华闹市去读书。无论读书学习还是为人处世,我们都要把它们当作锻炼注意力的机会和场合,经常训练就会逐步形成良好注意的习惯。

在进行集中注意的自我训练时,要注意培养学生对不良刺激的容忍力。安静的环境有利于注意的集中,嘈杂烦乱的环境容易分散注意。有干扰的环境是难以避免的,培养自己抗干扰的能力十分必要。对于抗干扰要特别注意的是,不管是对外部的还是内部的(内心的烦乱)干扰,应处之以泰然。这种内心的安静比环境的安静更为重要,因为环境的干扰只有通过内心的干扰才能起到分散注意的作用。所以不加强自己抗干扰的能力,而怨恨外界干扰,既是不公正的,也是无益的。对分散注意的刺激的烦恼和愤怒,比刺激本身更能强烈地分散我们的注意,犹如火上浇油一般。在这里需要的是耐力和韧性,并加强自我约束。在注意力的训练中,儿童加强锻炼自我调节控制和自我管理的能力是非常重要的。

复习与思考

(一)选择题

1. 驾驶员在驾车时,眼、耳、手、脚并用是( )。
   A. 注意的分散　　B. 注意的分配　　C. 注意的转移　　D. 注意的范围
2. 引起无意注意的主观状态因素之一是( )。
   A. 有明确的目的　　B. 直接兴趣　　C. 意志努力　　D. 间接兴趣
3. 当心理活动或意识注意某个对象时,它们会在这个对象上集中起来,即精神贯注,兴奋性提高。这就是( )。
   A. 注意的集中性　　B. 注意的分散　　C. 注意的指向性　　D. 注意的转移
4. "鹤立鸡群"说明( )刺激容易引起无意注意。
   A. 对比　　B. 活动　　C. 新异　　D. 强烈
5. 看章回体小说时,经常看到"欲知后事如何,且听下回分解"。这说明( )容易引起无意注意。
   A. 需要、兴趣　　B. 情绪　　C. 知识　　D. 期待的事物

(二)简答题

1. 简述引起有意注意的条件。
2. 注意的品质有哪些?
3. 注意具有哪些特点和功能?

4.什么是注意？怎样培养学生良好的注意品质？

(三)材料题

材料：今天是林老师第一次上公开课,她穿着漂亮鲜艳的新衣服提前来到教室,带来了很多直观教具,有实物、模型、图片。进教室后,她把这些教具放在讲台上或挂在黑板上,然后用彩色粉笔把黑板边缘装饰的格外醒目。开始上课了,林老师镇定自若,她先宣布了期中考试的成绩,并鼓励大家再接再厉。在讲课中,林老师言语平静流畅。由于准备的内容十分丰富,她便加快了速度,对讲课内容也不予重复。正当她专心致志地讲课时,发现有个别学生在开小差,她立刻点名批评,制止了这种不良行为,然后继续上课。一节课很快就过去了,林老师从容地走出了教室,她想,今天的课效果一定很好。

问题：你认为林老师的公开课是否成功？请运用所学的注意规律说明理由。

第四章

感觉和知觉

学习目标

1. 学习和掌握感知觉的含义、感觉的现象和规律、知觉的基本特征、观察力的培养等。
2. 通过自主学习、探究学习等学习方式,认识和理解感觉、知觉的含义及其规律特点。
3. 通过本章内容的学习能进一步感受学习心理学知识带来的乐趣,理解生活中和教育教学中的感知觉心理学现象,并将其运用于实践。

人怎样认识世界的?人的知识和经验是怎样得来的?人类认识世界是从感觉开始的,感觉提供了内外环境的信息,保持着机体与环境的信息平衡,感觉是其他一切心理现象的基础。知觉在感觉的基础上产生,将感觉收集来的信息进行组织与解释,进而了解事物的意义。感觉和知觉是最基本的认知过程,通过感觉和知觉,人的高级复杂心理活动才得以产生。

第一节 感觉和知觉的概述

一、感觉的一般概念

(一)什么是感觉

感觉是人脑对直接作用于感觉器官的客观事物的个别属性的认识。人对客观世界的认识常常是从认识事物的一些简单属性开始的。物体的颜色、声音、气味、味道、硬度等个别属性通过感觉器官作用于人脑,在人脑中引起的视觉、听觉、嗅觉、味觉等心理活动就是感觉。换句话说,感觉过程就是个体靠感觉器官,比如眼睛、耳朵、嘴巴、皮肤等,与环境中的刺激接触时收集到相关信息,进而辨别出该刺激的个别属性的历程。

人的认识活动是从感觉开始的,通过感觉,不仅能够了解客观事物的各种属性,如物体的颜色、气味、形状、硬度、质感等,而且也能知道身体内部的状况和变化,如饥饿、口渴、疼痛、便意等。

(二)感觉的生理机制

感觉的产生,首先是由直接作用于感觉器官的各种刺激物所引起,这些体内外的各种刺激被感受器所接受,并将其转换成神经冲动,通过传入神经传达至中枢神经。比如,光波刺激作用于眼球产生视觉,声波刺激作用于耳朵产生听觉。同时,刺激的强度必须达到某种程度才能引起感受器的反应,从而激起神经冲动信号。其次,感觉的产生还需要效应器的协调配合。效应器不仅执行大脑神经中枢发出的指令,产生某种应答性活动,而且参与获得信息的过程。它加强信息的输入,使感觉过程更合理、更有效。以视觉为例,为得到清晰稳定的视觉映像,不仅需要由视觉感受器提供正确的信息,还需要神经中枢在对输入的信息进行分析后,对感受器做出反射性的调整。当物体的距离、照明条件、角度发生变化时,神经中枢对感受器的自动化调节对保证正确地感觉外界事物有着重要的意义。因此,感受器、效应器以及神经中枢之间相互协调配合产生一系列信息加工活动,最终在大脑中产生相应的感觉体验。这就是各种感觉产生的生理基础。

从信息加工的角度看,感觉主要是大脑皮层感觉中枢对由感觉器官提供的各种信息进行加工的过程和结果。

(三)感觉的种类

人有五官,因此就有五种感觉。事实上,人的感觉远远不止五种。按照引起感觉的刺激来源于身体的外部或者内部,可以把感觉分为两类:外部感觉和内部感觉。外部感觉接受来自体外环境的适宜刺激,反映外界事物的个别属性,包括视觉、听觉、嗅觉、味觉、皮肤觉等。肤觉又可细分为温觉、冷觉、触觉和痛觉。内部感觉的感受器官位于机体内部,主要接受机体内部的适宜刺激,反映自身的位置、运动和内脏器官的不同状态的感觉,包括运动觉(动觉)、平衡觉(静觉)和内脏感觉。

下面我们依次介绍这些不同的感觉类型(见表4-1)。

1. 外部感觉

(1)视觉是光刺激人眼所产生的感觉。视觉的适宜刺激是光,光是具有一定频率和波长的电磁辐射。人所能接受的光波只占整个电磁波谱中的很小部分,我们把波长在380~780nm范围内人眼可看到的光称为可见光。视觉的感受器是眼球里视网膜上的感光细胞,光线经过眼球内的一系列的聚光器官,最后才能折射并聚焦在视网膜上。视觉是人类对外部世界进行认识的最主要途径,人类所接受的信息大约有80%~90%是来自于视觉的。视觉能使人快速意识到环境中刺激物的变化,并做出相应的行为反应。

(2)听觉是声波作用于耳所产生的感觉。听觉是人类另一重要感觉。听觉的适宜刺激是一定频率范围的声波。它产生于物体的振动。物体振动时能量通过媒质传递到耳,从而产生听觉。当声波的振动频率为16~20000Hz(赫兹)时,便引起听觉,通常把这段频率范围称为可听声谱。声波的频率以每秒振动次数即赫兹表示,低于20Hz的声波或高于20000Hz的声波人耳都听不到。声波有三种物理属性:频率、振幅和波形,它们分别引起听觉的三种心理感受,即音调、音响和音色。

(3)嗅觉是由有气味的气体物质引起的。这种物质作用于鼻腔上部黏膜中的嗅细胞,产生神经兴奋,经嗅束传至嗅觉的皮层部位——海马体内,因而产生嗅觉。研究人员发现不同的气味对人体可以产生不同的作用。比如,有一些芳香物质可以使人精神振奋,减轻疲劳,提高工作效率等。

(4)味觉的感受器是舌头上的味蕾,能够溶于水的化学物质是味觉的适宜刺激。一般认为,人有酸、甜、苦、咸四种基本味觉,其他味觉都是由它们混合产生的。实验证明,人们的舌尖对甜味最敏感,舌中对咸味敏感,舌两侧对酸味敏感,而舌根则对苦味最为敏感。

刺激物作用于皮肤引起的各种感觉叫作皮肤觉,简称肤觉。它包括触压觉、冷觉、温觉和痛觉,皮肤觉的感受器在皮肤上呈点状分布,称触点、冷点、温点和痛点。身体部位不同,肤觉点的分布及其数目也不同,因此身体不同部位的皮肤对压力敏感性、温度刺激的敏感性不同。触压觉即触觉和压觉。刺激物接触到皮肤表面时的感觉为触觉,当刺激加强,使皮肤引起明显形变,就引起压觉。低于皮肤温度即生理零度的刺激作用于皮肤引起冷觉,高于生理零度的刺激作用于皮肤引起温觉。与生理零度相同的温度刺激不产生温度觉。引起痛觉的刺激很多,当机械的、物理的、化学的、温度的以及电刺激等任何一种刺激对有机体具有损伤或破坏作用时,都能引起痛觉。痛觉传递了机体受到伤害的信息,因而具有保护机体的作用。皮肤觉对人类的正常生活和工作有着重要意义。人们通过触觉认识物体的软、硬、粗、细、轻重,盲人用手指认字,聋人靠振动欣赏音乐,都是对皮肤的利用。

表 4-1 主要感觉分类表

	种类	感受器	反映属性	适宜刺激
外部感觉	视觉	视锥细胞、视杆细胞	黑、白、彩色	380~780nm 的电磁波
	听觉	毛状细胞	声音	16~20000Hz 的声波
	嗅觉	嗅细胞	气味	挥发性物质
	味觉	味蕾	酸甜苦咸等味道	溶解于水、唾液和脂类的化学物质
	肤觉	毛发的篮状末梢和游离神经末梢、迈斯纳氏触觉小体、巴西尼氏环层小体、罗佛尼氏小体和克劳斯氏球	冷温痛压触	机械性和温度性刺激物
内部感觉	运动觉	肌梭、肌腱、韧带和关节小体	身体运动状态位置的变化	骨骼肌运动、身体四肢位置状态
	平衡觉	内耳、前庭器官中的纤毛	身体位置的变化	头部运动的速率和方向
	机体觉	内脏器官及组织深处的神经末梢	身体疲劳、饥渴和内脏器官活动不正常	机体内部各器官的运动和变化

2. 内部感觉

(1)运动觉又称为动觉,它反映身体各部分的位置、运动以及肌肉的紧张程度,是内部感觉的一种重要形态。动觉的感受器存在于肌肉组织、肌腱、韧带和关节中,分别命名为肌梭、腱梭和关节小体。动觉是随意运动的基础。人在行走、劳动、进行各种体育运动时,由肌肉活动的速度、强度和紧张度所产生的神经冲动,不断向皮层发出运动信号,皮层分析综合了这些信号后,又通过传出神经对肌肉进行调节和控制。人具有动觉,才能实现动作的协调和完成复杂的运动技能。

(2)平衡觉也叫静觉,它是由人体作加速度或减速度的直线运动或旋转运动时引起的。平衡觉的感受器位于内耳的前庭器官。宇航员在执行飞行任务时的失重的情况,航海员在轮船剧烈晃动时都会使平衡觉发生异常变化。平衡觉与视觉、内脏器官都有联系,当前庭器官兴奋时,视野中的物体似乎出现移动,人的消化系统也可能出现呕吐、恶心等现象。

(3)内脏感觉也叫作机体觉,是由内脏的活动作用于脏器壁上的感受器产生的。这些感受器把内脏的活动及其变化的信息传入中枢,并产生饥渴、饱胀、便意、恶心、疼痛等感觉。内脏感觉性质不确定,缺乏准确的定位,因此又叫作"黑暗"感觉。

 知识与拓展 4-1

测测你的盲点

盲点是视网膜上视神经出入眼球的地方,该点视网膜上没有感光细胞,因此在视野中出现了一个看不见东西的"缝隙"。平时没有觉察到盲点的存在,是因为我们用一只眼睛看不到的地方,却可以用另一只眼睛看到。另外,我们大脑还会为盲点补充上与背景匹配的信息。

如何发现自己的盲点呢?请用手捧着书本离眼睛一臂远,然后闭紧你的左眼,并用右眼注视图左边的十字点,缓慢地将书本移近自己的眼睛。你会发现在某一个位置,右边的小球突然消失了。这是因为当时小球刚好落在你的盲点上。在你的视野中并没有出现一个"缝隙",而是一片白色,这是因为大脑为你补充了与背景匹配的信息。

矛盾热现象

同时触摸温水和凉水,你的感觉是什么?是"热"。研究者认为,皮肤存在负责寒冷和温暖的两种神经纤维,大脑可能会使触摸者两种类型纤维的联合信息作为判断皮肤温度的根据。如果负责冷、热的两种神经纤维同时激活,大脑通常会解读为"热",而这种现象被称为矛盾热现象。

针灸的镇痛作用

你相信针灸能够止痛吗?针灸镇痛是一种生理性止痛。中医认为"通则不痛,痛则不通",而针灸能够"通经络,调气血",从而达到镇痛的效果。2004年美国国家卫生研究院下属的某医学研究中心的研究发现,570名志愿者当中接受针灸治疗的膝关节炎患者,疼痛状况平均减轻了40%,膝关节功能平均提高了40%。发源于中国的针灸以其卓越的疗效,现在已在世界上得到了越来越多的认同。

(四)感觉的作用

感觉是人认识过程的初级阶段,它是最基础、最简单的心理活动过程。感觉虽然简单,但却能使个体获得正常生存的必要信息,也是人认识客观世界的开端。通过感觉,人才能认识和分辨外界事物的各种基本属性,才能知道自己的身体运动、姿势和内部器官的工作状态。只有在感觉所获得的信息基础上，其他高级的、复杂的心理活动才能得到产生和发展，它是记忆、思维、想象等认知过程和情绪、意志等一切心理活动的基础。一个人如果失去感觉能力就不可能在自然环境中生存，更不可能有正常人的心理活动。对于每一个正常人来说，没有感觉的生活是不可忍受的。

加拿大麦吉尔大学心理学家贝克斯顿等人进行的"感觉剥夺"实验能说明感觉的重要性。"感觉剥夺"是把被试置于极少有刺激作用的实验环境中，被试只要两只手戴上手套、眼罩和耳塞使得自己暂时失去触觉、视觉和听觉，静静地躺在床上，也不需要移动手脚，被试还被要求待的时间尽量长（见图4-1）。实验结果表明，很少有被试愿意在这种环境中坚持生活下去，他们在参与了两到三天实验以后就纷纷退出，许多人在此期间出现了注意力涣散、思维迟钝、逻辑混乱不清、反应迟钝、心情烦躁，甚至还出现幻觉、神经症或恐怖症等症状，直到实验结束很多天后症状才得以缓解。"感觉剥夺"实验说明感觉的丧失会严重地影响人的认识活动，特别是思维，并波及人的情绪和意志，造成心理上的紊乱。以后的许多实验重复得到了类似甚至更为严重的实验结果，这也进一步说明了在日常生活中人们需要有一定的外在刺激才能进行正常的思维活动，丰富多变的环境刺激是人类正常生活和发展的条件，是维持身心健康的重要保障。

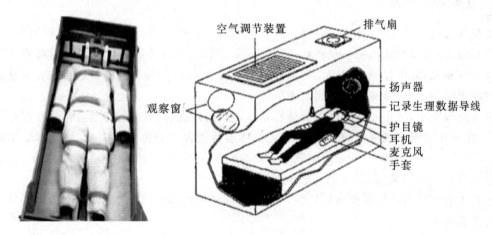

图4-1 "感觉剥夺"实验图示

二、知觉的一般概念

（一）什么是知觉

知觉是人脑对直接作用于感觉器官的客观事物各个部分和属性的整体认识。知觉在感觉的基础上产生，是对感觉信息进行组织和解释的过程。知觉过程是将感觉器官对环境中刺激所收集到的信息进行组织和解释，产生对事物整体的认识，并赋予其意义的过程。例如，感觉到面前苹果的颜色、香味、形状和甜味等个别属性，然后把这些个别属性进行综合，加上经验的参与就形成了对苹果的整体认识，并知道苹果的意义（一种富含维生素有益于身体健康的水果）。因此，整体性和意义性是知觉的两个重要特性。

知觉的发生过程包含三个阶段，依次是感觉阶段、知觉组织阶段、辨认与识别阶段。

知觉组织阶段是人对感觉信息的组织整合过程,将感觉过程收集来的个别属性信息以适当的方式组合成一个整体来认识。此时,知觉回答这个物体的结构像什么的问题,比如将组成房屋的线条组织和整合出该房屋的整体轮廓和结构。知觉以感觉为基础,但它不是个别感觉信息的简单总和。例如,我们看到一个正方形,它的成分是四条直线。但是,把对四条直线的感觉相加在一起,并不等于知觉到一个正方形。知觉是按照一定的方式来整合个别的感觉信息。

辨认与识别阶段是个体根据自己的知识经验对知觉对象做出解释、进行归类、标定名称,并赋予意义的过程。在生活中,我们看到刺激物的个别属性总是作为一定事物或对象的属性而存在,而这些属性总与一定的客体相联系,并具有一定的意义。我们看到的圆形物体,可以被认为是棒球、硬币、钟表、橘子或月亮;我们听到的声音,可被辨别为汽车喇叭声或说话的声音;人可以被辨别为男性或女性,朋友或敌人,亲戚或摇滚明星。知觉是根据感觉所获得的信息而表现出的纯心理反应,这种反应代表一个人以自身已有的知识经验为基础,对环境事物的主观见解,所以我们常常也把知觉叫作知觉经验。例如,同种花色的衣服穿在胖、瘦、美、丑的人身上,给人的知觉是不同的。

(二)知觉的种类

根据知觉起主导作用的感官的特性,可以把知觉分为视知觉(以视觉为主)、听知觉(以听觉为主)、触知觉(以触觉为主)、嗅知觉、味知觉等。例如,对物体的形状、大小、距离和运动的知觉属于视知觉;对声音的方向、节奏、韵律的知觉属于听知觉;触知觉通常通过触觉来获知外界事物的形状和大小,形成知觉轮廓的细节。

在这些知觉中,除了起主导作用的感官以外,还有其他感觉成分的参与,例如,在视觉空间定向中,常常还有听觉或触觉的成分参与;在物体形状和大小的视知觉中,有触觉和动觉成分参与;在言语听觉中,常常有动觉或视觉成分参与。如学生听课的知觉是由听觉、视觉、动觉等协同活动而产生的结果,而听觉起主导作用。

根据人脑所认识的客观事物的特性,可以把知觉分为空间知觉、时间知觉和运动知觉。

1. 空间知觉

空间知觉是对物体的空间关系的认识。它包括形状知觉、大小知觉、深度知觉与距离知觉和方位知觉等。形状知觉是视觉、触觉、动觉协同活动的结果,它包括物体形状识别、文字识别、面孔识别等。大小知觉是指个体对物体长短、面积和体积大小的知觉。人不仅能够知觉物体的形状,而且能够知觉物体的深度与距离。形状知觉属于二维空间知觉,而深度与距离知觉属于三维空间知觉,即不仅能够知觉物体的高和宽,而且能够知觉物体的距离、深度、凹凸等。方位知觉是指对物体的空间关系、位置和对机体自身所在空间位置的知觉。例如,蜜蜂飞出数里以外采蜜,能按照原来的方向返回自己的巢中,人能分别上下、左右、前后等。空间知觉在人与周围环境的相互作用中有重要作用。如果人们不能认识物体的形状、大小、距离、方位等空间特性,就不能正常地生存。

2. 时间知觉

我们知觉到客观事物或事件的连续性和顺序性,就是时间知觉。时间没有直观的形象,我们也没有专门感知时间的感受器官,因此时间的特殊性往往使人很难感知它。我们对时间的知觉总要借助于直接反映时间流程的媒介物,如自然界周期性的变化(太阳东升西落、月圆盈缺)、人的体内生物钟、专门测定时间的钟表等。时间具有很大的相对性和主观性,例如,在痛苦的情境下人们往往感到"度日如年";在欢快的时刻总是觉得"光阴似箭"。

时间知觉主要包括时序、时距和时间点知觉三种。我们能够分辨事件发生的前后顺序,就是时序知觉,如先去菜场购买蔬菜后再回家做饭。能估计出事件存在的持续时间就是时距知觉。例如,这首歌听了两秒半,作业写了三个小时等。时间点知觉也叫作对时间的确认,指的是知道某个事件发生的具体时间,如今天是具体的某一日、10月1日是国庆节等。

3. 运动知觉

运动知觉处理物体的空间位移,物体的运动特性直接作用于人脑,为人们所认识,就是运动知觉。运动知觉包括对物体真正运动的知觉和似动。真正运动,即物体按特定速度或加速度从一处向另一处作连续的位移,由此引起的知觉就是对"真正运动的知觉"。例如,鸟在飞,鱼在游,行人过马路时估计来往车辆的距离和行驶速度等。"似动"指在一定的时间和空间条件下,人们把静止的物体看成运动的,或者在没有连续位移的地方,看到了连续的运动。似动的主要形式有四种,分别是动景运动、诱发运动、自主运动和运动后效。

当两个刺激物(光点、直线、图形)按一定空间间隔和时间距离相继呈现时,我们会看到一个刺激物向另一个刺激物的连续运动,这就是动景运动。例如,我们看到的电影、电视、活动性的商业广告都是按动景运动的原理制成的。由于一个物体的运动使其相邻的一个静止物体产生的运动的印象,叫诱发运动。例如,夜空中月亮是相对静止的,而浮云是运动的,可是由于浮云的运动,使我们看到月亮在动,而云是静止的。我们坐在运动的火车厢里看到车窗外静止的物体像是在运动。在暗室内点燃一支烟,并注视着这个光点,那么你会看到这个光点似乎在运动,其实这是由光点引起的自主运动。在没有月光的夜晚,当我们仰望天空发现一个细小而发亮的东西在天空游动,这同样也是由星星引起的自主运动。在注视一个方向运动的物体后,如果将注视点转向静止的物体,那么会看到静止物体似乎朝着相反的方向运动,这就是运动后效。例如,当我们注视瀑布一会后,然后将视线移至旁边的悬崖上,你会发现悬崖看上去在往上运动。

4. 错觉

知觉的一种特殊形态叫作错觉。错觉是人对客观事物错误的、歪曲的知觉。人在出现错觉时,知觉的映像与事物的客观情况不相符合。错觉的种类很多,常见的有大小错觉、形状和方向错觉、形重错觉、运动错觉、时间错觉等(见图4-2)。其中大小错觉和形状、方向错觉有时统称为几何图形错觉。

(1)大小错觉。在图4-2的A图中,横竖两条线是等长的,看起来却是横线短,竖线长,这叫作横竖错觉。B图中,两条线段一样长,上边箭头向外的看起来短一些,箭头向内的看起来长一些,这种错觉叫作缪勒-莱尔错觉。C图中,两条对角线是一样长的,但是看起来小平行四边形的对角线短了。G图中,两组图中的中心圆都是一般大,但右边看起来的大一些。

(2)形状或方向错觉。在图4-2的D图中,两端斜线,其实在一条直线上,中间被遮挡后看起来让人感觉上下错开。F图中的两条横线是直的,还是弯曲的呢?平行的两条横线更容易被我们看成弯曲的错觉。因此,平行的直线加上放射的线条背景,看起来就弯曲了。

(3)运动错觉。运动错觉是指一种在一定条件下人们把静止的物体看成运动的一种错觉。运动错觉与似动知觉联系十分密切,在一定程度上运动错觉与似动知觉概念相当。主要的运动错觉有四种形式,分别是动景运动、诱发运动、自主运动和运动后效。

不同的感觉器官之间的相互作用也会产生错觉。如两个大小不等,但重量相同的木盒,掂起来估计重量的时候,往往会觉得小的重,大的轻,这叫作形重错觉,即形状的大小影响了对重量的判断;在报告厅听课的时候,如果抬头看着讲师,你会觉得声音是从讲台上传过来的,如果低头做笔记或做其他事不看讲师的时候,又会觉得声音是从后边或是旁边的扩音器传出来的,这叫作视听错觉。

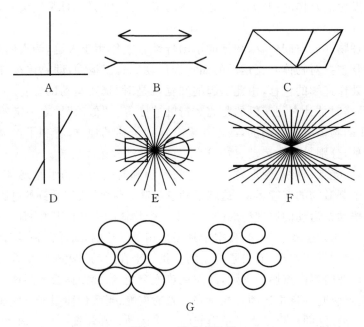

图4-2 错觉的种类

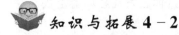知识与拓展4-2

社会知觉

如果说,前面所指的知觉是关于事和物的知觉,那么社会知觉是知觉的另一种形式,它仅仅是指与人有关的知觉。社会知觉是指个人在社会环境中对人(某个个体或某群体)的心理状态、行为动机和意向做出推测与判断的过程,包括对他人的知觉,即印象形成;对自己的知觉,即自我知觉;对自己或他人行为原因的知觉等。

在这里主要介绍几个在印象形成过程中的心理效应。

首因效应又叫作第一印象效应,是指在对他人总体印象形成上,最初获得的信息比后来获得的信息影响更大的现象。虽然这些第一印象并非总是正确的,但却是最鲜明、最牢固的,并且决定着以后双方交往的进程。如果一个人在初次见面时给人留下良好的印象,那么人们就愿意和他接近,对他以后行为举止的解释也往往是积极的。反之,对于一个初次见面就引起对方反感的人,人们就不愿意和他接近和进一步的交往。

人们对他人的这种最初的认识和期望对以后双方的交往非常重要。俗话说"新官上任三把火""恶人先告状""先发制人"等都是首因效应占得先机的例子。在交友、招聘、求职等社交活动中,我们也可以利用这种效应,展示给人一种极好的形象,为以后的交流打下良好的基础。

近因效应又称为熟知效应,是指在对他人总体印象形成上,新近获得的信息比原来获得的信息影响更大的现象。最后的印象,往往是最强烈的,可以冲淡在此之前产生的印象,这就是近因效应。比如，多年不见的朋友，在自己的脑海中的印象最深的，其实就是临别时的情景；一个朋友总是让你生气，可是谈起生气的原因，大概只能说上两、三条。

刻板效应又叫作刻板印象，是指个人受到社会影响而对某些人或事持有稳定不变的看法，也指社会上对某一群体的特征所做的归纳、概括和总结。比如人们总认为江南人很温柔，东北人很直爽，女司机是"马路杀手"等。

刻板印象虽然可能在一定程度上能快速地推测他人的特点，节省时间与精力，但是往往可能会形成偏见，忽略个体的差异性。人们往往把某个具体的人或事看作是某类人或事的典型代表，把对某类人或事的评价视为对某个人或事的评价，因而影响正确的判断，若不及时纠正则可能会进一步发展或可扭曲为歧视。

晕轮效应又称光环效应，是指对他人形成一种以偏概全的印象，如同一个发光物体对周围物体有照明作用一样，因受到他人某一特征的高分印象的影响而对其多种特征的评价偏高的现象。比如你一旦觉得你的同学张三比较可爱之后，你就会对他的性格、态度以及能力等都会有一个较高的评价，也就是说对可爱这个特征的高分评价影响了对其他特征的评价，使得对其他特质的评价普遍偏高。

与晕轮效应相对的是负晕轮效应，也叫作扫帚星效应，主要指对一个人的多种特征的评价往往受到某一特征低分印象的影响而普遍低。比如，一个长相难看的人在大多数方面都被人做出较低的评价。

心理学家罗斯做过这样一个实验：他在大学里找了80名自愿参加实验的大学生，就"你是否愿意背着一块大大的牌子在校园里面行走"来征求大家的意见。结果，80名大学生中只有48名表示愿意，他们的理由是：我认为大多数的大学生应该都会愿意这样做。而剩下的大学生就不是这样想的了，他们接受不了这种行为是因为他们认为，会有很多人对这种背着大大的牌子在校园中行走的行为感到奇怪。这项实验证明，人们习惯于将自己的态度和想法投射到别人的身上，这种现象被心理学家称为投射效应。投射效应是指在与人交往时把自己具有的观念、性格、态度或欲望转移到别人身上，认为别人也是如此，以己度人。比如，一个心地善良的人会以为别人都是善良的；一个经常算计别人的人就会觉得别人也在算计他等。与陌生人交往时，由于彼此不了解，投射效应很容易发生，通常在不知不觉中从自我出发做出判断。例如，自己感到热，以为客人也闷热难耐，不问客人的意愿就大放冷气空调；有的老师讲课时对某些知识点不加说明，以为这是十分简单的道理，应该不用多讲。"以小人之心度君子之腹""掩耳盗铃"等也都是投射效应的体现。

三、感觉和知觉的关系

感觉使个体觉知到刺激的存在，分辨出刺激的个别属性。知觉使我们把刺激作为一个整体来认识并赋予其主观意义。知觉的产生，必须是以各种形式的感觉存在为前提，并且是与感觉一起进行的。例如，当我们看到某种颜色时，我们就知道"这是苹果的红色""这是圆形的月亮"；当我们听到声音时，就会识别出"这是小提琴声""这是妈妈的嗓音"。这都说明感觉信息产生时，知觉就随之产生了。感觉与知觉之间很难划分，两者既有区别又密不可分。

(一)感觉与知觉的联系

第一,感觉是知觉的有机组成部分,是知觉的基础,而知觉是感觉的深入和发展。知觉以感觉为基础,但不能把知觉简单地归结为感觉的简单总和,因为知觉除了以各种感觉为基础以外,还需要借助于过去经验或知识的帮助,甚至还受到各种心理特点,如兴趣、需要、动机、情绪和态度等影响。

第二,感觉和知觉都是人脑对当前客观事物的认识,即都是客观事物直接作用于感觉器官时在人脑中所产生的对当前事物的认识。只有当客观事物直接作用于感觉器官才能产生感觉和知觉,一旦客观事物在人的感觉器官范围内消失时,感觉和知觉也就停止了。

第三,感觉离开知觉没有意义。在现实生活中,人们一般都是以知觉的形式直接反映客观事物,感觉只是作为知觉的组成成分而存在于知觉中,很少有孤立的感觉存在。心理学为了科学的需要,才把感觉从知觉中区分出来单独讨论。

(二)感觉与知觉的区别

第一,感觉是介于心理和生理之间的活动,它的产生主要来自感觉器官的生理活动以及客观刺激的物理特性,相同的客观刺激会引起相同的感觉。而知觉则是以生理机制为基础的纯粹的心理活动,它的产生是在感觉和已有的知识经验的基础上,对物体的各种属性加以整合和解释的心理活动过程,相同的客观刺激会引起不同的知觉。

第二,感觉是人脑对客观事物的个别属性的认识,知觉则是对客观事物的不同属性、不同部分及其相互关系的综合的、整体的认识。

第三,从感觉和知觉的生理机制来看,感觉是单一感官活动的结果,而知觉则比感觉要复杂,它是多种感官协同活动对复杂刺激或刺激物之间的关系进行分析综合的结果。

第二节 感觉和知觉的基本规律

一、感受性及其变化规律

(一)感受性和感觉阈限

感觉是由刺激物直接作用于某种感官引起的。但是,人的感官只对一定范围的刺激作出反应。这个刺激范围及相应感觉能力,我们称之为感觉阈限和感受性。感受性的大小是使用感觉阈限来度量的。不同的人对刺激的感受性和感觉阈限是不同的;反之,同一个人对不同刺激的感受性和感觉阈限也不尽相同。

感受性有两种,分别是绝对感受性和差别感受性。感觉阈限也有两种,分别是绝对感觉阈限和差别感觉阈限。

1. 绝对感受性和绝对感觉阈限

刺激物只有达到一定强度才能引起人的感觉。例如,我们平时看不见空气中细微的飞沫和灰尘。但是当细小的飞沫和灰尘聚集成较大的颗粒时,我们不但能看见还能感受它对皮肤的压力。这种刚刚能引起感觉的最小刺激量,叫作绝对感觉阈限;而人的感官觉察出这种微弱刺激的能力,叫作绝对感受性。

绝对感受性可以用绝对感觉阈限来衡量。绝对感觉阈限越大,即能够引起感觉所需要的刺激量越大,感受性就越小。相反,绝对感觉阈限越小,即能够引起感觉所需要的最小刺激量越小,则感受性越大。因此绝对感受性与绝对感觉阈限在数值上成反比例。一般用 E 表示绝对感受性,R 表示绝对感觉阈限值,则可表示为 $E=1/R$。

绝对感觉阈限不是一个固定的刺激量,在不同的条件下,同一感觉的绝对阈限可能不同。人的活动性质、刺激的强度和持续时间、个体的注意、态度和年龄等都会影响阈限的大小。凡是达不到最小物理刺激量的刺激都不能引起人的感觉。一般来说,人类各种感觉的绝对感觉性都很高,其中五种感觉的绝对感觉阈限近似值详见表 4-2。

表 4-2 人类重要感觉的绝对阈限近似值

感觉类别	绝对阈限
视觉	晴朗的夜晚可以见到 30 英里外的一支烛光
听觉	安静房间内可以听到 20 米以外表的嘀嗒声
味觉	两加仑水中加 1 茶匙糖可以辨出甜味
嗅觉	一滴香水可使香味扩散至 3 个房间
触觉	一片蜜蜂翅膀从 1 厘米高处落在面颊上可以感觉到其存在

2. 差别感受性和差别感觉阈限

两个同类的刺激物,它们的强度只有达到一定的差异,才能引起差别感觉,即人刚刚能够觉察出它们的差别,把它们区别开来的感觉。例如,几百人参加的大合唱,如果增减一个人,听不出声音的差别,如果增减 10 人,差别就明显了。同样,两人身高相差 1 厘米,我们难以觉察他们的差异,而身高相差 10 厘米,差别就非常清楚了。这种刚刚能引起差别感觉的刺激物间的最小差异量,叫作差别阈限或最小可觉差。对这一最小差异量的感觉能力,叫作差别感受性。

差别感受性与差别阈限在数值上也成反比例。差别阈限越小,即刚刚能够引起差别感觉的刺激物间的最小差异量越小,差别感受性就越大。

德国生理学家韦伯(Weber,1834)在研究感觉的差别阈限时发现,对刺激物的差别感觉,不依赖于一个刺激物增加的绝对重量,而取决于刺激物的增量与原刺激量的比值。比如,如果手上原有的重量是 100 克,那么至少必须增加 2 克,人们才能感觉到两个重量的差别;如果原有重量是 200 克,那么增加的重量必须达到 4 克;如果原重量为 300 克,那么增加的重量应该是 6 克。如果用 I 表示刺激物的初始强度,以 ΔI 表示引起差别感觉的刺激增量,用公式 $K=\Delta I/I$(K 是常数)表示引起差别感觉的刺激增量与原刺激量之间的关系。这个公式叫作韦伯定律(Weber's law)。对不同感觉来说,K 的数值不相同,即韦伯分数不同。

(二)感觉的基本规律

1. 感觉适应

感觉适应是指因刺激物作用持久或缺乏而使感觉器官的敏锐度发生变化的现象。感觉适应发生在几乎所有的感觉中,比如视觉适应、嗅觉适应、触压觉适应、味觉适应等。感觉适应既可能使感受性提高,也可能使感受性降低。也就是说,我们感觉器官的敏锐度会因某种刺激持续作用的时间延长而降低,绝对阈限和差别阈限会随之变大,想要产生最初的感觉体验则需要提高原来的刺激强度;反之,如果感觉器官长时间缺乏某种刺激,感觉敏锐度会随之提高,感觉阈限和差别阈限则随之变小,表现为只需要微弱的刺激就可以产生初始的感觉体验。

在视觉范围内,可区分为暗适应和明适应。暗适应是指照明停止或由亮处转入暗处时,视觉感受性提高的时间过程。例如,当人们从阳光明媚的室外进入电影院时,或在夜晚由明亮的室内走到漆黑的室外时,都发生暗适应的过程。开始觉得眼前一片漆黑,什么也看不见,经过一段时间适应后,眼睛才逐渐分辨出黑暗中物体的细节和轮廓,说明视觉感受性提高了。有研究发现,暗适应的时间进程在最初的7~10分钟内,感受性骤然上升,感觉阈限骤然下降,之后变化逐渐缓慢。整个暗适应持续大约30~40分钟,以后感受性就不再继续提高了。明适应与暗适应相反,是指照明开始或由暗处转入亮处时人眼感受性下降的时间过程。暗适应时间较长,而明适应的时间很短暂。例如,当电影结束,我们从电影院出来时,开始觉得外面的光线耀眼,但很快就恢复了正常状态。

除了视觉适应外,嗅觉、触压觉、味觉等适应也很明显。"入芝兰之室,久而不闻其香,入鲍鱼之肆,久而不闻其臭",就是经过一段时间的持续嗅觉刺激,人对周围环境中气味的感受性逐渐降低了。这就是嗅觉适应。

触压觉的适应也很明显。例如,我们安静地坐着时,就几乎感觉不到衣服的接触和压力;我们经常看到很多人把眼镜移到自己的额头上却到处寻找他的眼镜。实验证明,只要经过三秒钟左右,触压觉的感受性就下降到约为原始值的25%。

肤觉的适应也十分明显。例如,我们在游泳池游泳的时候。开始觉得水是冷的,经过三四分钟后,就不再觉得水冷了。相反,我们在热水中洗澡的时候,开初觉得水很热,但经过三四分钟后,就觉得澡盆中的水不那样热了。但是,对于特别冷或特别热的刺激。则很难适应或完全不能适应。

嗅觉的适应带有选择性,即对某种气味适应后,并不影响对其他气味的感受性。厨师由于连续地品尝,到后来做出来的菜越来越咸,就是味觉的适应现象。听觉的适应不明显。除非用较强的连续的声音,像工厂高音调的机器声,持续作用于人,就会引起听觉感受性降低的适应现象,甚至出现听觉感受性的明显的丧失。痛觉的适应是很难发生的,即使有,也非常微弱。只要注意集中到痛处,我们马上就会感到疼痛。正因为痛觉很难适应,它才成为伤害性刺激的信号并具有生物学的意义。

适应能力是有机体在长期进化过程中形成的。它对于我们感知外界事物、调节自己的行为,具有积极的意义。在夜晚的星光和白天的阳光下,亮度相差达百万倍,如果没有适应能力,人就不能在不断变化的环境中精细地感知外界事物,正确地调节自己的行动。研究适应现象对生产实践也有重要意义。比如,在交通运输业中,夜晚驾驶室的照明与外界亮度的差异的处理,就应考虑视觉的适应问题。

2. 感觉对比

不同的刺激物作用于某一感受器官而使感觉体验发生变化的现象,称为感觉对比。感觉对比分为同时对比和继时对比两种。

同时对比是指几个刺激物同时作用于同一感受器而产生的感受性的变化现象。同时对比有明度对比和颜色对比两种(见图4-3)。同样的灰色方块,在不同的明度背景的对比下看上去不一样:在白色背景上看上去更暗,而在黑色背景上看上去更亮。明暗相邻的边界上,亮处看起来更亮,暗处则更暗,即马赫带现象(见图4-4)。这都是明度对比。我们对颜色物体的视觉体验也会因其周围物体的色彩的影响而发生变化,当两种颜色互补并列在一起时对比效果十分明显。例如,绿叶陪衬下的红花看起来更红了。

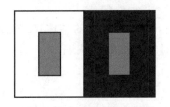

图4-3 明度同时对比

图4-4 马赫带现象

继时对比是指几个刺激先后作用于同一感受器而产生的感觉对比现象。例如,凝视红色物体后,再看白色物体就显得白色带着青色;吃完苦药后再吃糖觉得糖更甜了;从冷水里出来再到稍热一点的水里觉得水更热了。

研究对比现象有着重要意义,影响人们的生产生活。在教学活动中,教师要充分利用人的感觉对比规律组织教学,以提高教学效果和学生的学习效率。

3. 感觉后像

刺激物对感受器的作用停止以后,感觉现象并没有立即消失,它能保留一个短暂时间,感觉后像实质是感觉的一种残留现象。因刺激消失在视觉中暂时存留的现象,我们称为视觉后像。感觉后像普遍存在于视觉、听觉、味觉等各种感官中,在视觉中特别明显。例如,电灯灭了,眼睛里还会看到亮着的灯泡的形状;夜晚将火把以一定的速度画圈,就能出现一个火圈;电风扇转动时,几个叶片看上去连成一个圆盘,这些都是视觉后像的表现。

视觉后像有两种:一种是正后像,是指刺激消失后残留的亮度和颜色与刺激相似的视觉后像。例如,抬头看一下太阳然后把眼睛闭上,这时你会感觉眼前有一个形状与太阳相似也很明亮的像。另一种是负后像,是指刺激消失后残留的亮度性质与刺激相反,颜色性质与刺激互补的视觉后像。颜色物体的视觉后像一般为负后像,如果用眼睛注视一朵绿花,约一分钟,然后将视线转向身边的白墙,那么在白墙上将看到一朵红花;如果先注视一朵黄花,那么后像将是蓝色的。

视觉后像还可以使一定频率断续的光产生连续的感觉,我们把这种现象叫作视觉的闪光融合现象。例如,日光灯的光线每秒闪动100次,我们看不出它在闪动;电影胶片一张张间断地播放着,我们看不出它们之间的间断,这些都是由于闪光融合的结果。闪光融合现象的形成依赖于闪光的亮度和频率。有研究发现,在中等强度下,视觉后像能保留大约0.1秒。因此,如果一个闪烁的光源每秒钟闪动超过10次,就会产生闪光融合现象。

4. 感觉的相互补偿

感觉的相互补偿是指某种感觉系统的机能丧失后可以通过其他感觉系统的机能来补偿。例如,盲人失去视觉后,通过实践练习使自己的听觉和触觉比普通人更加灵敏。聋哑人经过练习可以"以目代耳"进行人际交流。

5. 联觉

联觉又称为通感,是指一种感官受到刺激时引起另一种感官的感觉的心理现象。例如,色觉会引起温度觉,我们看到红色常常会感觉温暖,看到蓝色会感觉清凉,因此,红橙黄被称为暖色,而蓝青绿被称为冷色。再比如,在室内听到节奏鲜明的音乐会觉得灯光也和音乐节奏一样在闪动。日常生活中,人们常说"甜蜜的声音""冰冷的脸色"等,都是一种联觉现象。

二、知觉的基本特征

人的知觉过程是一个有组织、有规律的心理活动过程,表现为知觉的整体性、知觉的选择性、知觉的理解性和知觉的恒常性特征,它们保证了人们对客观事物的认识。

(一)知觉的整体性

知觉的整体性是指人依据自己的知识经验把直接作用于感官的客观事物的多种属性整合为统一整体的过程。也就是说,人的知觉系统具有把个别属性综合成整体的能力(见图4-5)。

图4-5 知觉的整体性

从图4-5中可以看出,尽管立方体的形状没有用线段联结起来,但仍能清晰地看出来。在这里,我们的知觉系统把视野中的个别成分综合成为一个有组织的整体。

知觉是在知识经验的基础上对感觉信息的整合过程,当有知识经验的补充时,一个人才能形成对事物的整形性知觉。一个不熟悉外文单词的人对单词的知觉只能是一个字母、一个字母的认识;相反,一个熟悉外文单词的人,就可以把每个单词都知觉成一个整体。知觉整体性就是人把事物各部分属性综合起来,从而能够整体地把握该事物。

知觉的整体性与知觉对象的特性及其各个部分之间的结构成分有密切关系。格式塔心理学家韦特海默、考夫卡等人在研究知觉时发现,人类对事物的知觉并非根据此事物的各个分离的片段,而是以一个有意义的整体为单位。因此,把各个部分或各个因素集合成一个具有意义的整体,即为格式塔(完形)。

格式塔学派认为,人们在知觉时总会按照一定的完形组织法则,把经验材料组织成有意义的整体,归纳为以下知觉组织原则。

1. 相似原则

物理属性相似的客体,例如形状、大小、颜色和亮度等方向的相似容易被人知觉为一个整体(见图4-6)。从图4-6中可以看到,形状上相同(或相似)的图形,容易被整体知觉为四个方块和四个圆形,而不太可能被知觉为圆形与方块相间的图形。

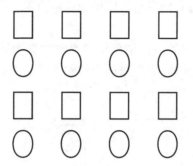

图 4-6 知觉的相似原则

2. 接近原则

视野中的接近,即空间位置相近的客体容易被知觉为一个整体,图 4-7 是因视野中接近而组合为整体的实例。人们总是把该图知觉为五组竖立线条,而不太可能把它知觉为彼此无关的十条竖线。除了空间视觉方面的接近外,在时间听觉方面,例如按不同规则的时间间隔发出的一系列轻拍声,在时间上接近的声音就容易被人知觉为一个整体。

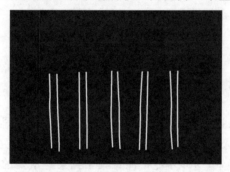

图 4-7 知觉的接近原则

3. 闭合性原则

当元素不完整或者不存在的时候,人们根据过去以往的经验将刺激对象缺损的轮廓加以补充使其成为一个完整的封闭图形(见图 4-8)。尽管三角形线条并不闭合,但仍能被知觉为

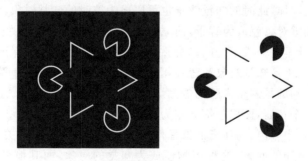

图 4-8 知觉的闭合性原则

三角形。这种把不完整图形知觉为完整图形的知觉组织过程称为封闭性知觉,由此产生的在客观上没有,而在主观上却认为有的三角形图形轮廓称为主观轮廓。

4. 连续原则

具有连续性或共同运动方向等特点的刺激容易被知觉为同一整体(见图4-9)。人们总是把图形中曲线知觉为波浪形曲线,而把另一个知觉为一条直线。

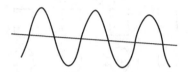

图4-9 知觉的连续性原则

我们对个别成分(或部分)的知觉,又依赖于事物的整体特性。图4-10说明了部分对整体的依赖关系。同样一个图形"13",当它处在数字序列中时,我们把它看成数字13;当它处在字母顺序中时,我们就把它看成B了。

A
12 13 14
C

图4-10 部分对整体的依赖关系

(二)知觉的选择性

知觉的选择性是指人依据当前的需要,对客观刺激物有选择地作为知觉对象进行加工的过程。由于知觉的选择性,人在知觉客观世界时,总是有选择地把少数事物当成知觉的对象,而把其他事物当成知觉的背景,这样才能把注意集中到某些重要的事物与现象上,排除次要事物的干扰,从而更有效地感知外界事物,适应外界环境。例如,在课堂上,教师的声音成为学生知觉的对象,而周围环境中的其他声音便成为知觉的背景。在阅读时,书本中的内容成为知觉的对象,而周围环境中其他的事物便成为知觉的背景。在这个意义上,知觉过程是从背景中分出对象的过程。

知觉的对象与背景可以相互转换,两者之间的关系是相对而言的。此时的知觉对象可以成为彼时的知觉背景;同样,此时的知觉背景也可以成为彼时的知觉对象。当知觉从一个事物转向另一个事物时,知觉对象就成为背景,而原来的知觉背景就可能成为知觉对象。因此,知觉的对象和知觉的背景不是一成不变的,它们之间不断发生着转换,以保证有意义的事物内容成为知觉对象。图4-11是知觉对象和背景相互转换的明显例子,称为两歧图形。若以黑色部分作为知觉对象,看到的是两个人脸的侧面影像,而白色部分则为背景;若以白色部分作为知觉对象,看到的是一个花瓶,而黑色部分则为背景。

知觉的对象从背景中分离,与注意的选择性以及知觉的组织原则有关。

当注意指向某种事物的时候,这种事物便成为知觉的对象,而其他事物便成为知觉的背景。当注意从一个对象转向另一个对象时,原来的知觉对象就成为背景,而原来的背景便成为知觉的对象。当图形符合知觉的组织原则时,比如刺激在空间或时间上接近、形状与大小相似

图 4-11　知觉的两歧图形

等都容易被知觉为知觉的对象。因此,知觉的对象从背景中分离出来的规律由支配注意选择性的规律及知觉组织的原则所决定。

(三)知觉的理解性

知觉的理解性是指在知觉对象时,人们总是以过去的知识经验为依据,力求能够理解知觉对象的意义,比如用词语标定名称,进行归类等。知觉的理解性可以用某些隐匿图形来说明(见图 4-12)。

图 4-12　你看见了什么？

当人们第一次看到这张图片时,总是试图理解观看到的图片上的这些黑白斑点,以原有的经验为依据,提出种种假设,努力地对它做出合理的解释。例如,"这是一块雪地吗？""雪地上是不是有一只动物？""地面上是不是有一只斑点狗？"。

知觉的理解性是以知识经验为基础的。知识经验越丰富,对知觉对象理解越深刻、全面。当知觉对象是我们熟悉的事物时,我们能很快给对象命名,把它纳入已有的知识范畴内,比如"这是一个长方形""这是一台笔记本"。当我们在知觉不可能图形时(见图 4-13),大脑无法用已有的知识经验来解释和理解当前眼睛输入的图形信息,因此常常会觉得矛盾和不解。一个有经验的医生在 X 光片上能够看到一般人无法觉察的病变,汽车修理工在发动机运转声响中能辨别出机器是否存在故障,这些例子充分说明了人的知识经验在知觉理解中的作用。另外,语词对人的知觉具有指导作用,可以加快对知觉对象的理解。例如,学生在教师的指导下观察出夜晚天空中的星座。

知觉的理解性有助于知觉对象从背景中分离及知觉的整体性。原因是人们对自己理解和熟悉的东西,更容易把它当成一个整体来认识。相反,在不理解的情况下,知觉的对象就不容易从背景中分离,知觉的整体性也会受到破坏。例如,当在观看某些不完整图形时(见图4-14),正是理解帮助你把缺损的部分补充起来。

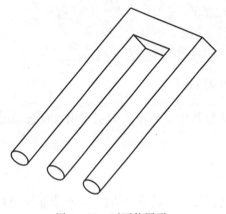

图4-13 不可能图形

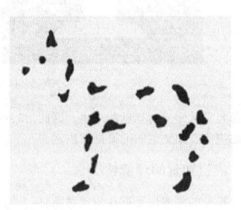

图4-14 不完整图形

(四)知觉的恒常性

知觉的恒常性是指当知觉的客观条件在一定范围内改变时,我们的知觉映像却保持着相对稳定的特性。我们周围的世界在不停地变化,比如,我们看到的物体时而近,时而远,时而在前方,时而在两侧,时而在阳光下,时而在阴影处;在这种不断变化的条件下,知觉系统接收到的刺激信息也在不停地改变。然而我们仍然能保持对物体的恒定不变的知觉。

知识经验在知觉的恒常性中起着重要的作用。人在知觉某对象时,总会利用过去的知识经验来解释它,认识物体的固有特性,这样就保证了人能够对物体本身特点产生精确的知觉而不会受外在变化了的条件的影响和干扰。知觉恒常性是人类适应周围环境的一种重要能力,也是人类长期实践活动的结果。

人类学家特恩布尔曾惊奇地发现,在刚果热带丛林里居住的俾格米人恰恰缺失了我们习以为常的知觉恒常性的能力。当特恩布尔带着一名叫肯基的俾格米人第一次离开森林来到一片高原时,他们看见远处的一群水牛时,肯基惊讶地问道:"那是什么虫子?"特恩布尔赶紧解释那是一群水牛,然而,肯基完全不相信,还反驳道:"不要说傻话,如果是水牛怎么会这么小?"当他们越走越近,这些"虫子"在视野中变得越来越大时,肯基仍然感到困惑,"为什么刚才它们看起来那么小,是不是有什么骗术?"由于俾格米人从来没有离开过森林,也从来没有见过开阔的视野,正是这种缺失的生活经验导致他们知觉恒常性的缺失。

在视觉范围内,知觉恒常性有以下几种。

1. 大小恒常性

大小恒常性是指人对物体的知觉大小不完全随着映像的变化而变化,而是趋于保持该物体实际大小的知觉特征。例如,同一个人站在离我们近或远的不同距离处时,此人身高在我们视网膜上的视像随距离的不同而变化;距离大,它在视网膜上的成像较小;距离小,它在视网膜上成像较大(见图4-15)。然而,我们对人身高知觉并不会因为视网膜上的视像大小的变化而改变,而是趋向于原身高的实际大小。这说明我们在知觉身高时已经考虑了距离信息,从而相对地把握了实际大小。

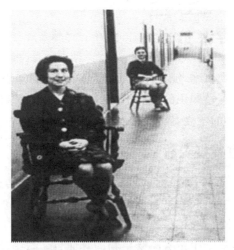

图 4-15 大小恒常性示意图

2. 形状恒常性

形状恒常性是指人对客观事物形状的知觉不完全随着映像的变化而变化的知觉特征。当我们从不同角度观察同一物体时,物体在视网膜上投射的形状是不断变化的。但是,我们知觉到的物体形状并没有显示出很大的变化。图 4-16 是一扇从关闭到敞开的门,门的形状在观察者的视网膜上投射的形状各不相同。比如,全闭时是长方形,全开时是垂直条形,半开时则变为近长远短的梯形,但是不管门的状态如何,我们依然保持对这扇门形状为长方形的知觉。

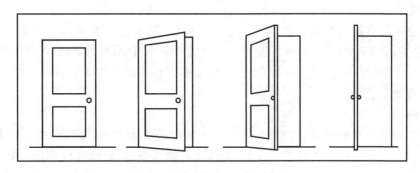

图 4-16 形状恒常性示意图

3. 明度(或视亮度)恒常性

明度恒常性是指人对客观物体固有的明度的知觉不随着映像的变化而保持不变的知觉特征。在照明条件改变时,物体的相对明度或视亮度保持不变。例如,白粉笔在白天和夜晚看,它都是白的;而煤炭在阳光和月色下,看上去都是黑的。我们看到的物体明度或视亮度取决于该物体表面的反射率,而不取决于照明的条件。

4. 颜色恒常性

颜色恒常性是指人不因物体颜色变化而保持其颜色不变的知觉特征。一个有颜色的物体在色光照明下,它的表面颜色并不受到色光照明的影响,而是保持相对不变。例如,一面红旗不管它置于白天或黑夜,人们都会把它知觉为红色。室内家具在不同颜色灯光照明下,它们的颜色相对保持不变。

三、感知规律在教学中的应用

通过感觉器官来了解客观事物,能获得生动、具体、直接的知识,能增强人们的理解效果。只有在获得有关事物的大量感性知识的基础上,人们才能进行复杂的思维活动。因此,在教学过程中,尤其是针对年龄较小的学生,要尽可能进行直观教学。

(一)运用感知规律进行直观教学

直观教学是指通过运用真实事物、标本、模型、图片等为载体传递教学信息,进行具体的教学活动,比如课堂中可适当展示挂图、书本要配有插图。要进行直观教学,可以通过多种形式。直观教学的类型有三种:实物直观、模像直观和言语直观。教师可以提供实物或实物标本,可以演示实验,组织教学参观,让学生亲身感受事物的真面目。教师还可以提供模拟实物形象的感性材料,如图片、图表、幻灯片等。教师讲课离不开语言,可以利用语言的描述唤起对所学事物的想象。进行直观教学时可以借助多种教学仪器,如投影仪、录音机、录像机、计算机等。运用教学仪器的目的,就是给学生提供丰富的视听信息,使学生从多种途径获得感性知识,从而促进学生的理解和掌握。

(二)利用感知规律提高直观教学效果

要想使直观教学取得良好的效果,应遵循感知规律。

1. 强度律

作用于感觉器官的刺激物必须达到一定的强度,才能被清晰地感知。因此,教师在讲课时,声音要洪亮,必要时可使用扩音器上课。同时做到语速适中、板书清晰,要让全班同学看得见、听得懂。教师在制作、使用直观教具时,也要考虑到直观教具的大小、颜色、声音等是否能被全班学生清楚地感知。

2. 差异律

当知觉的对象与背景在颜色、形态、声音等方面有较大差别时,知觉的对象容易被感知。例如,万绿丛中一点红、鹤立鸡群等。因此,讲到重要的知识时,教师可以提高音量,语言表达做到抑扬顿挫;板书时,重要的部分可以用大一些的字体,或者在下面加点、画线、用彩色粉笔来标示;不要在黑板前演示深色教具;教师批改作业的时候要用红笔批改等。

3. 活动律

我们知道,在静止的背景上,活动的对象容易被感知,也容易吸引人的注意力。例如,夜空中的流星、闪烁的霓虹灯等容易成为人们感知的对象。因此,教学中使用活动性教具,演示实验,放幻灯片、教学电影或录像等,教师上课要适当走动,适当使用肢体语言等这些教学方式都可以起到很好的教学效果。

4. 组合律

从知觉组织的原则来看,凡是空间上接近、时间上连续、形式上相同、颜色上一致的观察对象容易形成整体而为我们清晰地感知。因此,教师在板书时,章与章之间、节与节之间不同内容留空白,这样容易进行区分;讲课时,语言流畅,针对不同内容,采用不同的语速,使学生感知到在时间上比较紧凑的内容为整体部分。

5. 调动多种感官协调活动

用多种感官去感知同一个知觉对象比较容易获得全面的认识。我国古代的许多学者曾提出学习要做到"五到",即眼到、耳到、口到、手到和心到,其目的就是通过多种感知渠道来巩固知识。有研究表明,在接受知识方面,看到的比听到的给人留下的印象深。只靠听觉,一般能记住 15%;只靠视觉,一般能记住 25%;既看又听,能记住 65%。

第三节 观察力

一、观察的含义

观察是指一个人有目的、有计划、比较持久的知觉,它是人积极主动地认识世界、掌握知识经验的重要途径和手段。观察过程不仅需要注意、感知觉的参与,它也离不开记忆、思维、想象等高级的认知过程的参与。

观察是在目的的指引下主动的、带有选择性的知觉,例如,闲时你在公园里散步,知觉到鸟语花香和人们的欢声笑语,在这里知觉是没有目的、不带选择性的;而当生物学教师带领着学生在植物园对植株进行观察学习时,这就是带着目的性、有步骤、有选择的观察。

观察在人的学习、工作实践中具有重要的意义,观察是获得知识的手段,是科学研究的基础。古今中外,一切科学实验和科学新发现都是建立在周密、精确的观察基础上。许多伟大的科学家都具有敏锐的观察力。例如,牛顿通过非凡的观察力发现了万有引力定律;巴普洛夫在实验室里刻有"观察、观察、再观察"语句来提醒自己。在我们平时的学习和工作中,无论是对新知识的学习还是新技能的掌握都离不开观察。

二、观察的品质

(一)观察的目的性

观察的目的性表现为个体在观察前能否清晰地明确观察的目的与任务,在观察过程中能否排除困难与干扰、自觉主动地在观察的目的指引下坚持完成整个观察任务。观察目的强的人能主动独立地提出观察任务,克服困难,持久专注地完成观察任务。反之,则不能自觉地完成观察任务。

(二)观察的持续性

观察的持续性是指观察过程持续的时间,它与观察的目的性、观察兴趣有密切的联系。当个体具有明确的观察目的和浓厚的观察兴趣时,那么他能长时间地进行观察,自觉地完成观察任务。

(三)观察的精细性

观察的细致性表现为个体能细致全面有条理地进行观察,能发现事物间的细微差别,能捕捉事物的全部信息,并善于调用多种感官用于观察任务。缺乏观察细致性的人则表现出观察的粗疏、笼统大意,容易遗漏事物重要的细节,常常忽略事物间的细微差别,只能利用单一感官进行观察。

(四)观察的概括性

观察的深刻性表现为个体能通过事物的表面特征推理出事物内在的本质规律和特征,透过现象看本质。相反,观察肤浅的人往往只注意到事物的外在的联系和表面的特征,而没有把握事物的内涵。

三、观察力的培养

(一)做好观察前的准备

1. 明确目的与任务

观察活动的效果,取决于观察目的是否明确。如果目的清晰明确,观察的积极性就高,针对性就强,对观察对象的感知就比较完整、清晰;反之,缺乏目的的观察效率低下,导致观察时注意力不集中。因此,教师在组织学生进行观察时,首先要提出明确的目的,使学生能有的放矢,从而提高学习效果。例如,在课堂上学习三角形的知识时,教师可通过提问增强观察的目的性,"请大家仔细观察三角形的三个角和三条边的特点"。

2. 储备相应的知识

首先,进行观察时的知识储备量决定观察的深刻性。缺乏相应知识储备的观察者常常走马观花而不能深入细致地观察,相反,具有相关知识的人观察时更容易发现事物内在的规律和特点。其次,对观察对象的理解常常能引起浓厚的观察兴趣,这也是决定观察的持久性的因素。

(二)学会观察的方法

1. 依顺序观察

有顺序的观察能提高观察的准确性,保证观察的条理性和全面性。观察的顺序应依据观察对象的特点进行。观察时可以从整体观察到局部观察;也可以从上到下或从下到上;从左到右或从右到左;从里到外或从外到里,等等。例如,认识猫头鹰,可以先观察完整的猫头鹰,留下大致印象,再按照从整体到局部,从局部到整体进行观察,形成完整的认知过程。

2. 多种感官参与

观察时应该调用多种感官参与其中,包括看、听、触摸等。例如,观察春天,不仅要通过眼睛看到春天的各种景色,通过耳朵要听小鸟昆虫的鸣叫声,而且还要通过鼻子嗅出春天的芬芳。多种感官参与的观察能使人全面的了解观察对象的特点,增加观察的细致性。

3. 积极动脑

观察不是纯粹的客观信息输入,它不可避免地要渗透主观的思维活动。观察过程中伴随积极的思维活动是一项重要的观察技能。一般来说,人与人之间在观察水平上的差异就在于思维参与度的差异。观察中的思维体现在对比观察,从同类事物中进行对比性观察发现相似点,从不同类事物中进行对比发现不同点。观察中的思维还体现在善于总结概括,例如从四季的更替中揭示生命活动的规律。观察中思维的体现在于能发现事物的内在规律和联系,找到事物的本质特点。

(三)观察后总结

观察结束后应该及时将观察得到的数据结果总结下来,可通过书面的形式概括总结,反思观察过程中的不足和教训,记录下总结的数据和经验。记录可以是文字的,比如日记、作文、报告等,也可以是图表或图画。观察结果的总结方式应该在观察前就提出,这样有利于提高观察的目的性。

复习与思考

(一)选择题

1. 人们一般认为,北方人豪爽,南方人细腻,这一现象在心理学上被称为(   )。
   A. 投射效应   B. 晕轮效应   C. 首因效应   D. 刻板效应
2. 周老师在教生字的时候,把容易写错的笔画用彩笔标出来,这是利用(   )。
   A. 知觉的整体性   B. 知觉的选择性   C. 知觉的理解性   D. 知觉的恒常性
3. 下列关于感觉阈限的说法正确的是(   )。
   A. 是一种感觉能力   B. 跟感受性成正比
   C. 因刺激物的性质和机体的状态不同而不同   D. 一生不变
4. 由暗处到亮处,特别是在强光下,最初一瞬间会感到光线刺眼炫目,几乎看不清外界物体,几秒钟之后逐渐看清物体。这种对光的感受性的现象为(   )。
   A. 暗适应   B. 明适应   C. 不适应   D. 知觉适应
5. 教师在书写板书时要求尽量在黑板上用白色粉笔,所依据的感知规律是(   )。
   A. 强度律   B. 差异律   C. 活动律   D. 组合律

(二)简答题

1. 简述感知觉的含义。
2. 什么是感觉的适应现象?
3. 简述知觉的一般特性。
4. 教学中的感知规律有哪些?

(三)材料题

材料:在军事上,为避免敌人发现目标,要对物体进行伪装。二战期间,为保卫莫斯科,在城市上空和四周放起了成千上万的彩色气球;战车和军营用绿色帐篷和绿色树枝遮掩。

问题:请用知觉的原理解释该现象。

第五章

记 忆

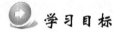
学习目标
1. 理解记忆的含义与基本过程、各种记忆的基本特点。
2. 掌握遗忘学说、遗忘的基本规律、影响遗忘进程的因素。
3. 掌握记忆系统的相关知识。

古希腊埃斯库罗斯曾说,记忆是智慧之母。记忆在人类历史上及一个人的发展过程中都具有重要作用。如果没有记忆,人将总是处于像新生儿对外部世界的神秘状态之中。所以,记忆是大自然赋予生物个体的恩赐,也是个体保持和利用所获得的刺激信息或知识、经验的一种能力。

第一节 记忆的概述

一、记忆的定义及意义

记忆是人脑对过去经历过的事物的反映。人们感知过的事物的映像会保持下来,并能在适当的条件下重新恢复和再现。不仅感知经验能在人脑中贮存,人的思维过程及思维的结果、人的情绪与情感体验、人的行为与动作、技能技巧等方面的经验也能在人脑中保持和贮存起来。

记忆包括识记、保持、再现(再认、回忆)三个基本环节,是在人们的头脑中积累和保存个体经验的心理过程。用信息加工的术语讲,就是人脑对外界输入的信息进行编码、存贮和提取的过程。

记忆在人类的心理活动与现实生活中占有重要的意义,记忆是一切学习活动的基本条件之一。记忆虽然不能等同于学习,不能包括学习的全部过程,但没有记忆是无法学习的。离开记忆,人类的复杂心理活动不复存在,知识经验无法积累,人的个性心理特征、心理品质、聪明才智也不能很好的发展,甚至人的独立的社会生活也难于维持。

二、记忆的分类

记忆可以从不同的角度进行分类。

(一)根据内容划分

根据记忆的内容把记忆划分为形象记忆、语词逻辑记忆、情绪记忆和运动记忆。

形象记忆是以感知过的事物在人脑中再现的具体形象为内容的记忆,它保存事物的感性特征,具有显著的直观性。例如,我们参观了服装展览会后,能够记住一件件新的服装样式和颜色,即是形象记忆。根据各感觉通道形成形象的特点,可区分为视觉记忆、听觉记忆、触觉记忆、嗅觉记忆和味觉记忆等。在形象记忆中,人们一般以视觉记忆和听觉记忆为主,由于各种不同职业的需要,有些人的嗅觉记忆、触觉记忆能够得到高度的发展,如食品品尝师和磨面坊的工人等。

语词逻辑记忆是用词的形式,在人们头脑中以思想、概念或命题为内容的记忆。它具有概括性、理解性和逻辑性等特点。语词逻辑记忆是个体保存经验最简便、最经济的形式,它的内容无论在数量上和质量上都超过形象记忆。语词逻辑记忆是人类特有的记忆。人们对自然、社会和思维本身的规律性的知识,都是通过语词逻辑记忆保存下来的。

情绪记忆是一个体体验过的某种情绪或情感为内容的记忆。如我们对第一天上大学时的愉快心情的记忆,就是情绪记忆。人们在回忆起愉快的事件时,会重新愉快起来;在回忆起难为情的行为时,会再次变得面红耳赤;在回忆起以往体验过的恐惧时,会变得面色苍白等。情绪记忆往往是一次形成经久不忘的。情绪记忆常常成为人们当前活动的动力,它推动人们从事某些活动或者制止某些行为,回避某些对他们有害的事情。

运动记忆是以人们操作过的动作为内容的记忆。如对书写、劳动操作和某种习惯动作的记忆。运动记忆在识记时比较困难,但是一经记住,则容易保持、恢复而不易遗忘。运动记忆是人们获得言语、掌握和改进各种生活和劳动技能的基础。在个体发展中,运动记忆比其他各种记忆发展得早些,一般儿童在出生后的第一个月就表现出运动记忆。

(二)根据目的划分

根据有无目的性把记忆分为无意记忆与有意记忆。

无意记忆是指人们没有预定目的,不用专门方法,自然而然发生的记忆。如人们对有趣的故事、书籍、电影、在生活中产生深刻印象的事情,都可能自然而然地记住。人们大量的生活、工作经验、某些行为方式都是通过它积累起来的。但是,通过无意记忆积累的经验,有时带有片面性和偶然性,因而不能满足特定任务的要求。

有意记忆是指有明确的记忆目的、采取了相应的记忆方法,在意志努力的积极参与下进行的记忆。如学生上课时,有意识地记住老师讲授的内容;考试时有意识地会回答问题,都是有意记忆。它是人们获得系统的科学知识,完成特定任务和积累个体经验的主要记忆形式。

第二节　记忆的基本过程及规律

记忆包括三个基本过程,即识记——信息编译、保持——信息存贮和再现——信息提取和恢复。

一、识记——信息编译

(一)识记的一般概念

识记是人们获得和巩固个体经验的过程,或者说是对信息进行编译的过程。在整个识记系统中,编码有不同的层次或水平,而且以不同的形式存在着。

识记是一个展开的过程,它包括对外界信息进行反复的感知、思考、体验和操作。新的信息必须与人们已有的知识结构形式联系,并汇入旧的知识结构之中,才能获得和巩固。但是,在某些情况下,当事物与人们的需要兴趣、情感密切联系时,尽管只有一次经验,人们也能牢固地记住它。

(二)识记的基本方式

识记的方式或信息的编码方式一般有三种。

1. 按物理特征编码

这种编码方式是通过感觉系统直接对外界信息的物理特征进行加工,提取实物的各种特征,主要表现在感觉记忆中。

2. 按语义类别编码

在识记一系列语词概念材料时,人们总是倾向于把它们按语义的关系组成一定的系统,并进行归类。例如,鲍斯菲尔德(Bousfield)让被试学习一系列单词,如长颈鹿、小萝卜、斑马、潜水员、拜伦、顾客、菠菜、面包师傅、土拨鼠、舞蹈演员、黄鼠狼、阿莫斯、南瓜、打字员等60个单词。当被试按语义联系将这些单词分别纳入动物、植物、人名、职业等四个类别时,识记的效果就会明显提高。在学习中,人们将材料按意义进行归类,并形成一定的系统,都有助于识记。

3. 按语言特点编码

借助长时记忆中储存的语言的某些特点,如语义、发音、字形等,对当前输入的某些信息进行编码,使它成为可以存储的东西。这种编码方式,在识记无意义材料和离散语言材料时经常使用。无意义音节由两个辅音加一个元音组成,本身不具有意义,如 wel。当人们识记这个音节时可以根据发音的近似性把它当成 weal(福利),从而提高记忆的效率。

利用语言的音韵和节律等特点,也能对识记材料进行编码。如在识记农历二十四个节气时,可以把它组成有音韵、有节律的口诀:春雨惊春清谷天,夏满芒夏暑相连,秋暑露秋寒霜降,冬雪雪冬寒更寒。将24个节气用音韵组成四句话,每句话都包括六个节气,这样就好记了。在识记乘法、珠算口诀时,人们也时常使用这种编码方式,如三下五除二。

(三)影响识记的因素

识记效果受到许多因素的影响,主要有以下几种。

1. 觉醒状态

觉醒状态即大脑皮质的兴奋水平,它直接影响到识记的效果。早在1885年,艾宾浩斯(H. Ebbinghaus)通过实验就发现,被试在上午11时至12时的学习效率最高,下午6时至8时效率最低。这可能与不同的觉醒状态有关。

2. 意识状态

在日常生活中,我们看到有意识记的效果明显优于无意识记的效果。有意识记可使人们的全部心理活动趋向于一个目标,使学习任务从背景中突显出来,因而人们在进行感知时头脑就能留下较深的痕迹。

3. 加工深度

对材料加工的精细度是对输入信息进行深度加工,是有效记忆各种材料的必要条件。信息加工的精细度不同,识记的效果也就不同。例如单词news(新闻),如果进行加工,news四个字母分别是东南西北四个英文单词的首字母,又可以把新闻理解成来自东南西北,这样news这个单词就易理解且不易忘了。

4. 组块

在信息编码过程中,将几种水平的代码归并成一个高水平的单一代码的过程叫作组块,以这种方式形成的信息单块叫作块,它可以是一个字母、一个数字、一个单词、一个词组,甚至是一个句子。一般认为不同组块所含信息量是不等的,如1921192719491978这个数字,如果分为1921—1927—1949—1978四个块就好记了,知道中国建党、建军、新中国成立和改革开放的年代,记起来都没有问题。

二、保持——信息存储

(一)保持的一般概念

保持是识记过的经验在人们头脑中的巩固过程,也就是信息的存储过程。保持是识记和再现的中间环节,在记忆过程中有着重要的作用,没有保持也就没有记忆。

知识保持是一个动态过程,在保持阶段,存储的经验会发生变化。这种变化表现在质与量两个方面,由于每个人的知识和经验的不同,加工、组织经验的方式不同,人们保持的经验可能有以下几种形式的变化:①保持的内容比原来识记的内容更简略、更概括,一些不太重要的信息趋于消失,而主要内容及其显著特征被保持;②保持的内容比原来识记的内容更详细、更具体、更完整、更合理和有意义;③使原来识记内容中的某些特点更夸张、突出或歪曲,变得更生动、离奇,更具特色。

记忆保持内容的变化,还表现为记忆回涨现象,所谓记忆回涨是指学习某种材料后相隔一段时间所测量到的保持量,比学习后立即测量到的保持量要高。这种现象在儿童期比较普遍,随着年龄的增长,它将逐渐消失。

(二)保持的组织形式

记忆的内容是以不同的方式组织起来并储存在人们的头脑中的。主要的组织形式有以下几种。

1. 空间组织

我们认识的许多事物都是以空间方式组织在头脑中的,如头脑中一个篮球总比一个乒乓球大,而一个乒乓球总比一粒绿豆大。这种空间特性是人们保持信息的一种重要方式。

2. 系列组织

系列组织指记忆内容按一个特殊连续的顺序,系列地组织起来。比如学习英文字母表,人们都按 A 到 Z 这样一个系列来进行,易背诵,也便于应用,可是让人们反过来背,困难就很大了。

3. 联想组织

人们对词的储存是一种联想的组织。如由"桌子"联想到"椅子",由"爸爸"联想到"妈妈"。

4. 层次组织

人们在研究语义记忆时发现,人类较多的概念和知识是按层次组织储存在记忆中的,其中每一个层次或水平,按事物的特征和性质进行限定,上一个层次的特征概括了下面层次的特征,下面层次的事物从属于上面的层次。如动物,它具有下位概念(鸟和鱼等)所具有的某些共同特征,如吃、呼吸和有皮等,鸟和鱼从属于动物这个层次。依次类推,按层次组织的材料比杂乱的材料记忆的成绩要好很多。

5. 更替组织

在记忆中材料的组织是相当灵活的,由于个人的知识经验的不同,可从不同的角度来组织同样的信息。例如,有人按鸟的限定特征把金丝雀的特征规定为有一个头,有翅膀,有羽毛等,也有人按金丝雀所特有的特征来规定它的特征,如能飞、能唱等。

总之,人们根据材料的特性、特征和已有的知识经验来组织自己的记忆内容,各种组织方式之间又相互作用,相互影响,有时是相互重叠的,因而形成一个相当复杂的有结构的记忆库。

(三)遗忘

1. 遗忘的一般概念

记忆保持的最大变化是遗忘,遗忘和保持是矛盾的两面。记忆的内容不能再认和回忆,或者再认和回忆时发生错误,就是遗忘。能再认不能回忆叫作不完全遗忘;不能再认也不能回忆叫作完全遗忘;一时不能再认或重现叫作暂时性遗忘;永久不能再认或回忆叫作永久性遗忘。

2. 遗忘的进程及规律——艾宾浩斯遗忘曲线

德国心理学家艾宾浩斯最早研究了遗忘的发展进程,他受费希纳《心理物理学纲要》的启发,采用自然科学的方法对记忆进行了实验研究,为了对结果进行数量分析并排除过去经验的干扰,他采用了无意义音节作为记忆材料。这种材料是由中间一个元音、两边各一个辅音构成的音节,如 XIQ、ZET、SUW 等。艾宾浩斯采取的研究方法是节省法,又叫作重学法,即学习材料到恰好能背诵时,间隔一段时间再重新进行学习,达到同样能背诵的程度,然后比较两次所用的时间和诵读次数,就可以得出一个绝对节省值。例如学习 30 个无意义音节。第一次用 5 分钟,第二次重新学用了 3 分钟,这样第二次所需的时间比第一次节省了 2 分钟,节省的百分数可以用下列公式计算：

节省百分数＝(初学用时－重学用时)/初学用时×100%＝(5－3)/5×100%＝40%

第二次学习比第一次学习节省了40%的时间,这是一种首创性的工作,他使记忆这种比较复杂的心理现象得到了数量化的研究。

艾宾浩斯指出,遗忘在学习之后立即开始,而且遗忘的过程最初进展得很快,以后逐渐缓慢,即遗忘是一个先快后慢的过程(见表5-1),由此可见,遗忘的过程是不均衡的,其规律是先快后慢,呈负加速型。他认为"保持和遗忘是时间的函数",他还将研究数据绘成曲线,这就是著名的"艾宾浩斯遗忘曲线"(见图5-1)。后来很多人用有意义的材料和无意义的材料进行实验,所得结果和艾宾浩斯的结论大体相同。

表5-1 学习无意义音节后的保持量

次序	时距(小时)	保持的百分数	遗忘的百分数
1	0.33	58.2	41.8
2	1	44.2	55.8
3	8.8	35.8	64.2
4	24	33.7	66.3
5	48	27.8	72.2
6	144	25.4	74.6
7	744	21.1	78.9

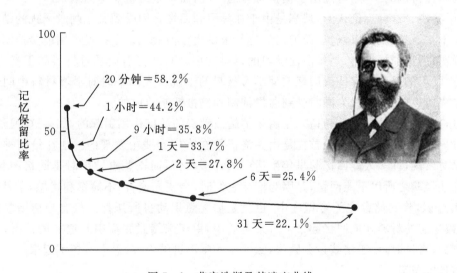

图5-1 艾宾浩斯及其遗忘曲线

3. 遗忘的影响因素

遗忘除受时间影响外,还受到以下四种因素的影响。

(1)识记材料的性质与数量。一般认为,对熟练的动作和形象材料遗忘缓慢,无意义材料比有意义材料遗忘要快得多,在学习程度相等的情况下,识记材料越多,忘得越快;材料越少,则遗忘较慢。因此,学习时要根据材料的性质来确定学习的数量,一般不要贪多求快。

(2)学习的程度。一般认为,对材料的识记没有一次能达到无误背诵的标准,称为低度学习的材料;如果达到恰能成诵之后还继续学习一段时间,这种材料称为过度学习材料。过度学习是指学习达到目的后的附加学习。当然,过度学习并不意味着复习次数越多越好。有研究表明,学习的熟练程度达到150%,即过度学习程度达到50%时,记忆效果最好,知识最牢固;超过150%时,个体的学习效果并不递增,并且可能产生厌倦。实验证明,低度学习材料容易遗忘,而过度学习的材料比恰能背诵的材料记忆效果要好一些。当然过度学习有一定限度,花费在过度学习上的时间太多,会造成精力与时间上的浪费。

(3)识记材料的序列位置。人们发现在回忆序列材料时,回忆的顺序有一定的规律性。对序列材料在回忆的正确率上,最后呈现的词遗忘得最少,其次是最先呈现的词,遗忘最多的是中间部分。这种在回忆序列材料时发生的现象被称之为序列位置效应。最后呈现的材料最易回忆,遗忘最少,叫作近因效应。最先呈现的材料较易回忆,遗忘较少,叫作首因效应。

(4)识记者的态度。识记者对实际材料的需要、兴趣等,对遗忘的快慢也有一定的影响。另外,经过人们的努力、积极加以组织的材料遗忘得较少,而单纯地重述材料,识记的效果较差,遗忘得也较多。

4. 遗忘的原因

对遗忘的原因,有各种不同的看法,可归纳为三种。

(1)衰退说。这种理论认为,遗忘是记忆痕迹得不到强化而逐渐减弱,以致最后消退的结果。这种说法易为人们接受,因为一些物理的、化学的痕迹有随时间而衰退甚至消失的现象。未经注意或重述的学习材料,可能由于痕迹衰退而遗忘,但衰退说很难用实验来证实,因为在一段时间内保持量的下降,可能由于其他材料的干扰,而不是痕迹衰退的结果。

(2)干扰说。这种理论认为,遗忘是由于在学习和回忆之间受到其他刺激干扰的结果。一旦排除了干扰,记忆就可以恢复,而记忆痕迹并未发生任何变化。干扰说可用前摄抑制和倒摄抑制来说明,所谓前摄抑制,是指前面学习的材料对识记和回忆后面学习材料的干扰;倒摄抑制,指后面学习的材料对保持或回忆前面学习材料的干扰。人们平时对学习材料中间部分的记忆效果之所以较差,是因为同时受到前摄抑制和倒摄抑制造成的。

(3)压抑说。这种理论认为遗忘是由于情绪或动机的压抑作用引起的,如果这种压抑被解除,记忆也就能恢复。这种现象首先是由弗洛伊德在临床实践中发现的。他在给精神病人实行催眠术时发现,许多人能回忆起早年生活中的许多事情,而这些事情平时是回忆不起来的。他认为这些经验之所以不能回忆,是因为回忆它们时,会使人痛苦、不愉快和忧愁,于是便拒绝它们进入意识,将其储存在无意识之中,也就是被无意识动机所压抑。只有当情绪联想减弱时,这种被遗忘的材料才能回忆起来。日常生活中,由于情绪紧张而引起遗忘的情况,也是常有的。例如,考试时,由于情绪过分紧张,致使一些学习过的内容,怎么也想不起来。

5. 有效的复习

为了避免或减少遗忘,提高记忆的效果,必须经常进行复习。根据人的心理活动的规律,要想有效地组织复习,应该注意正确复习的几点。

(1)及时复习。根据艾宾浩斯遗忘曲线,遗忘的进程是先快后慢的。为了避免在大量遗忘后难于补救,做到及时复习是很重要的。乌申斯基曾经指出,我们应当"巩固建筑物",而不是等待去"修补已经崩溃了的建筑物"。

(2)正确地分配复习时间。根据复习在时间上分配的不同,可以分两种复习方式:集中复习和分散复习。大量的实验都证明了分散复习的效果比集中复习好很多。但是分散复习的间隔时间并不是越长越好。

(3) 反复阅读和试图回忆相结合。俗话说"看一看,想一想"能提高记忆的效果。研究结果表明,把阅读和试图回忆结合起来,其识记效果都远远高于反复阅读。把60%的时间用于试图回忆,复习的效果最好。

(4) 排除前后材料的相互影响。注意材料的序列位置效应,对材料的中间部分要加强复习。

(5) 利用外部记忆手段。如上课时记笔记、读书时做卡片等。俗话说"好记性不如烂笔头",外部的记忆手段可以帮助人们更好地记忆。

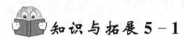

知识与拓展 5-1
名人读书记忆的故事

曾国藩是晚清中兴四大名臣之一,其余三位分别是李鸿章、左宗棠、张之洞。可是曾国藩从小并不是一个聪明的人。

一个腊月里头数九寒天的夜晚,在湖南湘乡村的一间屋子里,14岁的曾国藩正在点灯苦读。此时这户人家的房梁上趴着一个贼,打算等这户人家都休息了,黑灯瞎火好下来偷点东西。可问题是这个背书的孩子特别的笨,他正在背诵《岳阳楼记》,结结巴巴地就是背不下来,半天才想起一句来。十几遍下来,小偷都会背了。这个小偷极其恼火,眼看着天就快要亮了,他必须做点什么,就噌地一下从房梁上跳了下来,满肚子的怒火,上前一步就把曾国藩手里的书夺了过来,往桌上啪的一扔说道:"瞧你那个笨样,你说这文章有什么难背的?"说着小偷一张口,就把《岳阳楼记》背了一遍。他背完后用手指着曾国藩骂道:"瞧你那笨样,还读什么书呀?"说完后袖子一甩,满脸激愤的扬长而去,东西也不偷了。

这小偷很聪明,但是他只能是贼,曾国藩天赋不高,可是他凭着"勤"与"恒"成了连梁启超、毛泽东等都敬佩的人。

曾国藩的"不聪明"却用实践证实了他的话:莫问收获,但为耕耘。天下断无易处之境遇,人间哪得空闲之光阴。倚天照海花无数,高山流水心自知。

曾国藩就是凭借着在军营中每日必读书数页,填日记数条,坚持了一辈子,改掉了自身的坏毛病并取得了他人生的成功。一件事情做一天不难,做三年五年也不难,难的是做一辈子。正所谓:贵有恒,何必三更眠五更起,最无益,只怕一日曝十日寒。

(来源:古诗文小故事—曾国藩背书.腾讯网[EB/OL].https://new.qq.com/omn/20190115/20190115A17FKU.html)

三、再现——信息提取和恢复

再现是从记忆库中提取信息的过程,是记忆过程的最后一个阶段。记忆好坏是通过再现表现出来的,它有两种基本形式,即再认和回忆。

(一) 再认

再认是指人们对感知过、思考过或体验过的事物,当它再度呈现时,仍能认识的记忆过程。再认有两种水平:感知水平的再认和思维水平的再认。前者一般是以压缩的形式表现的,特点是发生迅速而直接。例如,一首歌曲,只听了几个旋律就能立即确认无疑是自己熟悉的。思维水平的再认一般是以展开的形式进行的,它依赖于某些再认的信息线索,其中包含着比较和推理等思维活动过程。

材料的性质与数量,前后时间间隔。个体的思维活动、期待和个性特征等都是影响再认的因素。

(二)回忆

回忆是人们过去经历过的事物的形象或概念在人们的头脑中重新出现的过程。回忆分为两种,一种是自由回忆,即自由地提取刺激信息的过程;另一种是线索回忆,即将某种刺激信息作为回忆提示而提取信息的过程,如学生在考试的时候,以考卷上题目的题意作为线索,有方向性地对自己学习过的知识进行的回忆。实验结果表明,有线索回忆的成绩要优于自由回忆。

再认与回忆没有本质区别,再认过程比回忆要简单、容易。从个体心理发展来看,再认要比回忆出现得较早些。

第三节 记忆系统

一个人在记忆过程中获得成功,即表明所有三个阶段是完整的:输入的刺激信息已经被编码,重要信息已被存储和被提取。而当一个人的记忆失败,说明可能在以上三个阶段中的一个或几个阶段出现了问题。但是,要指出到底是在哪个阶段出现了问题常常又是比较困难的。

认知心理学家把以上三个阶段,组合成为三个记忆系统:瞬时记忆系统(又称为感觉登记系统)、短时记忆系统和长时记忆系统。他们认为,人类记忆中具有不同的认知系统,这些是人类记忆的基础。把记忆作为记忆单一的整体是不妥当的,实际上,记忆存在着多重记忆系统。瞬时记忆是通过感觉通道,如视觉通道、听觉通道等来独立地编码与暂留信息,它们所存储的信息都极其短暂,几乎是瞬间完成的。短时记忆是在短时间内保留、维持和加工信息的过程。目前,还把长时记忆系统分为陈述性记忆(包括情景记忆和语义记忆)和程序性记忆。同时又把它们划分为外显记忆和内隐记忆。三个子系统虽然在信息保持时间、信息容量方面存在着明显差异,但是,由于它们是处在记忆系统的不同加工阶段,因此,相互之间仍有着极其紧密的联系,并构成记忆系统的有机整体(见图5-2)。

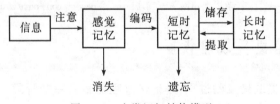

图5-2 人类记忆结构模型

一、瞬时记忆

(一)瞬时记忆的涵义

瞬时记忆又称为感觉记忆,是外界刺激信息通过感觉器官时,按输入刺激信息的原样,以感觉痕迹的形式在人脑中被暂留的过程。各种感觉器官的通道都存在着对相对适宜刺激信息的瞬时记忆,但是,并非是感觉器官接收到的所有刺激信息都会登记在瞬时记忆中,它是具有选择性的。这既依赖于客观事物本身的特点,也依赖于人的主观心理因素,如对刺激信息的兴趣、需要等。

(二)瞬时记忆的信息登记

瞬时记忆登记的刺激信息是未经任何加工与处理的信息,它是以感觉痕迹的形式被登记下来,因此,具有以下三个基本特点。

(1)进入瞬时记忆中的刺激信息完全依据该刺激信息所具有的物理特征编码,以未加工处理的原始状态和被感知的顺序予以登记,具有鲜明的形象性,各种感觉的后像就是这种记忆的不同表现形式。

(2)进入瞬时记忆的信息保持时间十分短暂。图像记忆保持的时间约为1秒左右,声像记忆虽超过1秒,但不长于4秒,它为感觉记忆保持高效能的信息编码加工提供了基本条件,若刺激信息不能在感觉记忆中暂留并被登记,它们就会急速的消失,同时会同不断输入的新的刺激信息相互混杂,从而丧失对最初刺激信息的识别。虽然刺激信息在瞬时记忆阶段停留时间短暂,但已经足以使人的认知系统对其进行操作和加工。

(3)瞬时记忆的记忆容量由感受器的解剖生理特点所决定,几乎进入感觉器官的刺激信息都能被登记。但记忆痕迹则很容易衰退,只有当被登记了的刺激信息受到特别的注意,才能够把它们转入短时记忆,否则就会很快衰退而消失。

瞬时记忆中的刺激信息的短暂停留,在认知心理学的研究中,主要涉及的是视觉信息登记和听觉信息登记。

二、短时记忆

(一)短时记忆的涵义

短时记忆被视为是信息通往长时记忆的中间环节和过渡阶段,是记忆对信息加工的核心之一。在感觉登记经过编码的刺激信息,进入短时记忆后将经过进一步的加工处理,再从短时记忆进入长久储存信息的长时记忆。因此,认知心理学把短时记忆解释为是人脑中的信息在1分钟左右的加工处理与编码。

(二)短时记忆的信息加工

短时记忆涉及它在对刺激信息进行加工过程中的信息容量、对信息的编码以及已经储存的信息的提取和遗忘等方面的特点,这些对信息的加工与处理的状态,在一个人的心理活动过程中起着十分重要的作用。首先,短时记忆使个体知道自己正在接收和加工的是什么刺激信息,这时短时记忆扮演着人的意识的角色;其次,短时记忆是来自各感觉通道的信息得以整合并进而构成完整的信息图像;再次,短时记忆对所加工与处理的刺激信息起到了暂时寄存器的重要作用。比如,在计算 $6 \times 5 - 2 \times 6 = ?$ 这道算术题目的时候,其中含有好几个步骤的计算程序,如果没有短时记忆暂时寄存上一步的计算结果以供稍后再加以利用的话,就无法得出 $30 - 12 = 18$ 的正确答案;最后,短时记忆保持了个体对当前加工的刺激信息的策略与意愿,使个体能够采取各种更为复杂处理信息的行为,直至达到最终的目标。一旦人的短时记忆系统受到损伤,心理活动将会遭受到巨大的困难。

短时记忆信息的保持包括两个成分:一个是直接记忆,即输入的刺激信息没有经过进一步的加工编码,就在脑中短暂存储,但是,其信息的容量相当有限;另一个是工作记忆,又称为操作记忆,是对输入的刺激信息再一次进行加工与编码,使其信息容量扩大,由于它是与长时记忆中所储存的信息发生相互作用,尤其是在信息的意义上进行了比较广泛的联系,因此,这样就使那些编码了的信息能够进入长时记忆永久存储。

短时记忆 7 ± 2 个组块的容量随一个人知识经验的调动与组织的不同而有所差异。组块化的过程是一个人提取和利用自己已有的知识经验,通过扩大每个组块信息之间的意义联系,以达到扩大与增加短时记忆容量的认知操作。

三、长时记忆

(一)长时记忆的涵义

长时记忆是指信息经过充分的和有一定深度的加工后,在人脑中长久保持的记忆,又称为永久性记忆。按照信息存储的时间来说,长时记忆是相对于短时记忆而言的一种记忆。长时记忆的特点是容量无限;信息保持时间长久,是信息在人脑中储存一分钟以上、几天、几月、几年,乃至终身的记忆。

长时记忆是一个庞大而复杂的信息库,存储着个体所具有的关于世界的一切知识,因此,长时记忆中的信息在脑中所存储的时间是长久的,并且没有容量的限制。长时记忆把人的活动的过去、现在连结成了一个有机整体。

长时记忆中所存储的刺激信息是个体过去所经历的经验和所获得的知识,它为个体的心理活动与行为提供必要的信息基础。如果说,短时记忆能够使我们来应对当前的事物或事件的话,那么,长时记忆就是用过去已存储的知识与经验来再现当前事物或事件。从某种意义上说,长时记忆使一个人同时生活在过去和现在的世界之中。

(二)长时记忆的信息编码

长时记忆中所存储的刺激信息,绝大部分来自短时记忆信息内容的精致性复述加工,也有一小部分由于影响深刻而一次性存储的。刺激信息通过短时记忆复述加工处理而转入长时记忆中,其最重要的信息输送途径是对学习进行精致性复述,即将短时记忆所加工处理的刺激信息,经过编码纳入已有的认知结构中。在长时记忆中,存在着两种独立的编码系统,它们是语义编码系统和表象编码系统。

存储在长时记忆中的刺激信息是一个有组织、有体系的知识与经验系统,这种有组织的知识与经验系统对人的学习与行为决策具有重要意义,它能够使人有效地对新信息进行编码,以便能更好地识记与存储,也能使人迅速有效地从记忆中提取有用的刺激信息,以解决当前所面临的问题。知识与经验系统的组织程度不同,提取信息的速度不同,知觉、语言理解和问题解决的速度也会不一样。

(三)长时记忆的信息存储

在长时记忆中存储着数以亿计的信息,研究认为在长时记忆中存在着两个或两个以上的相对独立的部分。

1. 情景记忆和语义记忆

加拿大心理学家塔尔文在1983年提出在长时记忆中有两个部分,一个是情景记忆,另一个是语义记忆。

情景记忆是指个体接收和存储关于个人特定时间内所经历的情景或事件,以及这些事件发生的时间和与相关空间相互联系的信息。在情景记忆中,包含着个体与某个特定时间和地点相联系的个人经验。例如,有人游览了泰山,从开始登山到抵达山顶的一种个人体验的记忆,即属此记忆。另外,参加一项心理学实验,在测验过程中,对所呈现的某些语词或句子的记忆,以及根据时空关系按知觉属性对某些刺激信息项目的记忆,都属于情景记忆。

情景记忆使一个人能够回忆起他们自己亲身经历过的往事,所经历的事件已经嵌入他们的记忆痕迹之中了。情景记忆有时还要依赖于语义记忆,但是,它超出了语义记忆所能记忆的范围。情景记忆最突出的特点是意识觉知,这种意识觉知具有一个人回忆往事的个人特征。

语义记忆与情景记忆相对,它涉及人们关于这个世界的知识,包括语言的、百科全书式的知识,其中不包括像情景记忆的具有个人性质的东西。语义记忆一般是按照客观事物的类别或属性、总括等抽象规则对刺激信息进行组织,即由事物的类别和属性的等级方式组织起来的事实构成。语义记忆与情景记忆不同,它是对语词的意义、语法规则、物理定律、数学公式以及各种科学概念等抽象事物的记忆。语义记忆所存储的事物不依赖于个人所处的某个特定时间或特定地点。例如,"三角形内角之和等于180度""鸟是长羽毛的卵生动物",这类刺激信息具有抽象性和概括性的特征。语义记忆包含了世界所存在的事物的意义,存储着个体运用语言或知识时所需要的和所获得的信息。由于人类具有语义记忆,所以才能够掌握和保持有关客观世界所存在着的各种事物的信息,对这些刺激信息的表征,为个体提供了客观世界的主观模像。语义记忆给人提供了思考的材料,从而摆脱了由直接的、具体的事物知觉对客观事物的认知操作。因此,语义记忆的真正涵义是人对世界的一般知识的记忆。

2. 外显记忆和内隐记忆

自艾宾浩斯《记忆》一书发表其对人类记忆现象的研究成果以来,记忆心理学所研究的几乎都是外显记忆,即都是探讨那些在某些背景条件或因素下受到影响的有意记忆,而对无意识记作用下的记忆现象的研究,则是到了20世纪80年代初才开始深入展开的。

外显记忆是指个体能运用记忆中所存储的信息并能意识到记忆活动的过程,能够意识到自己正在积极地搜寻记忆线索,并把当前的刺激信息与提取出的信息内容进行比较以便能回忆出不在当前的事物的记忆。也就是说,外显记忆是个体需要有意识地或主动地收集某些经验用以完成当前任务时所表现出来的记忆。在许多有关的记忆研究中,当要求被试进行自由回忆、有线索回忆以及再认测验时,被试都运用到了对以前刺激信息的再收集过程,这些都是外显记忆。

内隐记忆是指个体所具有的特定经验无意识地影响了当前信息加工处理的绩效,而自己并没有意识到这些经验,也没有进行有意识的提取与操作。也就是说,内隐记忆是在不需要意识或不需要有意回忆的情况下,个体已有的经验自动地对当前任务产生影响而表现出来的记忆。

内隐记忆是在这样的情况下显示出来的,即在一个不需要对先前经验进行意识的或有意的回忆测验中,先前的经验促进了当前作业的效果。与之相对,外显记忆是在需要对先前经验进行有意回忆的活动中显现出来。越来越多的实验证据表明,个体先前的经验能够在缺乏有意回忆,或缺乏意识回忆的形式中表现出来,而且还能与它分离。"内隐记忆"和"外显记忆"的术语就是在力图描述这种观察到的记忆分离现象的本质特征中提出来的(见表5-2)。

表5-2 内隐记忆和外显记忆的主要区别

记忆阶段		识记(输入)	保持(存储)	回忆(检索、提取)
内隐记忆		无意识	无意识	无意识
外显记忆	不随意记忆(无意记忆)	无意识	无意识	有意识
	随意记忆(有意记忆)	有意识	有意识	

从表5-2中可知,对外显记忆进行测量,其实就是直接或间接地了解一个人过去的知识与经验。比如要求被试回忆刚刚在一次实验中看到的一系列图片,或者要求回忆自己高中时的同学,或者回忆昨天见到的某个人,所有这些都是外显记忆测验。内隐记忆测验同样也是测量一个人过去的经验,但是这种测量结果是通过被试将过去的经验转化为现在的行为而间接获得的,在这个过程中,被试没有任何从过去经验中提取信息的迹象。例如,一个人昨天在一本书中读到了"明察秋毫"这个成语,今天在和朋友交谈时他说了这个成语,如果他过去从来没有用过这个成语而他今天用了,就有可能是因为昨天他读到并无意识地存储了这个成语。这样就可以说"因为昨天读到它使他今天使用了它"。因此,内隐记忆测验其实就是通过测量某种行为而间接地了解一个人对刺激信息的保持情况。

3. 陈述性记忆和程序性记忆

陈述性记忆是对有关事实和事件的记忆,它可以通过语言描述与传授而实现。比如,对课堂上学习的各种知识以及日常生活常识的记忆。"北京是中国的首都""夏天要比冬天暖和,是因为此阶段太阳距离地球较近"等知识的记忆即属于此类记忆。因此,安德逊(Anderson)认为,陈述性记忆涉及"是什么"的知识,这种知识一般是在某种程度上处于相对静态的、不变的事实或某种客观事物的刺激信息,它们由一系列相关事实组成。对陈述性记忆中的刺激信息内容的提取往往需要个人意识的参与。

程序性记忆与陈述性记忆相对,它是针对"怎样做"或"如何做"事情的记忆,它以技巧性动作为基础,包括知觉技能、运动技能和认知技能等的记忆。程序性记忆通常不能用语言加以描述,往往需要通过多次尝试或练习才能逐渐获得,它可以比较容易地显示但不容易讲述。比如,会骑自行车的人很难用语言来教不会骑车者如何骑,唯一的做法就是练习。再比如,一个人在学习游泳之前,会读一些关于游泳知识的书籍并记住某些动作要领,这是陈述性记忆,以后通过在水中的不断练习,才能把书本知识转变为动作技能,学会了在水里游泳,此时为程序性记忆,这个时候,它往往就不再需要人的意识的参与。

陈述性记忆和程序性记忆的区别还表现在,陈述性记忆中所存储的知识是灵活的,它能够非常容易地从长时记忆中提取出来运用于新的刺激信息或新的场合。但是,程序性记忆中所存储的经验则表现为比较固定的,它极其依赖于个体原来的学习或练习的情景,不容易把反应系统中没有参与最初学习的信息提取出来(见表5-3)。

表 5-3 陈述性记忆和程序性记忆的主要区别

长时记忆系统		认知、动作方式	信息提取方式
陈述性记忆	语义记忆	空间、关系	外显
	情景记忆	时间、地点	外显
程序性记忆		运动记忆	内隐
		认知记忆	内隐

第四节 记忆的品质及培养

根据什么来判断人的记忆品质及记忆的优劣的标准呢?综合一个人的记忆力水平,可以从记忆品质的敏捷性、持久性、准确性和储备性等四个方面来衡量和评价。

一、记忆的敏捷性

1. 敏捷性概述

记忆的敏捷性体现记忆速度的快慢,指个人在一定时间内能够记住的事物的数量。人们记忆的速度有相当大的差异。有人做过这方面的实验:让受试者背诵一首唐诗,有的人重复5次就记住了,而有的却需要重复26次才能记住。有的学者让受试者识记一系列图形,有的人只需看33次就能记住,有的却需要看75次才能记住。这就说明了人的记忆在速度方面即敏捷性方面存在着明显的差别。记忆是否敏捷取决于大脑皮层中条件反射形成的速度。条件反射形成得快,记忆就敏捷;条件反射形成得慢,记忆就迟钝。每个人都希望自己的记忆具有敏捷性,因为这样就可以在单位时间里获得更多的知识。

2. 锻炼记忆的敏捷性

一是平时要加强锻炼,通过锻炼使自己的记忆敏捷起来;二是在记忆时要集中注意力;三是要充分利用原有的知识,以此来获得新的知识。有意识地在原有的条件反射基础上去建立新的条件反射,记忆就会逐渐敏捷起来。

二、记忆的持久性

1. 持久性概述

记忆的持久性是指记住的事物所保持的时间的长短。从生理学角度来说,记忆的持久性取决于条件反射的牢固性。条件反射建立得越巩固,记忆就越持久;条件反射建立得越松散,记忆就越短暂。人们的记忆在持久性方面也有很大差别。有的人记忆十分长久,可以维持多年;而有的人却十分健忘,记不了多久就忘掉了。人们都希望自己的记忆长久,但是仅仅持久仍然是不够的,如果不善于灵活运用也是枉然。既有持久性又有运用的灵活性,才能牢固地掌握所学到的知识。

2. 提高记忆的持久性

记忆不长久,一般是功夫不深,复习记忆密度不够有关。要经常地在适当的时机进行复习,使条件反射不断强化而得到巩固,这样就可以使记忆获得持久性。所以提高保持持久性的方法是:首先,善于把识记的材料纳入已有的知识体系中;其次,进行及时和经常的复习。

三、记忆的准确性

1. 准确性概述

记忆的准确性是对于所识记的材料,在再认和回忆时,没有歪曲、遗漏、增补和臆测,指对原来记忆内容的性质的准确保持。"准确性"是良好记忆的最重要的特点。如果记忆经常性不准确,就不能有效地学习知识和积累经验。正像开汽车时弄反了方向,开得越快,距离目的地越远。所以,记忆的准确性是保持人们获得知识的重要的心理品质。人的记忆在准确性方面是有差异的。如有的人记忆总是非常正确,回答问题、处理事情总是那么信心十足,准确而全面,从不丢三落四或添枝加叶。而有的人的记忆不是错误百出,就是犹豫不决,拿不定主意,总是"大概""或许""差不多"等。

记忆的不准确与识记和遗忘的选择性有很大关系。对同一件事情,人们识记的角度和识记后遗忘的角度都不完全相同。例如:几个人都看了某本书,看后即问他们记住了什么内容,他们的回答不可能是一样的。从生理上说,记忆的准确与否与条件反射有关。如果条件反射形成得准确、牢固,记忆的准确性就好;反之,如果条件反射形成得不正确、不准确、不牢固,记忆的准确性就差。因此,要想使自己的记忆具有最大限度的准确性,就要从条件反射建立的准确性上去努力。一般来说,人们对某一事物的最初印象往往都是最深刻的,这和在白纸上画画看得最清楚是一个道理。心理学的研究证实,最初印象往往对人的心理活动产生很大影响。

2. 保证记忆的准确性

首先,要进行认真、准确的识记;其次,必须勤于自我监督。要养成良好的习惯,随时分清自己记忆中正确记忆和错误记忆、精确记忆和模糊记忆的内容。对于正确和精确记住的事物,要不断通过强化去巩固它;对错误记忆和模糊记忆的内容,要通过修正条件反射之后再去加强。这样才能有效地保证记忆的准确性。

四、记忆的储备性

1. 储备性概述

记忆的储备性是指在必要时,能够把记忆中所存储的知识迅速地提取出来,以解决当前的实际问题。

记忆储备性是判断记忆品质的重要的标准,也是记忆的敏捷性、持久性、准确性的体现。人们进行活动的目的是为了储备知识,并使之备而有用,备而能用。记忆如果没有储备性,它就失去了存在的价值。正像一个仓库,尽管里面储满了货物,如果取货非常困难,那就起不到仓库应有的作用。人们的记忆好比是储存知识的"智慧仓库",如果管理得当,进货、发货就会迅速、顺利。也就是说,当需要使用某种知识时能够很快提取应用,这样就有实际意义。就像学生进考场那样,记忆备用性好的学生,能够迅速、正确地从自己记忆的仓库中提取相应的知识,顺利答完试题。而储备性不好的学生常常会发懵或答非所问,影响考试成绩。现实中有些人,知道的事情并不少甚至可以称得上"渊博",可是当需要回忆某些事物时,需要的总是想不起来。这就说明他们的记忆缺乏储备性,而另一些人,掌握的知识尽管少一些,但使用时总是得心应手,并在回忆时随时能够再现需要的东西,这就说明他们的记忆具有较好的储备性。

2. 增强记忆的储备性

记忆的储备性并不是天生就有的,而是后天培养、锻炼的结果。要想使自己的记忆具有良好的储备性,首先要使记忆具有准确性和持久性,通过各种方法培养锻炼自己回忆的技巧,并多运用已经记忆的知识,达到"熟能生巧"的程度。记忆的储备性是在识记的过程中形成的,从识记一开始就不要随随便便、马马虎虎。平时应该有意识地记那些有意义的事物,并在识记当时就立刻建立起识记和需要使用这些知识场合的联系;其次必须强调积累知识的系统性。拿破仑曾经说过:"一切事情和知识在他头脑里放得像在橱柜的抽屉里一样,只要他打开某个,就能准确地取出所需要的材料。"苏沃洛夫也曾说过:"记忆是智慧的仓库,但是这个仓库有许多隔断,因而应该尽快地把一切都放得井井有条。"

记忆的四种品质是有机联系,缺一不可的。为了使自己具有良好的记忆能力,就必须建立丰富、系统、精确而巩固的条件反射,具备所有优秀的记忆品质。忽视记忆品质中的任何一个方面都是片面的。

复习与思考

(一)选择题

1.有的小学生在学习英语字母"t"时,常常会发出汉语拼音"t"的音。造成这种干扰现象的原因是(   )。

A 前摄抑制　　　　B.倒摄抑制　　　　C.消退抑制　　　　D.双向抑制

2.根据过度学习的研究,如果小学生读4遍后能够完整背诵一首诗,要想达到最佳记忆效果,还应该再背诵(   )。

A.6遍　　　　B.4遍　　　　C.2遍　　　　D.8遍

3. 在毫无意识和意图的情况下,信息也被保持并影响着我们的感知、思维和行动,这种记忆叫作(　　)。

A. 陈述记忆　　　B. 程序记忆　　　C. 外显记忆　　　D. 内隐记忆

4. 德国心理学家艾宾浩斯研究遗忘规律所用方法为(　　)。

A. 群集法　　　B. 地点法　　　C. 计算法　　　D. 节省法

5. 世界杯期间看足球比赛的记忆属于(　　)。

A. 情景记忆　　　B. 语义记忆　　　C. 程序性记忆　　　D. 陈述性记忆

(二)简答题

1. 简述记忆的基本环节。
2. 记忆有哪些种类?
3. 遗忘的原因有哪些?
4. 依据遗忘规律如何合理组织复习?

(三)材料题

材料: 张老师是小学一年级的新老师,在平时的教学中,对于很多学生不认真记忆字的书写结构的情况,她总有自己的杀手锏,那就是让学生"漏一补十""错一罚十",这一招虽然让很多同学能够短时间减少书写错误,但是语文课上大家的积极性明显不如从前了。

问题: 请问你是如何看待这一现象的?请运用记忆的有关规律加以分析。

第六章

思维与想象

学习目标

1. 了解思维的概念和种类;理解问题解决的思维过程,掌握影响问题解决的因素;了解培养创造性思维的一般方法。
2. 通过讲授和小组讨论相结合,培养学生问题解决的思维方式。
3. 引导学生感受生活中的智慧之美。

柏拉图认为,思维是灵魂的自我谈话。爱因斯坦则说,思维世界的发展,在某种意义上说,就是对惊奇的不断摆脱。本章对思维及问题解决的特点进行介绍,分析了问题解决的影响因素,对创造性思维及想象的特点进行解析。

第一节 思维的概述

一、什么是思维

(一)思维的定义

思维是人脑对客观事物间接的、概括的反映,它能认识事物的本质和事物之间的内在联系。平时人们说的"思考""考虑""揣度""反省""设想"等都是思维活动的形式。思维与感觉和知觉一样,都是人脑对客观事物的认识活动,但是思维和感知觉反映的是人们认识事物的不同阶段。其中,感觉和知觉是对客观事物外部特征的认识,所反映的是客观事物的外部属性和整体特征,以及客观事物之间的外部联系。思维是在感知的基础上进行的高级认识形式,反映客观事物的本质属性及内在联系,是借助语言实现的理性认识过程。

(二)思维的基本特征

思维具有间接性和概括性两个基本特征。

1. 思维的间接性

思维的间接性是指借助一定的媒介和知识经验对客观事物进行间接的认识。通过思维，我们可以推知过去的历史、认识事物当前的发展，预知事物未来的进程。例如，很早以前古人就根据青蛙的行为动态去判断天气变化：青蛙从池塘里钻出来，向树上爬去，就告诉人们雨季即将来临。而青蛙蹲在水面上"吧嗒、吧嗒"拍水，就预测阴雨天快要过去，晴天要来临。古代中医学名著《古今医统》有云："望闻问切四字，诚为医之纲领。"望诊，是对病人的神、色、形、态、舌象等进行有目的的观察，以测知内脏病变，中医通过大量的医疗实践，逐渐通过个体的面部、舌质、舌苔推测个体内部脏腑的病变，这些都是思维间接性的表现。正是思维的间接性，人们才能够超越时空的限制和人类感觉器官的局限，认识当前尚未感知或无法让我们直接感知的事物或现象，揭露客观事物的本质特征和内在活动规律。

2. 思维的概括性

思维的概括性是指在大量感性材料的基础上，把一类事物共同的、本质的特征和规律抽取出来加以概括。思维的概括性包括两层含义：第一层，思维反映的是同一类事物共同的、本质的属性。例如，人们依据茎、叶、果等共性，把苹果树、桃树、柑橘树等能提供食用果实、种子的这类多年生的植物树统称为果树。第二层，思维还可以反映事物的内部联系和规律。例如，古人云：惟天下之静者，乃能见微而知著。月晕而风，础润而雨，人人知之。经过观察记录发现，"月晕"的出现就是"刮风"的预兆，地板"潮湿"的出现就是"下雨"的前兆，多次实践观察最后得出"月晕而风，础润而雨"的结论。

通过感知我们只能看到具体某一只鸟的外形和活动情况，而通过思维，才能从本质上认识到鸟的内在属性：前肢有翼，无齿有喙，并据此对各种动物进行判断，鸡、鸭、鹅是鸟类，而蝙蝠、蜻蜓、鲸鱼不是鸟类。思维的概括性促进了人们对客观事物的内在联系与规律性的认识，一切科学概念与法则都是人对客观事物本质特征和规律的概括的反映（见图 6-1）。

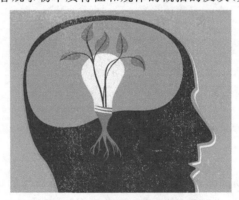

图 6-1 思维是大脑思考的结果

思维的间接性和概括性两大属性相互联系、相互促进。思维的间接性是以人对事物的概括为前提，正是因为人有概括知识经验，才能够间接地反映事物。例如，医生通过概括化的传统医学知识，通过当下先进的医疗检查，经过思考而间接地对患者的病情做出判断。正是思维的间接性和概括性，使我们对世界的认识范围不断扩大，从古至今，同时还能不断提高人对客观事物认识的深度，把握那些不能被未知的事物的内在规律，使我们在掌握知识、认识世界的过程中，不断解决问题，开拓我们的视野。

(三)思维与感知觉的关系

思维与感知觉虽然都是人脑对客观事物的反映,但处于对客观事物认识的不同阶段,其中从反映的内容来看,感知觉反映的是客观事物的个别属性与整体特征,而思维反映的是客观事物共同的、本质的属性与特征和内部联系。从反映的形式来看,感知觉是人脑对客观事物外部特征的直接反映,获得的是感性认识;而思维是对客观事物必然联系的间接反映,获得的是理性认识。由此可见,感觉和知觉是人类认识世界的初始阶段,是思维的基础和依据;而思维则是认识活动的高级阶段,是感知觉的深化和延伸。通过思维,人类才可能实现从事物现象到本质的认识,达到对客观事物深刻全面的认识。

二、思维的种类

(一)根据思维的内容划分

根据思维的内容,把思维分为动作思维、形象思维和逻辑思维。

1. 动作思维

动作思维又称为操作思维,指凭借个体直接的感知活动,以实际动作为中介去解决问题的思维。从儿童发展心理学理论指出,3岁以下的幼儿主要以动作思维的方式进行思考,通过实际操作来进行思维活动,借助口齿去咬、手指触摸摆弄物体来实现对事物的认识。例如,儿童在学习计数和加减法的初期,常会借助数手指或者摆小棒等物体的形式来进行辅助计算,当外部的操作行为活动停止后,他们的思考过程也中断了。随着年龄的增长和知识经验的丰富,这种需要外部操作来辅助思维活动的行为越来越少,逐渐转化为内部思考。

2. 形象思维

形象思维是指以人脑中的具体表象为支柱来解决问题的思维活动过程。这种思维往往通过对表象的联想与推理来进行的,在儿童和小学低年级学生身上表现得非常突出。例如,儿童在计算加减时,不是像成人一样对数字符号进行运算,而是在头脑中用相同数量的卡通形象或实物表象相加来计算。艺术领域的职业者在思考时也不能完全脱离形象思维,经常是凭借事物的具体形象,并按照其内在逻辑规律来进行推理,如建筑师在构思桥梁作品时,大脑中出现的不是具体的参数与准则,而是一幅鲜明的效果图。中国近代著名桥梁设计师梁思成认为,建筑是平面艺术和工程技术为一体的一门学科。由于对绘画的酷爱,梁思成选择了建筑这个专业,他的中国古代建筑手绘图,精致至极。19世纪德国化学家奥古斯特·凯库勒(A. Kekule)梦见一条蛇咬住了自己的尾巴形成一个环,从而在睡梦中解决了苯环结构的难题(见图6-2)。在艺术创作以及复杂问题解决中,具体而鲜明的形象思维或表象,好比是架设在现实和思维之间的桥梁,简化了问题空间,有助于创造性地解决问题。

3. 逻辑思维

逻辑思维是思维的一种高级形式,是利用概念、判断和推理形式进行的思维,常称为"抽象思维"或"闭上眼睛的思维"。逻辑思维是以语词为基础,逻辑思维揭示事物的本质特征及其规律性联系,著名的儿童发展心理学家皮亚杰认为,到初中阶段(11~15岁),学生能够摆脱具体实际经验的支柱,理解并使用相互关联的抽象概念,逻辑思维开始成为个体思维活动的主体;

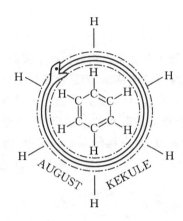 

图 6-2 苯环和凯库勒的故事

能够处理命题之间的关系,能够进行假设-演绎的思维活动,思维的灵活性也明显提高。逻辑思维是人类思维概括性的集中体现,也是成年人思维的主要形式。例如,科学家在进行研究时,需要先提出理论假设,并根据实验结果严密推理,从而判断是否支持假设。

个体思维的发展,都要遵循由低一级水平向高一级水平过渡的客观规律,一般经历动作思维、形象思维和逻辑思维三个阶段,这种顺序不以人的意志为转移,是不可改变的。在解决实际问题时,这三种思维往往是相互联系,相互渗透的,例如在进行科学研究时,既需要有高度概括的逻辑思维,又需要进行丰富想象的形象思维,同时还可能需要在实践操作中探索问题的解决途径。

(二)根据思维探索问题答案的方向划分

根据思维探索问题答案的方向不同,把思维分为辐合思维和发散思维。

1. 辐合思维

辐合思维又称为求同思维或集中思维,是指把问题所提供的各种信息聚合起来,朝着同一个方向思考并得出一个正确答案的思维。例如,学生考试时思考选择题的时候,通过选择正确选项、用理论证明某个观点;医生根据病人口述的各种症状对其进行诊断时的思考过程,这些都是辐合思维在生活中的具体表现。

2. 发散思维

发散思维又称为求异思维或分散思维,指从目标出发,沿着各种不同途径去思考,探求多种解决问题答案的思维。发散思维是不确定思考方向或范围,不墨守成规,不囿于传统方法,由已知来探索未知的思维。发散思维具有变通性、流畅性和独创性等特点。例如,老师要求学生们尽量多地说出"面粉"的功能或用途;厨师用同样的一块猪肉可以烹调出东坡肉、红烧肉、炖肉汤等不同的菜式;学生对于同一道数学题用多种不同的方法求解;我们对于同样的事件从不同的角度有多种评价,这些思考的过程都要用到发散思维。

(三)根据思考过程是否具有清晰的意识划分

根据思考过程是否具有清晰的意识,可以把思维分为直觉思维和分析思维。

1. 直觉思维

直觉思维是一种非逻辑的思维,是一种没有完整的分析过程与逻辑程序,依靠灵感或顿悟迅速理解并做出判断和结论的思维。这是一种直接的领悟性的思维,具有直接性、敏捷性、简缩性、跳跃性等特点。伊恩·斯图加特说:"直觉是真正的数学家赖以生存的东西。"科学研究过程中许多重大的发现都是基于直觉。欧几里得(Euclid)几何学的五个公设都是基于直觉,在此基础上建立起欧几里得几何学这栋辉煌的大厦,他被后人称之为"几何学之父"。当时的门捷列夫并不能清晰表达自己的想法,但直觉告诉他,化学元素周期表是存在的,一时无法吻合,只是由于某元素尚未被发现而已。由此可见,直觉思维是逻辑思维的凝聚或简缩,在很多科学发现的过程中有至关重要的作用。

2. 分析思维

分析思维包括归纳推理、演绎推理、证明等逻辑思维,指经过仔细研究、逐步分析,最后得出明确结论的思维方式。例如:警察通过各种线索、现场取证、对证比较等方式找出犯罪对象的思维过程;学生在论证几何题的过程中证明推理的思考过程。这些都是分析思维在生活中的具体表现。

(四)根据解决问题的创造性程度划分

根据解决问题的创造性程度,可以把思维分成常规性思维和创造性思维。

1. 常规性思维

常规性思维又称为习惯性思维,是指运用已有的知识经验,按照固定的方案和程序,运用惯常方法进行问题解决的思维。例如,学生运用已掌握的原理公式来解决数学问题,就是一种常规性思维。常规性思维一般不对原有知识进行明显改组,因此,往往缺乏独创性与新颖性。

2. 创造性思维

创造思维是一种新颖而有价值的思维方式,具有高度机动性和坚持性,且能清楚地勾画和解决问题的思维活动。一般表现为打破惯常解决问题的程式,重新组合既定的感觉体验,探索规律,以新异、独创的方式来解决问题的思维。例如,对于近代中国的北洋水师将领方伯谦在参加丰岛海战中,到底是战中逃跑,还是诈降以引诱敌人?有学生一反史学界的观点,认为"方伯谦"纯属冤狱,并通过查阅史料、旁征博引、自圆其说,得出"重新认识晚清时期中日甲午战争中的方伯谦"这一观念。该过程实际就是由心智到实践,最终演绎出创造思维的过程。创造性思维是人类思维的高级形式,是多种思维活动的综合体现,能够产生新颖的、具有社会意义的思维成果,它既有发散思维与辐合思维的结合,也要有逻辑思维与形象思维的结合,从古至今各种发明创造都是创造性思维的结晶。

三、思维过程

思维的过程包括分析与综合、比较与分类、抽象与概括、具体化与系统化等。其中,分析与综合是思维的基本过程,贯穿整个人们所有思维活动的始终,其他过程都是由此派生出来的具体活动。

(一)分析与综合

分析与综合是思维过程的基本环节,一切思维活动都是在分析与综合的基础上进行的。

分析是指在人脑中把客观事物的整体分解成各个部分、各个方面或者个别特征的思维过程。例如,把植物分为根、茎、叶和花等,把人的心理现象分为心理过程和个性心理。综合是指在人脑中把客观事物的各个部分、方面或者特征结合起来进行思考的思维过程。例如,把机器的各个部件结合为一个整体来考虑;把学生的学业成绩、思想品德、智力水平等方面联系起来进行评价,得出综合的结论。

由此可见,分析与综合是彼此相反但又紧密联系的思维过程,是同一过程中不可分割的两个方面。基于综合之上的分析才有价值,以分析为目标的综合才更加完整。分析和综合的有机结合,才能使问题得到迅速而正确的解决。

(二)比较与归类

比较是把各种事物和现象加以对比以确定它们的相同点和不同点及其相互关系的思维过程。在认识事物时,我们把握客观事物的属性、特征与相互关系,都是通过比较来进行的。比较的基础是客观事物之间特征方面的差异性和同一性。正因为事物之间存在性质上的异同、数量上的多寡、形式上的美丑,才能在思维活动中进行比较。

归类是在头脑中根据事物或现象的共同点和差异点,把它们区分为不同种类的思维过程,在比较的基础上,将具有共同点的事物划为一类,再根据具体差异将其划分为同一类中的不同属性,以揭示事物一定的从属关系和等级体系的思维活动。例如,加涅根据学习的不同层次将学习分为不同类别,学生听到上课铃响时,就停止其他活动而准备学习活动;路人正在行走时,当带有闪光灯并且鸣着喇叭的救火车突然驶过时,就会产生一种惧怕的情绪反应,加涅认为这些行为都是对某种信号作出的学习反应,所以将其归于信号学习这一类。

(三)抽象与概括

抽象是在头脑中把同类事物或现象的共同的、本质的特征抽取出来,并舍弃个别的、非本质特征的思维过程。例如,从手机、闹钟、挂钟、电子钟等事物中,抽取出它们的"能计时"的共同特征,舍弃不同大小、形状、构造等非本质特征,这就是抽象的过程。

概括是在头脑中把抽象出来的事物的共同的、本质的特征综合起来并推广到同类事物中去,使之普遍化的思维过程。例如,通过抽象得到结论:"有生命的物质叫生物",并把这个结论推广到植物、动物和微生物等一类事物中去的思维过程就是概括,概括是思维特殊形式的综合,是概念形成的重要基础。

(四)系统化与具体化

系统化是把学到的知识分门别类地按一定程序组成层次分明的整体系统的过程。例如,生物学家按界、门、纲、目、科、属、种的顺序,把世界上千千万万种生物分类,同时揭示出各类生物之间的关联,这就是在人们对生物种类系统化的过程。

具体化是用一般原理去解决实际问题,用理论指导实际活动的过程。具体化能把抽象得到的理性认识与生活中的感性认识结合起来,是启发思考与发展认识的重要环节。通过具体化的思维过程,可以更好地理解一般原理与事物发展的变化规律,还可以使已总结出来的原理得到实践检验,并不断深化与发展。

第二节 问题及问题解决

著名教育家陶行知曾说过,"创造始于问题,有了问题才会思考,有了思考,才有解决问题的方法,才有找到独立思路的可能。"问题解决既是生活中重要的思维活动,也是人们进行思维的主要目的。问题解决是由一定情境引起,按照一定目标,通过各种认知操作的活动,使问题得以解决的心理活动。

一、问题及问题解决的含义

(一)什么是问题

问题是在给定的信息和目标状态之间有某些障碍需要加以克服的刺激情境。心理学上的问题一般具有以下三个基本成分。

第一,给定的条件,这是一组已知的关于问题条件的描述,即问题的起始状态;

第二,要达到的目标,即问题要求的答案或者目标状态;

第三,存在的限制或者障碍,起始状态到目标状态之间的路径不是直接的,必须通过一定的认知活动或者思维活动才能找到答案。

从给定的条件和目标状态是否明确界定,可以将问题分为两大类:一类是有结构的问题,其给定的条件、目标状态都有清晰的说明,个体按照一定的思维方式就可以获得答案的问题,比如完成一般的数学计算题;另一类是无结构的问题,其给定的条件或者目标状态没有清晰的说明,问题具有较大的模糊性和开放性,常常没有可以预见的、唯一的标准答案,会存在多种解题思路且均有一定的合理性,如怎么保护好我们的生态环境,怎么实现我们的人生目标等。

(二)什么是问题解决

问题解决是由一定情境引起的,按照一定的目标,应用各种认知活动、技能等,经过一系列的思维操作,从问题的起始状态到达目标状态,使问题得以解决的过程。

1. 问题解决的基本特征

问题解决的三个基本特征是目标指向性、操作系列性和操作认知性。

(1)目标指向性。问题解决具有明确的目的性,总是要达到某个特定的目标状态。没有明确目的指向的心理活动,例如,漫无目的的幻想,便不能称为问题解决。

(2)操作认知性。问题解决是通过内在的心理加工实现的。自动化的操作如走路、穿衣等,虽然也有一定的目的性,但不能称之为问题解决。

(3)操作序列性。问题解决包含一系列的心理活动,即认知操作,如分析、联想、比较、推论等。仅仅是简单的记忆提取等单一的认知活动,都不能称之为问题解决。

2. 问题解决的类型

问题解决具有两种类型:常规性问题解决和创造性问题解决。

常规性问题解决和创造性问题解决是相对的,它们能够相互转化。常规性问题解决是问题解决者使用现成方法进行的问题解决,例如,小学生利用所学的公式和定理来计算三角形的内角之和。创造性问题解决是需要运用新颖独特的方法进行具有社会意义的问题解决。如2019年的全国高考作文题便是创造性问题解决的过程。

(1)全国卷Ⅱ,材料作文:结合以下材料完成给定要求的作文:1919年,民族危亡之际,中国青年学生掀起了一场彻底反帝反封建的伟大爱国革命运动。1949年,中国人民从此站立起来了!新中国青年投身于祖国建设的新征程。1979年,"科学的春天"生机勃勃,莘莘学子胸怀报国之志,汇入改革开放的时代洪流。2019年,青春中国凯歌前行,新时代青年奋勇接棒,宣誓"强国有我"。2049年,中华民族实现伟大复兴,中国青年接续奋斗……

请从下列任务中任选一个,以青年学生当事人的身份完成写作。
①1919年5月4日,在学生集会上的演讲稿。
②1949年10月1日,参加开国大典庆祝游行后写给家人的信。
③1979年9月15日,参加新生开学典礼后写给同学的信。
④2019年4月30日,收看"纪念五四运动100周年大会"后的观后感。
⑤2049年9月30日,写给某位"百年中国功勋人物"的国庆节慰问信。

(2)全国卷Ⅲ:漫画作文。阅读下面的漫画材料(见图6-3),根据要求完成作文。

图6-3 据"小林漫画"作品改编:毕业前的最后一堂课

(三)问题状态与问题空间

问题解决不是被动的、自动化的加工,而是一种有目的的、主动的认知活动过程。认知心理学把问题解决的过程分为三种状态:初始状态、中介状态和目标状态。

初始状态是问题解决的最初状态,目标状态是问题解决最终要达到的目标。将初始状态转变为目标状态,其间通过各种操作而产生的各种不同状态,即从初始状态到目标状态之间的各种状态称为中间状态。上述三种状态统称为问题空间或问题状态空间。

信息加工理论认为,问题解决过程就是对问题空间的搜索过程。图6-4和图6-5是"八张牌"问题解决的初始状态和目标状态,以及解决八张牌问题空间的移牌步骤序列。

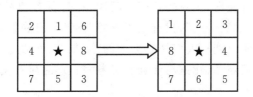

图 6-4 经典"八张牌"的问题空间

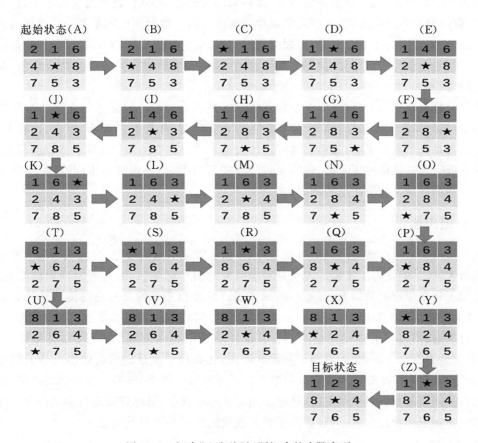

图 6-5 解决"八张牌"问题解决的步骤序列

二、问题解决的思维过程

问题解决的思维过程分为四个阶段:发现问题、明确问题、提出假设、检验假设。

(一)发现问题

问题就是矛盾。发现问题就是认识到矛盾的存在,产生解决矛盾的需要和动机。发现问题是问题解决的首要环节,只有发现问题,才能激励和推动人们投入问题解决的思维活动中。能否发现问题取决于主体的活动是否有积极性、求知欲和知识经验等。爱因斯坦曾说过,提出一个问题比解决一个问题往往更重要,因为解决问题也许是一个数字上或实验上的技能问题而已,而提出新问题、新的可能性,从新的角度看问题,却需要有创新性的想象力,而且标志着科学的真正进步。古人云"学贵多疑",只有勤于思考、善于钻研的人才能从细微平凡的事情中发现关键性问题。牛顿之所以能从人们司空见惯的"苹果落地"现象中发现万有引力定律,揭示物体之间相互吸引的客观规律,就是与他勤于思考的心理品质有关。

(二)明确问题

明确问题即理解问题,就是分析问题,抓住问题的核心与关键,透过现象看本质,把握问题的实质,使问题的症结明朗化,从而确定解决问题的方向。理解问题就是要分析问题的要求和条件,找出它们之间的联系与关系,把握问题的实质,确定解决问题的方向。同时,理解问题就是把握问题的性质和关键信息,摒弃无关因素,并在头脑中形成有关问题的初步印象,即形成问题的表征。

明确问题依赖于两个条件:一是全面系统地掌握感性材料。问题总是在具体事实中表现出来,只有当具体事实的感性材料十分丰富且符合实际时,才能通过分析、综合、比较等,使矛盾充分暴露并找出主要矛盾,这是明确问题的关键。二是已有的知识经验。知识经验越丰富,越容易分析问题并抓住主要矛盾,越容易对问题进行归类,使思考具有指向性,便于有选择地运用原有知识经验来解决当前的问题。

(三)提出假设

提出假设就是提出解决问题的可能途径、方法和策略。这些途径、方法和策略常常以假设的方式出现,经过验证逐步完善。假设是科学研究的前哨和侦察兵,是解决问题的必由之路,科学理论正是在假设的基础上,通过不断地实践而发展和完善的。假设的提出是从分析问题开始的,在分析问题的基础上,根据问题的性质、问题解决的一般规律及个人的知识经验,在头脑中进行推测、预想和推论,然后有指向、有选择地提出解决问题的途径、方法和策略(即假设)。假设是否符合实际,是否有利于问题的解决,还有待于验证。假设的提出为问题解决搭起了从已知到未知的桥梁。提出假设的数量和质量取决于两个条件:一是个体思维的灵活性;二是已有的知识经验。思维越灵活,越能多角度地分析问题,就越能提出更多的假设。与问题解决相关的知识经验越丰富,就越有利于扩大假设的数量并提高其质量。

(四)检验假设

问题解决的最后步骤是检验假设。假设是对问题解决方案的探索和设想,假设是否正确,需要借助一定的手段来检验。检验假设的方法有两种:一种是直接检验,即通过实验和实践活动来加以验证。实践是检验真理的唯一标准,这是假设检验最根本、最可靠的手段。另一种是间接检验,即根据已掌握的科学原理,利用思维活动对假设进行论证。对于那些不能立即通过实践直接检验的特殊活动中的假设,经常采用间接检验。例如,医生制订的治疗方案、军事指挥员提出的作战方案等,总是先在脑中反复推敲论证,然后再付诸实施。当然,任何假设的真与伪、对与错,最终都要接受实践标准的检验。

三、问题解决策略

心理学将问题解决过程看作是对问题空间的搜索过程。问题空间是问题解决者对问题所达到的全部认识状态。任何一个问题总要包含给定条件和目标,即包含初始状态(条件)和目标状态(目标)。问题空间是从初始状态到目标状态的认识过程。问题解决必须利用各种方法来改变问题的初始状态,经过中间状态,逐步达到目标状态。

解决问题的策略表现为对问题空间的搜索,主要有两类:算法式策略和启发式策略。

(一)算法式策略

算法式策略,又称为穷举法、枚举法,是指在问题空间中搜索所有可能的解决问题的方法,直至选择一种有效的方法解决问题。算法式策略虽然可以保证问题的解决,但需要大量的尝试。

例如,在密码箱上有3个转钮,每一转钮有0~9十个数字,现在采用算法策略,尽快找出密码并打开箱子,这时就要通过逐个转动三个数字转钮的算子,并进行随机组合尝试,直到找到密码并打开箱子为止。例如,生活中经常出现的银行卡忘记密码的情况,如果条件允许的情况下,我们可以一个个数字去尝试,尽管最终将找回正确的密码,但是费时费力。

算法式策略能保证问题得到解决,但费时费力。如果面临的问题非常复杂,利用算法策略就要进行大量尝试,由于其算子可能是不计其数的,因此用这种问题解决策略很难解决比较复杂的问题。

(二)启发式策略

启发式策略是人根据一定的经验和目标的指示,在问题空间内进行较少的搜索,使问题得以解决的一种方法。启发式策略并不能保证问题解决获得成功,但是运用这种方法解决问题比较省时、省力,效率较高。例如,阿拉丁是哪个国家的人?对于这个问题,根据直觉和经验,我们往往做出错误的判断,认为阿拉丁可能是阿拉伯人,但查阅资料之后会发现,阿拉丁这个人物其实源自名著《天方夜谭》中《阿拉伯之夜》,是一个名副其实的中国人,居住在中国西部的京城里。

常用的启发式策略有手段—目的分析策略、逆向搜索策略、选择性搜索策略、爬山策略等。

1. 手段-目的分析

手段-目的分析策略最早是由纽厄尔和西蒙(A. Newell & H. A. Simon)提出的。手段-目的分析策略指问题解决者不断将当前状态和目标状态进行比较,然后采取措施尽可能地缩小这两种状况之间的差异。当问题可分成若干个各自具有目标的更小问题时,人们常常采用手段-目的分析策略。基本步骤:比较初始状态和目标状态,提出第一个子目标;探索完成第一个子目标的方法或操作,实现子目标;继而提出新的子目标。如此循环往复,直至问题解决。但有时,人们为了达到目的,不得不暂时扩大目标状态与初始状态之间的差异,以便最终达到目标。

纽厄尔和西蒙曾以"河内塔"问题来说明这种解决问题策略的具体应用过程,有 A、B、C 三根立柱,A 柱上套有一叠按直径大小顺序排列的三个圆盘。要求设法将三个盘全部移到 C 柱上,移动时可以把盘套在 B 柱上,但必须遵守两个规则:一是每次只能移动一只圆盘,二是在任何一个柱子上都必须保持小盘放在大盘上面的顺序。

对这个问题的解决过程至少需要经过以下步骤:将 1 盘从 A 移到 C,将 2 盘从 A 移到 B,将 1 盘从 C 移到 B,将 3 盘从 A 移到 C,将 1 盘从 B 移到 A,将 2 盘从 B 移到 C,将 1 盘从 A 移到 C,其中移动一个河内塔从初始状态到目标状态的具体步骤见图 6-6 和图 6-7。

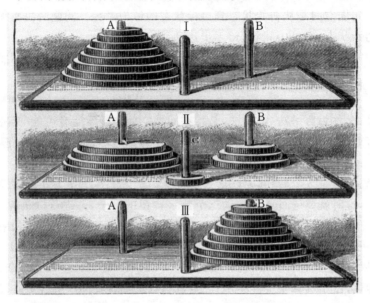

图 6-6 著名的河内塔问题解决

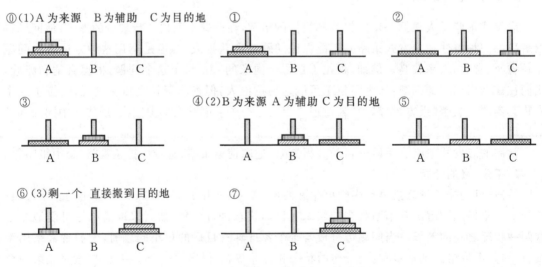

图 6-7 河内塔问题解决的具体步骤

2. 逆向搜索

逆向搜索又称为逆推法,是指从问题的目标状态出发,以此为起点逐步向回推,得出达到目标需要的条件,将这些条件与问题提供的已知条件进行比较,若吻合则推理成功,问题得到解决。例如,查看地图确定到达目的地的交通路线就经常采用逆向搜索策略,即先查目的地再逐渐逆回出发点来寻找最近路线。逆向搜索在数学证明题解答中很有效,表现为典型的反证法,如果从问题的结论能够一步步逆推至问题的条件(即初始状态),则问题得以解决。

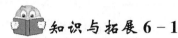

知识与拓展 6-1

生活中的逆向思考之妙

—01—

一个土豪,每次出门都担心家中被盗,想买只狼狗栓门前护院,但又不想雇人喂狗浪费银两。苦思良久后终得一法:每次出门前把 wifi 修改成无密码,然后放心出门。

每次回来都能看到十几个人捧着手机蹲在自家门口,从此无忧。

护院,未必一定要养狗。换个角度想问题,结果大不同。

—02—

一位大爷到菜市场买菜,挑了 3 个西红柿到秤盘,摊主秤了下:"一斤半 3 块 7。"大爷:"做汤不用那么多。"去掉了最大的西红柿。摊主:"一斤二两,3 块。"

正当身边人想提醒大爷注意秤时,大爷从容地掏出了七毛钱,拿起刚刚去掉的那个大的西红柿,潇洒地走开了。

换种算法,独辟蹊径,你会发现解决问题的另一个方法。

—03—

老和尚问小和尚:"如果你前进一步是死、后退一步则亡,你该怎么办?"小和尚毫不犹豫地说:"我往旁边去。"

生活中,我们特别容易陷入非 A 即 B 的思维死角,但其实,遭遇两难困境时换个角度思考,也许就会明白:路的旁边还有路。

—04—

一个鱼塘新开张,钓鱼费 100 元。

钓了一整天没钓到鱼,老板说凡是没钓到的就送一只鸡。很多人都去了,回来的时候每人拎着一只鸡,大家都很高兴! 觉得老板很够意思。后来,钓鱼场看门大爷告诉大家,老板本来就是个养鸡专业户,这鱼塘本来就没多少鱼。

巧妙的去库存,还让顾客心甘情愿买单。新时代,做营销的有效手段,必须打破传统思维。

—05—

孩子不愿意做爸爸留的课外作业,于是爸爸灵机一动说:儿子,我来做作业,你来检查如何?孩子高兴地答应了,并且把爸爸的"作业"认真地检查了一遍,还列出算式给爸爸讲解了一遍。

不过他可能怎么也不明白为什么爸爸所有作业都做错了。

巧妙转换角色,后退一步,有时候是另一种前进。

—06—

一个博士群里有人提问:一滴水从很高很高的地方自由落体下来,砸到人会不会砸伤或砸死?

群里一下就热闹起来,各种公式、各种假设、各种阻力、重力、加速度的计算,足足讨论了近一个小时。

后来,一个不小心进错群的人默默问了一句:

你们没有淋过雨吗?

人们常常容易被日常思维所禁锢,而忘却了最简单也是最直接的路。

(来源:编写组根据网络资源整理)

3. 选择性搜索

选择性搜索策略是在解决问题时,根据已知的信息和某些有关规则,选择问题解决的突破口,并从突破中获得更多信息,以便进一步搜索直到解决问题。选择性搜索在解决问题时是一种很有效的策略,因为这种方法是从已知条件中搜索出更接近问题解决答案的方法,从而消除了大量的盲目尝试。例如,"数独"游戏源于儒家典籍《易经》中的"九宫图",也称为"洛书九宫图"。而"九宫"之名也因《易经》在中华文化发展史上的重要地位而保存沿用至今。"数独"游戏需要用一种全新的思维方式来完成,整个过程简单得几乎不用打草稿,但人的大脑需要用很复杂的方式来运算数字,并且需要花几十分钟的时间来完成。

知识与拓展 6-2

解一道密码算术题

$$\begin{array}{r} DONALD \\ + GERALD \\ \hline ROBERT \end{array}$$

要求:

(1)求出字母所代表的数字;

(2)用求出的数字代替字母后,等式必须成立。

在这里,已知的信息是 D=5,运用的规则是算术加法规则,根据这两个条件,可以从 D=5 出发,进行选择性搜索,逐步寻找正确的答案。搜索步骤可以让学生思考一下。最后的结果是:

$$\begin{array}{r} 526\ 485 \\ +197\ 485 \\ \hline 723\ 970 \end{array}$$

以下就是九宫格的初级版"六宫格"游戏,要求:填入 1~6 的数字来完成,使横行、纵行六个格子中的数字均不重复。

4	6		1		
2	1		4	5	6
	3	2		4	
6	5		2		3
	2	1		6	4

(1)由第二行可以得到,第二行的数是 2、1、3、4、5、6。

(2)再看第一行,第一行有 1、4、6,由于第三纵列已经出现数字 3 和 2,因此第一行第三个数字 5 也不能和第三纵列的数字 3 和 2 重复,因此只能为 5。

(3)第一行最后一个数字,因为方框有 1、4、5、6,所以只有 2 与 3,因为竖着有 3,所以只能填写 2,所以第一行第五个数字是 3,第一行的数字是 4、6、5、1、3、2。

(4)再看第 5 行,第五个数字,因为横着有 6、5、2、3,所以只能填写 1 与 4,因为竖着有 4,所以只能填写 1,最后第五行第三个数字是 4。所以第五行的数字是 6、5、4、2、1、3。

(6)再看第六行,因为每个方框的数字都只剩下一个,所以第六行第一个数字是 3,第四个数字是 5。所以第六行的数字是 3、2、1、5、6、4。

(7)回过来看第三行,因为第四列的数字有 1、2、4、5,所以只有 3、6,因为横着已经有 3,所以只能填写 6,第四行第四列填写 3。

(8)最后只剩下第四行,由其他行列得出的数可以发现,第二、三、四、五个数分别是 4、6、3、2,所以只余下 1 和 5。若在一个空填写 1,那么这个空的横向与纵向的其他两个空都应该填写 5,对角的空填写 1,完整答案由此产生。

4	6	5	1	3	2
2	1	3	4	5	6
1	3	2	6	4	5
5	4	6	3	2	1
6	5	4	2	1	3
3	2	1	5	6	4

4. 爬山策略

爬山策略是一种类似于手段-目的分析法的解题策略。采用一定的方法逐步降低初始状态和目标状态的距离,使问题得到解决的一种方法。爬山策略与手段-目的分析策略的不同之处在于后者包括这样一种情况,即有时人们为了达到目的,不得不暂时扩大目标状态与初始状态的差异,以便最终达到目标。

爬山策略的思考过程犹如爬山,把目标设定为山顶,人不能一下子爬到山顶,而先在山下确定一个较低的目标,爬到了这个目标后,再确定比较高的一个目标,如此循环,最终达到山顶,使问题得以解决。爬山法是以一个接一个较容易达到的目标,以此来鼓励问题解决者,最后使问题得到解决。

四、影响问题解决的因素

问题解决受很多因素的影响,既有社会因素和自然因素,也有客观因素和心理因素。从心理学角度进行分析与探讨有以下影响因素。

(一)知识表征方式

知识表征是在头脑中对问题进行信息记载、理解和表达的方式。问题呈现出来的各种特点以及它们之间的关系将影响着问题解决者对问题的明确与表征。问题情境中所包含的信息太多或太少,都不利于问题的解决。问题呈现的知觉方式与人们的已有知识经验越接近,问题就越容易解决;相反,如果问题呈现的知觉方式与人们的已有知识经验相差越远,问题解决起来就越困难。例如,9 点连线图问题(见图 6-8),要求将 9 个点用不多于四条直线一笔连在一起。开始常常不能成功地解决,其原因在于9个点在知觉上构成了形状,个体总是试图在这个形状轮廓中进行连线。这说明有关知识的表征方式,阻碍了对这个看似简单问题的解决。如果在连线前告诉被试,可以突破所受知觉形状的限制,成绩就会得到很大提高。

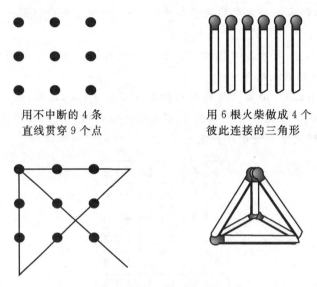

图6-8 8点连线的问题解决

(二)已有知识经验

已有知识经验的量与质都影响着问题解决。拥有某一领域的丰富的知识经验,是有效解决问题的基础,与问题解决有关的经验越多,解决该问题的可能性也就越大。但若大量的知识经验是以杂乱无章的方式储存于头脑中的,则无益于问题解决。心理学研究表明,专家和新手在解决问题效率上的差异,主要是由专家和新手在知识数量上的差异和知识组织方式上的不同造成的。

迁移是指已有的知识经验对解决新问题的影响。迁移有正迁移和负迁移之分。正迁移对解决新问题有促进作用;负迁移对解决新问题有阻碍或干扰的作用。例如,数学成绩比较好的学生,物理成绩一般也比较出色;一个说话时方言味很重的人,学习汉语拼音和国际音标时就会感到比较困难。在教学过程中,教师应充分发挥正迁移的作用,防止与避免学生在学习过程中发生负迁移。

(三)思维定势

思维定势又称为心向,是指由先前的活动形成并影响后继活动趋势的一种心理准备状态。它在思维活动中表现为一种易于以习惯的方式解决问题的倾向。思维定势是影响学习迁移的一个重要因素,而学校情境中的问题解决主要是通过迁移实现的。因此,思维定势也必然影响问题解决,它对问题解决既有积极的作用,也有消极的作用。当问题情境不变时,定势对问题的解决有积极的作用,有利于问题的解决;当问题情境发生了变化时,定势对问题的解决有消极影响,不利于问题的解决。

从生理机制上分析,定势是多次以某种方式解决问题后形成的动力定型的结果,它影响着解决后继问题的态势。陆钦斯(Luchins,1942)在一个实验中,要求被试用大小不同的容器量出一定量的水,用数字进行计算(见图6-9)。

图6-9 陆钦斯的量水实验

实验分两组,实验组从第1题做到第8题,控制组只做6、7、8三题。具体过程见表6-1。结果实验组在解1～8题时,大多用B－A－2C的方法进行试算、称为间接法;而控制组在解7、8题时采用了简便的计算公式:A－C或A+C,称为直接法。

表6-1 陆钦斯的量杯实验计算

问题	A	B	C	要量的水	方　　法
1	29	3		20	A－3B
2	21	127	3	100	B－A－2C
3	14	163	25	99	B－A－2C
4	18	43	10	5	B－A－2C
5	9	42	6	21	B－A－2C
6	20	59	4	31	B－A－2C
7	23	49	3	20	B－A－2C,A－C
8	15	39	3	18	B－A－2C,A+C
9	28	76	3	25	A－C
10	18	48	4	22	B－A－2C,A+C
11	14	36	8	6	B－A－2C,A－C

实验结果表明,实验组在做7、8题时,大多受到了前面解题的定势的影响,只有19%的人没有受到影响。由此可见,定势对问题解决的影响有积极的,也有消极的。具体表现为:当面对相似或相同问题时,定势有助于个体对问题的适应而提高反应与解题的速度,但对变化了的情境或问题,思维定势常具有消极作用,会阻碍人产生更合理与有效的思路,从而影响解决问题的速度和效率。如数学教师在课堂上讲了一种例题的解题方法,学生对与例题类似的练习做起来很容易,而对完成与该例题差别较大的习题就会感到困难。

(四)功能固着

功能固着也可以看作是一种定势,即从物体的正常功能的角度来考虑问题的定势。也就是说,当个人熟悉了某种物体的常用的或典型的功能时,就很难看出该物体所具有的其他潜在的功能。如看到了杯子是"容器"这一功能时,而忽视了它还可以作为"礼品"的功能。而且最初看到的功能越重要,就越难看出其他的功能。当在某种情形下需要利用某一物体的潜在功能来解决问题时,功能固着可能会起阻碍的作用。

德国心理学家杜克尔(Duncker,1954)曾做过实验来说明功能固着的现象。他将两支蜡烛、五颗图钉、一根线条和一盒火柴放在桌子上,要求被试将蜡烛固定在墙壁上,并要求当蜡烛燃烧时,烛油不能滴在地板上或桌子上(见图 6-10)。结果发现,许多被试在规定时间内不能解决这个问题,他们想不到利用装图钉的盒子作为蜡烛的支持物,而只把它的功能归为盛放图钉。后来进一步的研究发现,如果盒内装着图钉,20 分钟内正确解决问题的被试仅有 42%,而让盒子空着,正确解决问题的被试则高达 86%。这说明功能固着对前一种情况下被试的思维具有更大的干扰作用。

图 6-10 功能固着实验材料

(五)原型启发和酝酿效应

原型启发是指从其他事物或现象中获得的信息对解决当前问题的启发,其中具有启发作用的事物或现象叫作原型。例如,鲁班被带齿的茅草(原型)划破了手而发明了锯子;瓦特看到水开时蒸汽把壶盖顶起来,受到启发发明了蒸汽机;人们通过对蝙蝠超声波定位的仿效,制造出雷达。此外,橡胶制造商受面包放入发酵剂产生多孔、松软的启发,从而制造了泡沫橡胶。这些都体现了原型启发的心理机制,通过联想可以从原型中找到解决问题的新方法。

原型对问题解决能否起到启发作用,一是看原型与要解决的问题是否具有特征或属性上的联系或相似性。相似性越强,启发作用越大;二是看个体是否处于积极的思维活动状态中。若个体不能积极主动地进行联想、想象和类比推理,即使事物之间存在着很大相似性,也难以受到启发。

酝酿效应是指当一个人长期致力于某一问题的解决而又百思不得其解的时候,如果他暂时停下对这个问题的思考而去做别的事情,几个小时、几天或几周之后,他可能会忽然想到解决的办法。

(六)动机强度

人们对活动的态度、社会责任感、认识兴趣等,都可以成为发现问题的动机,从而影响到问题解决的效果。研究表明,在一定限度内,动机水平与解决问题效率之间的关系呈倒"U"字曲线。太低或太高的动机激活水平均不利于问题解决,只有适宜的动机强度,即中等强度的动机水平,才能保持振奋而又镇静的心理状态,提高问题解决的效率。在解决问题过程中,动机强度太弱,人的生理和心理潜能很难发挥,解决问题效率很低。随着动机强度的增强,个体心理激活水平提高,思维活动的效率就会逐渐提高。但如果动机超过适宜强度,人就容易出现情绪紧张,导致思维紊乱、失误增多,反而会降低解决问题的效率。

耶克斯-多德森定律(见图6-11)表明了问题解决效率与动机水平之间的曲线关系,即问题解决的效率受到问题难易和个体情绪状态的影响:在解决困难问题时,操作绩效的最佳状态是处于较低的唤醒水平,而在解决比较简单的问题时,操作绩效的最佳状态是较高的唤醒水平。

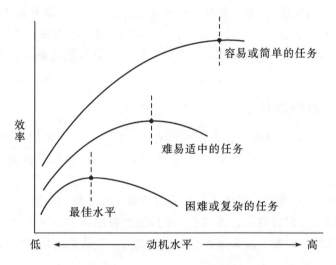

图6-11　耶克斯-多德森动机水平和问题解决效率关系

(七)情绪状态和个性特征

情绪状态对解决问题具有一定的影响。紧张、惶恐、烦躁、压抑等消极情绪会阻碍问题解决的效率,而乐观、镇静、愉悦、轻松的情绪有助于激发人的潜能,使智力活动处于积极、敏锐、灵活的状态,导致问题顺利解决。

能否顺利地解决问题与一个人的个性特征有着密切关系。心理学的研究表明,具有远大理想、意志坚强、勇于进取、富于自信、有创新意识、人际关系良好、果断、勤奋等个性特征的人,常常能克服各种内外困难,善于迅速而有效地解决问题。而意志薄弱畏缩、懒惰拘谨、自负自卑人际关系不良等个性,往往会干扰问题的解决。此外,一个人的智力水平、气质类型等也会在一定程度上影响解决问题的效率和方式。

第三节　创造性思维

帕乌斯托夫斯基曾说过,异想天开给生活增加了一分不平凡的色彩,这是每一个青年和善感的人所必需的一种能力。创造性思维是人类思维能力的最高体现,如果说思维是美丽的花朵的话,那么,创造性思维必然是其中最璀璨的一枝。

一、创造性思维及其特征

(一)创造性思维概念

创造性思维又称为创造力,是一种具有开创意义的思维活动,即开拓人类认识新领域、开创人类认识新成果的思维活动。创造力是指产生新思想,发现和创造新事物的能力,是成功地完成某种创造性活动所必需的心理品质,由知识、智力、能力及优良的个性品质等复杂多因素综合优化构成。

(二)创造性思维的特征

创造性思维主要是发散思维和辐合思维的统一。对于学习中的某个问题,我们首先需要进行思维的发散,设想种种可能的方案;然后进行排除或者优化(即辐合思维),通过分析比较综合,确定一种最佳方案。

发散思维是创造性思维的主要特征。发散思维即求异思维,是指大脑在思维时呈现的一种扩散状态的思维模式,它表现为思维视野广阔,思维呈现出多维发散状,可以通过"一题多解""一事多写""一物多用"等方式来培养发散思维能力。发散思维的主要特征包括流畅性、变通性和独特性三种。

(1)流畅性。这是发散思维的速度和数量特征,是指面对问题情境时,在规定的时间内产生不同答案数量的多少。对同一问题想到的可能答案越多,流畅性越高,反之则表明流畅性越低。

(2)变通性。变通性即灵活性,是克服人们头脑中某种自己设置的僵化的思维框架,按照某一新的方向来思索问题的过程。变通性表现出极其丰富的多样性和多面性,面对问题情境时,不墨守成规,能随机应变,触类旁通。对问题的思考,想出不同类型的答案越多,变通性越高。

(3)独特性。独特性也叫作独创性,是在流畅性和变通性的基础上形成的最高层次的发散思维能力,指个人在面对问题情境时,能产生不同常规的解决方法。对同一问题,有效解决问题的方法越新奇独特,其独创性越高。

例如,让学生说出"面粉"都有哪些用途,学生可能回答:做面包、馒头、包子、馄饨皮,做糨糊,当武器,清洗餐具,清洗葡萄,作画写字,磨粉当颜料……在有限的时间内,提供的数量越多,说明思维的流畅性越好;能说出不同种类的用途,说明变通性好;说出的用途是别人忽略的、新异的,说明具有独特性。发散思维的三个特点有助于消除思维定势和功能固着等消极影响,顺利有效地解决问题。

二、创造性思维的基本过程

创造性思维的过程极为复杂,英国心理学家约瑟夫·华莱士(J. Wallas)1926年出版了《思想的艺术》,他在该书中通过对许多创造发明家自述经验的研究,提出了"创造性思维四阶段论"。把创造性思维过程分为准备阶段、酝酿阶段、启发阶段和检验阶段。

(一)准备阶段

准备阶段是提出课题、搜集各种材料、进行思考的过程,也是有意识地努力的时期。要想从事创造活动,首先要提出有价值的问题,这些问题决定着思维的方向。因此,提出有意义、有价值的问题成为这个阶段的重要一环。接着,学习者有意识地收集资料挑选信息,进行一些初步的反复试验,通过反复思考和尝试来努力解决问题。

(二)酝酿阶段

酝酿阶段也叫作孕育期,是在已有知识经验的基础上,大脑对问题进行周密细致的探索和思考,力图找到解决问题的途径和方法。日本创造心理学家高桥浩谈到这个阶段的特点时说:"创造性思维也和造酒一样,需要有个酝酿期。在第一阶段中,经有意识的努力而得到的东西大都是勉勉强强、比常识稍胜一筹的东西,不能有大作用。到了下一步的酝酿期,和酿造名酒一样,新的思想方案才逐渐成熟起来。普通一般的人不能忍耐这个酝酿期,也没想到有经历这一个时期的必要,因而老是在第一阶段里徘徊。"这个阶段似乎并没有明显的活动,但实际上潜意识思索并未停止,正在搜集灵感和可能的解决方法,有时会在一些其他活动中受到启发,使问题得到创造性解决。

(三)启发阶段

启发阶段又称为顿悟期或灵感期。在启发阶段,具有创造性思维能力的人容易出现灵感,而且带有很强的爆发性和突然性,犹如电光石火,稍纵即逝。这种灵感引发的顿悟一出现,就十分不同于别的许多经验,它是突然的、完整的、强烈的,以致会脱口喊出:"正是这样的!""哈!没错儿!"华莱士把这种经验称为"尤瑞卡经验"。如阿基米德终于找到了希腊王向他提出的检验王冠含金量问题的解答时,从浴盆里跳出来,狂喜地在大街上边跑边喊,向世界大声宣告:"我已经找到它了!我已经找到它了!"

(四)检验阶段

验证阶段是对新观念进行验证、补充和修正,使其趋于完善的阶段,也是对整个创造过程进行反思的过程。并非所有的问题解决都会以这种突然的强烈的经验而告终,这种经验也可能是和问题的错误解决伴随产生。所以,这种灵感的成果还必须经历一个仔细琢磨、具体加工和验证的过程。这是对整个创造过程的反思,经过理论和实践的多次反复论证和修改,无数次地完善和优化,使创造性活动获得圆满的结果。

三、创造性思维的培养

安东尼·罗宾斯(Anthony Robbins)曾说过,想象力能带领我们超越以往范围的把握和视野。创造是人类社会进步的阶梯,是民族发展的灵魂。创造性思维在人类的创造性活动中起着至关重要的作用,培养大批具有创新意识和创造能力的人才,是时代的需求,"为创造性而教"已成为当前教育界的共识。那么,如何培养学生的创造性思维呢?

(一)创设有利于创新思维产生的教学环境

1. 让学生感到心理安全和自由

教师应给学生提供宽松的教学环境,让学生感受到"心理安全"和"心理自由"。问题是思维的起点,富有吸引力的提问能诱发学生积极思维,通过循序渐进的引导和启发使学生开阔思路。教师在教学工作中,应注重启发学生独立思考,寻求正确答案;要鼓励学生小组合作,自由讨论;要指导学生掌握发现问题、分析问题和解决问题的科学思维方法。只有这样,才能够真正激发学生学习的积极性和主动性,提高学生的创造力。

2. 引导学生积极思考发现问题

学起于思,思源于疑,疑则诱发探索,从而发现真理,科学发明与创造也正是从质疑开始的。引导学生在观察、猜想、判断中深化思维,探索知识的内外联系,可以培养思维的广阔性和变通性,质疑是培养学生创造性思维的主要途径。在教学中,要鼓励学生大胆猜想,敢于提出与众不同的问题,发表独特见解,有的学生提出的典型问题,起到了"一石激起千层浪"的作用。

3. 容忍学生问题解决过程中的错误

在课堂教学中,学生出现错误在所难免。作为教师要试着宽容学生,允许学生犯错,善待学生的错误,小心地呵护学生对这门课程的情感,真诚地帮助学生建立自信。课堂教学本身就是丰富多彩的,"偏差""失误"也必然是其中不可或缺的一部分,面对学生错误的解答,不应该以教师的权威立即下结论,或者采取回避的态度,或者毫不客气地对学生进行训斥,而是应该给予宽容与鼓励,当学生出现差错而陷入尴尬境地时,教师应该及时制止其他学生的取笑,引导学生分析错误的原因,为所有学生提供一个深入思考、纠正错误的台阶。

4. 教学中鼓励一题多解、一题多变深化思维发散

在问题解决的过程中,启发学生从不同途径用多种方法从多角度去思考问题,使思维呈"礼花状"散开,从不同的认识层次寻求多种解法,"一题多解"式的训练能开拓学生思路,培养思维的广度与深度。适当变换题目的条件或问题,使一题变成多题,能沟通知识间的联系,达到举一反三、触类旁通的目的,"一题多变"式的训练促进学生思维的灵活性。这些教学中的训练可以引导学生在观察、猜想、判断中深化思维,探索知识的内外联系,培养思维的广阔性和变通性。

(二)教育活动中重视创造性思维的训练

1. 发散思维训练

创造性思维的核心是发散思维,发散思维的训练应从思维的流畅性、变通性、独特性三个方面着手,鼓励学生畅所欲言,对同一问题提供多种不同的解答方法,尊重学生与众不同的疑问。训练发散思维的方法有多种,如用途扩散、结构扩散、方法扩散与形态扩散等。用途扩散即让学生以某个物体的用途为扩散点,尽可能多地想出它的用途。结构扩散即以某种事物的结构为扩散点,设想出利用该结构的不同可能性。方法扩散即以解决某问题或制造某物品的方法为扩散点,设想出利用该种方法的各种可能性。形态扩散即以事物的形态(颜色、味道、形状等)为扩散点,设想出利用某种形态的各种可能性。

2. 推测与假设训练

这种训练的目的是发展学生的想象力和对事物发展变化的推测与假设,并促使学生深入思考,灵活应对。在教学中,教师要根据学生的认知发展特点,引导学生开动脑筋,鼓励学生勤于观察,让学生进行各种假设与想象,允许学生提出各种"异议",启发学生进行多向猜测、多向思考。如南加利福尼亚大学的心理学教授吉尔福德认为,可以通过推断结果来评价个体的创新意识:要求被试列举某个假设事件所有可能的不同结果。如:"假如地球的引力少了一半将会发生什么事情?"答案可能有:相同的飞机能够载有更多的客人,月球会距离地球更远,跳高的世界纪录将会翻倍……通过鼓励学生思考表达各种不同的答案,可以提高学生的创造力发展水平。

3. 头脑风暴法

头脑风暴法(Brain Storming),是由美国 BBDO 广告公司的奥斯本于 1939 年首创的一种培养创造力的方法。该方法主要由工作小组人员在正常融洽和不受任何限制的气氛中以会议形式进行讨论座谈,积极思考畅所欲言,集思广益充分发表看法。头脑风暴的过程中应遵循四条基本原则:一是让参与者畅所欲言,对所提出的方案暂不做评价或判断;二是鼓励标新立异、与众不同的观点;三是以获得方案的数量而非质量为目的,即鼓励多种想法,多多益善;四是鼓励提出改进意见或补充意见。例如,教师可以通过头脑风暴的方式,引导学生从优势(Superiority)、劣势(Weakness)、机会(Opportunity)、挑战(Challenge)、潜能(Proficiency)对自我进行分析(见图 6-12)。

(三)塑造有助于创造力个性产生的环境

1. 提高学生的求知欲

好奇心是人对新异事物产生诧异并进行探究的一种心理倾向。求知欲又称为学习兴趣,它是好奇心的升华,是人渴望获得知识的一种心理状态。学生的求知欲是学习的动力源泉,教师需要积极引导学生的求知欲,赞赏、鼓励、呵护学生的求知欲和好奇心,尊重每个学生不同的知识经验基础,并随时调整自己的教学方法,适应并更好激发学生的求知欲。中小学新课改指出,学生是学习的主人,是学习的主体。让学生最大程度提升学习兴趣,在课堂中加入与教师和其他同学的互动中来,充分挖掘自己的学习潜能。

2. 鼓励独立性与创新精神

教学中应该树立良好的教育观念,培养学生广开思路,遇到问题从多个角度来思考的习惯,以提高学生的创造力,鼓励通过小组合作探究和同桌交流等多种互动方式,培养学生独立的、灵活的、容纳性的人格品质,以提高学生的独立精神和创造力思维。教学中教师应重视学生思考后与众不同的解答,并尽量采取多种形式支持学生理解问题,对于常见问题的解答能提出新颖独特的方案,教师应给予鼓励和认可。

3. 重视学生直觉思维的训练

直觉思维也称为非逻辑思维,是一种没有完整的分析过程与逻辑程序,依靠灵感或顿悟迅速理解并做出判断和结论的思维。这是一种直接的领悟性的思维,具有直接性、敏捷性、简缩性、跳跃性等特点,可以认为它是逻辑思维的凝聚或简缩。如美籍华裔物理学家丁肇中在谈到"J"粒子的发现时写道:"1972 年,我感到很可能存在许多有光的而又比较重的粒子,然而理论上并没有预言这些粒子的存在。我直观上感到没有理由认为这种较重的发光的粒子(简称重光子)也一定比质子轻。"这就是直觉。正是在这种直觉的驱使下丁肇中决定研究重光子,终于发现了"J"粒子,并因此获得诺贝尔物理学奖。教师要鼓励学生对问题进行大胆的推测、应急

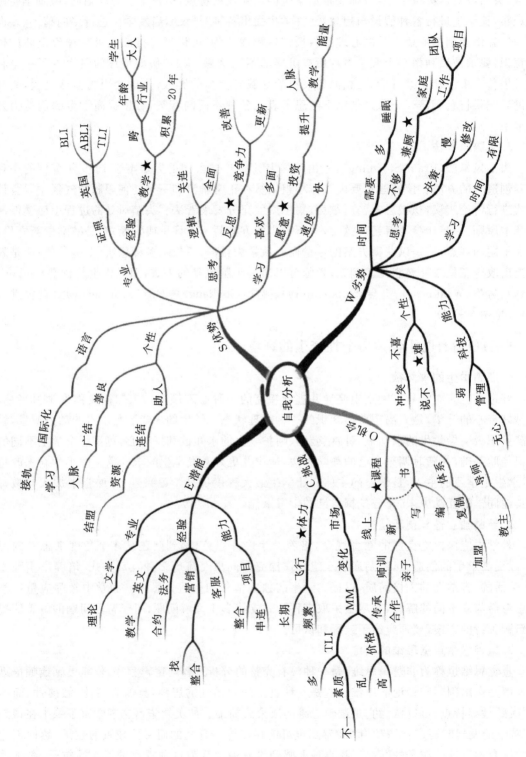

图 6-12 自我分析的头脑风暴

性回答或提出各种观念,以培养学生敢于猜想的习惯,使学生有更多的机会获得新观念。

4. 引导学生学习创新人物的典型

通过引导学生阅读文学家、艺术家或科学家传记,或带领学生参观各类创造性展览科学博物馆、与有创造性的人直接交流等,使学生领略到创造者对人类的贡献。如世界著名的诺贝尔奖获得者居里夫人,其工作条件非常艰苦,实验设备相当简陋,并且常常在野外工作,失败就是"家常饭",然而正是由于这些失败,才使居里夫人最终从一吨沥青和无数的砂子、泥土中,提炼出了珍贵的一克镭。居里夫人的一生中共得过包括诺贝尔奖等在内的10种著名奖金,得到国际高级学术机构颁发的奖章16枚,但是她一如既往地那样谦虚谨慎。伟大的科学家阿尔伯特·爱因斯坦评价说:"在我认识的所有著名人物里面,居里夫人是唯一不为盛名所颠倒的人!"

上述方法是实际中常用的典型方法,它们彼此之间有一定的交叉,教师可以根据学生的实际情况选择恰当的训练方式。但应该注意到,虽然培养创造力的方法是多种多样的,但并不存在捷径或"点金术"。创造力的产生是知识、技能、策略、动机等多方面综合发展的结果。虽然各种直接的、专门的创造力训练是有效、可行的,但不应取代或脱离课堂教学。许多研究证明,综合各个学科特点进行创造性思维训练,既可以发挥教师的创造力,也可以有效地提高学生的创造力;排斥或脱离学科而孤立地训练创造力,这实际上是舍本逐末的做法,也不可能真正提高学生的创造力。

第四节 想象

著名的科学家爱因斯坦曾说,想象力比知识更重要,因为知识是有限的,而想象力概括着世界上的一切,推动着社会的每一次进步,并且是知识进步的源泉。

一、想象的涵义

(一)什么是想象

想象是人对头脑中已有的表象进行加工改造,创造出新形象的思维过程。

想象最突出的特征是形象性和新颖性。形象性是指想象处理的主要是直观生动的图形信息,而不是词和符号;新颖性是指想象产生的新形象不同于个体亲身感知过的、简单再现于头脑中的记忆表象,它可以是个体从未亲身经历过、现实中尚未存在或者根本不可能存在的事物的形象。例如,在现代作家余华看来,人类对于天空的想象由来已久,而且生生不息。哪怕是天空无边无际的广阔和深远,都让人们无限遐想;湛蓝的晴天、灰暗的阴天、霞光照耀的天空、满天星辰的天空、云彩飘浮的天空、雨雪纷飞的天空……这些都是人脑对原有表象加工改造而创造出新形象的结果,具有鲜明的新颖性。

想象的形象新颖、离奇,但是它同其他心理活动一样,都不是凭空产生的,其构成新形象的原型大多数来源于客观现实。例如,在《西游记》里,孙悟空和二郎神大战时不断变换自己的形象,而且都有一个动作——身体摇晃一下,就变成了动物。这个动作十分重要,既表达了变的过程,也表达了变的合理。晋代干宝所著《搜神记》中的神仙在下雨的时候,从天上下来,刮风的时候,又从地上回到天上。利用下雨和刮风这两个自然界的景象来表达神仙的上天下地,既有了现实生活的依据,也有了神仙出入时有别于世上常人的潇洒和气势。正如《红楼梦》里薛宝钗所云:"好风凭借力,送我上青云。"正是这些为我们所熟悉的自然景象,让神仙无论是借风上天,还是变成风消失,都获得了文学意义上的合法性。这些看似随意的描写,实际却十分重要,显示了叙述者在其想象力飞翔的时候,仍然不失对现实生活的明察秋毫。由此可见,想象也是对客观现实的反映,已有表象是形成想象的基础。

(二)想象的功能

想象具有预见功能、补充功能和代替功能。

1. 预见功能

想象的预见功能是指想象能对客观现实进行超前的反映,以形象的形式实现对客观事物的超前认知。人类进行实践活动,总是先在头脑中形成未来活动期望的结果,并以此为基础来规划和调节自己的活动,实现预定的目的和计划。作家进行文字创作,设计师进行工程设计,都是想象预见功能的体现,"未雨先绸""居安思危"等都是想象在生活中预见功能的表现。

2. 补充功能

想象的补充功能是指弥补人的认知活动在时间与空间上的局限与不足。生活中,我们常会遇到无法直接感知的事物,如古代书生的学习情景,宇宙之外星球运转的状况等,这些在空间和时间上比较遥远的事物,难以直接感知,此时可以借助想象的补充功能,实现对客观世界更充分、更全面以及更深刻的认识。

3. 代替功能

想象的代替功能是指当某些需要和活动不能实际得到满足时,可以通过想象,从心理上得到某种替代与满足。例如,儿童梦想成为一名飞行员,但是由于能力有限暂时不能实现,于是在角色扮演的游戏中,拿着一架仿真飞机在空中飞舞起来,以此满足自己成为飞行员的愿望。很多戏剧的表演中,常常通过布景和实物以及演员形象化的动作来唤起观众的想象和情感上的共鸣,日常生活中,人们通过想象来缓解心中的压力或寄托某种期望,由此可见,生活因为梦想而升华,因为梦想而变得更加完美。

二、想象的种类

按照想象活动是否具有目的性,想象可以分为无意想象和有意想象。

(一)无意想象

无意想象也称为不随意想象,是没有预定目的,在一定刺激的影响下,不由自主地引起的想象。例如,抬头看见天上的白云或远处的山石,可能想象为各种奔驰的野兽,或卧着小憩的书生,但这些都是无意想象的具体表现。

梦是在睡眠状态下产生的一种正常的心理现象是无意想象的极端表现。例如,梦是在睡眠状态下产生的正常心理现象,是无意想象的特殊形式。王符曾说过,"夫奇异之梦,多有收而少无为者矣。"无论梦境多么离奇古怪、荒诞绝伦,梦仍是人脑对过去经验和信息的组合,是对个体生存状态的反映,梦境总是有原因可循的。有些学者认为梦境能诱发创造想象,是让人产生创造灵感的机遇,促进发明创造活动的进行。精神分析学派则认为通过对梦的分析,可以了解在现实生活中被压抑的愿望或欲求,使其得以象征性的满足。

(二)有意想象

有意想象也称为随意想象,是有预定目的、自觉进行的想象。有意想象是一种富于主动性、有一定程度自觉性和计划性的想象。科学家在研究过程中提出的各种理论假设,文学艺术家在脑中构思的人物形象,工程师对建筑物的蓝图设计等,都是有意想象的结晶。因此有意想象具有一定的预见性和方向性,它在人的想象过程中调节与控制着想象活动的方向和内容。有意想象在人类认识世界和改造世界的活动中具有极其重要的意义。

对于有意想象,根据它的新形象的新颖性、独特性和创造性的不同,又可分为再造想象和创造想象。幻想是创造想象的一种特殊形式。

1. 再造想象

再造想象是指根据言语的描述、图形或符号的示意,在人脑中产生的有关事物新形象的过程。例如,桥梁设计师总是根据反复修改好的建筑蓝图想象出桥梁竣工之后的形象;没有领略过北国冬日的人们,通过诵读某些描写北国冬日风光的文章,可在脑海中形成白雪皑皑、泼水成冰的美妙风景。阅读的经历告诉我们,无论是神话和传说的叙述,还是超现实和荒诞的叙述,文学的想象在叙述世间万物变化时留出来的差异,经常是故事的重要线索,在这个差异里诞生出下一个引人入胜的情节,而且这下一个情节仍然会留出差异的空间,继续去诞生新的隐藏着差异的情节,直到故事结尾的来临。

2. 创造想象

创造想象是不依据现成描述而独立地创造出新形象的过程。在创造新产品、文学新作品时,头脑中所构成的新事物的形象都是创造想象的表现。设计师在脑中构思新型宇宙飞船的形象,作家在脑中塑造新人物的形象,都属于创造性想象。

创造想象是一种比再造想象更复杂的智力活动,它的产生依赖于社会实践的需要、个体强烈的创造欲望、丰富的表象储备、高水平的表象改造能力以及思维的积极性等主客观条件。

3. 幻想

幻想是指向未来并与个人愿望相联系的想象,是创造想象的特殊形式。幻想的形象往往是个人所追求、向往与憧憬的事物,同时,幻想不一定产生现实的创造性成果,仅是未来创造活动的前奏和准备。例如,"黄粱一梦"的典故出自唐代作家沈既济的传奇小说《枕中记》。卢生在邯郸客店中昼寝入梦,历尽富贵繁华。梦醒,店主所准备的黄粱饭尚未熟,后来用此典故比喻虚幻的事情和美妙欲望的破灭。

根据幻想的社会价值和有无实现的可能性,可以把幻想分为理想和空想。理想指符合事物发展规律、有实现可能的积极幻想。理想能使人展望将来发展的美好前景,激发人的信心和斗志,鼓舞人顽强地去克服内外困难。例如,科比(Kobe Bryant)堪称 NBA 最勤奋的球员,他的人生信条就是:篮球就是生命。科比的天赋也许不是联盟中顶级的,但科比正是通过不断的练习,将自己训练成一部篮球机器,不断学习和完善自己的篮球技巧,终于修炼成一代篮球大神。

空想是与客观事实相违背的消极幻想。空想是一种无益的想象,它常使人脱离现实,想入非非,逃避艰苦的劳动,以无益的想象代替实际行动。所以,在教育教学过程中,教师要教育学生从小树立远大的理想和抱负,培养克服困难、坚持到底的意志力,以实现自己所追求的理想和目标。

复习与思考

(一)选择题

1. 小学生通过认识乌鸦、麻雀、燕子等,概括出"鸟"的本质特征,这一思维形式是( )。
   A. 推理　　　　　B. 判断　　　　　C. 综合　　　　　D. 概念
2. 鲁班由"茅草划破手"这一现象引发思考,发明了锯子。这种创造活动的心理机制属于( )。
   A. 思维定势　　　B. 功能固着　　　C. 负向迁移　　　D. 原型启发
3. 张老师在组织学生思考和讨论时,常常激励学生尽量列举所有可能的想法。这种思维训练的方法是( )。
   A. 分合法　　　　B. 清单法　　　　C. 试误法　　　　D. 头脑风暴法
4. 教师可以通过观察学生的言行举止来了解学生的内心世界,这说明思维具有( )。
   A. 间接性　　　　B. 概括性　　　　C. 理解性　　　　D. 整体性
5. 威威同学在回答问题时候能够触类旁通,不墨守成规,说明其思维具有( )。
   A. 广阔性　　　　B. 流畅性　　　　C. 变通性　　　　D. 独创性

(二)简答题

1. 什么是思维?思维与感觉、知觉有哪些区别和联系?
2. 简述思维的基本特征。
3. 简述思维过程中问题解决的影响因素。
4. 教师应该怎样培养学生的创造性思维?

(三)材料题

材料:在课堂上,教师让学生列举砖头的用途时,学生小方的回答是:"造房子、造仓库、造学校、铺路。"学生小明的回答是:"盖房子、建花坛、打狗、敲钉。"

问题:请问小方和小明的回答如何?你更欣赏哪种回答?请根据思维的原理分析原因。

第七章

言 语

学习目标

1. 了解语言和言语的概念和种类,理解语言和言语的功能与特征,了解语言的产生与发展,对言语的感知与理解进行解析。
2. 通过讲授和自学探究相结合,培养学生对言语的种类、特征及发展做深入的理解。
3. 引导学生通过言语的心理机制,理解言语发展对个人成长的重要意义。

高尔基说,作为一种感人的力量,语言的美产生于言辞的准确、明晰和动听。而在歌德眼里,并非语言本身有多么正确、有力,或者优美,而在于它所体现出来的思想的力量。本章对语言和言语的特点进行介绍,分析了语言的产生与发展,对言语的感知与理解进行解析。

第一节 语言与言语的概述

有人说,语言是治愈烦恼的医生,古代贤人就把语言称之为"妙药",因为唯有它才具有治愈灵魂不可思议的力量。语言是一种社会现象,在人类文明和个体智慧的发展中起着重要的作用。现实生活中,人类心理和行为中的认知活动要借助语言进行,如感知觉、记忆、思维、想象等都要依靠人的语言才能表达出来,让他人知晓。同时,人们还要用语言来进行人际交往,如提问、置疑、阐述个人观点等,如果没有语言,人们就不可能有复杂的思维和推理过程。

一、语言和言语

(一)什么是语言

语言是人类拥有的一种非常神奇的能力,它能使人们相互交流思想、抒发情感;能够使我们更好地保存和学习前人积累的历史文化精华,能够使我们分享丰富多彩的人类科学文化知识,进而创造更多有价值的事物。

语言是人们表达思想、感情和进行交际的重要工具,也是人类进行思维活动的武器,是一种社会现象,语言是以词为基本单位、以语法为构造规则的符号系统。词是一种符号,标志着一定的事物,词按照一定的语法规则结合在一起,构成短语和句子,为人类提供了最重要、最有效的交际工具。

中华上下五千年最有魅力的语言文化就反映在我们流传的方言中。泱泱中华,地域广阔,其现代汉语各方言之间的差异表现在语音、词汇、语法各个方面,语音方面尤为突出。中华民族的现代汉语可以分为七大方言区:北方方言、吴方言、闽方言、粤方言、客家方言、赣方言、湘方言。有些方言的确是很难听明白意思,人们在沟通的时候可能会出现来自同一个省却"鸡同鸭讲"的情况,这么独特的文化,也是中国文化博大精深的体现。

 知识与拓展7-1

方言之美　心神皆醉

曾迷醉于南方的细雨里,源自戴望舒的《雨巷》;曾痴迷北国风光的雪景,只因一曲《沁园春·雪》;曾向往桂林天下的山水,只为初见的那一个人……

然,早已跌入方言的怀抱,对其欣欣然,向往矣。

初入世,除却自己婴孩般的哭喊声,便是父母那一声声蜀地言语,鱼贯入耳,虽不解其意,却破除了对整个世界的恐惧,第一次找寻到世界上独属的安全感。而后呀,便伴随着童年的记忆,咿呀学语中,融入生命的骨血,变成了孩童时的自己。

初入学,带着满眼的好奇,睁着大大的眼睛,周围的环境都无比陌生,接连着,语调都是陌生的,当这奇怪的言语串联了一曲美妙的音调,竟让瘪着嘴的嘴角,挂起了弯弯的月亮,不知名的幸福感油然而生。

初见A、B、C,再将它们一一排列在那一张张纸上,不觉有趣,也不觉枯燥,仅仅,任务而已。可那一天,只一首诗,便让这感觉天翻地覆,从此一发不可收拾,爱上它的发音,爱上它的写法,爱上它从过去、到现在、再到将来的各种变化,爱上它只一词便可将情感推向两个极端的各种意义,至今。

初闻沪语,听一七旬老婆婆向我问话,实在难为我,一个十二蜀地丫头,如何懂得。这次却不知从何处生出的兴趣,硬生生要去学这佶屈聱牙之语,不求可言说,但望能听懂,这便仿佛是一门真正异国之语,情景剧解了燃眉之急,便也慢慢懂得,后又有小曲,更是欢喜。

若走遍中国各地,见见各种笑容,听听各地乡音……

我知,风自天上而来,吹向南北东西,携着各种文化的言语,吹进耳里,深入心底。

(来源:节选自《方言之美,心神皆醉》[EB/OL].短文学:短篇原创文学.https://www.duanwenxue.com/article/4806673.html)

(二)什么是言语

言语是个体运用语言工具进行思考和社会交往的行为过程。通过言语活动,可以理解对方语言和利用语言表达的思想和感情。人们之间日常的交谈、演讲、指示、写文章等,都属于言语活动,这个过程既包括说话、书写等表达的外部过程,也包括倾听、阅读等感受和理解的内部过程,因此,言语过程实质上是一种心理活动,它伴随着人类第二信号系统的形成而产生与发展。

(三)语言和言语的区别与联系

1. 语言是社会现象,言语是人的心理现象

语言是个体运用语言符号进行的交际活动,使用社会上约定俗成的语法规则,用词语来表达意义,因此具有社会性。而言语属于心理现象,是个体运用语言材料(词)和语言规则(语法)进行思维和人际交往的心理过程。因此,言语是人脑的机能,只有在大脑皮层上形成词与词之间的神经联系,即在第二信号系统的条件下,才能进行言语活动。语言与社会发展共存亡,言语则与个体的生命相依存。如果一个人的生命消逝,就意味着失去了生前进行言语活动时使用那种语言的能力。

2. 语言是交际的工具,言语是交际的过程

语言对社会成员来说是共同的沟通工具,同一民族不同成员可使用同一种语言作为交流的工具,进行不同方式的言语活动,交流不同的思想与感情。同一个含义的观点可以用不同的形式来表达;文字一样的两句话,由于表达时的语气语调不同,可以达到完全不同的表达效果。

3. 语言和言语相互联系、密不可分

一方面,语言的形成和发展虽然是在人类演化过程中逐渐实现与完善,但它不能脱离人的具体言语交流活动,并且只有通过人的言语活动,才能发挥它的交际工具的作用。如果某种语言不再被人们用于交际,它必将从社会中消失。另一方面,言语活动受到个人对语言掌握程度的制约,言语活动必须依靠语言材料和语言规则进行,个人言语能力的强弱,与其对语言掌握的熟练程度有直接关系,因此,言语活动离不开语言。

二、言语的功能与特征

(一)言语的功能

1. 交流功能

言语的交流功能体现在人与人之间可以通过言语活动传递信息、沟通感情、交流思想、表达意愿。由于言语具有交际功能,人类才能传承前人的文明产物,相互传递知识与经验,使人类智慧和历史经验在历史长河中不断地丰富和发展。此外,语言交流发生在人与人之间,一个人说话的内容常常受到别人的影响,与个体生存和发展的具体条件密切相关。

2. 符号功能

言语的符号功能是指在言语活动中,言语中的词总是标志着一定对象,通过约定俗成的规则进行组合,人们以此传达确定的信息。任何民族,在其语言中的某个词和它所标志的对象之间的关系是人们在长期交际过程中固定下来的,为本民族的人所了解,并具有相对稳定性。当人们在交际过程中说出某人或某事时,就标志着一定的客观对象,于是人们在交流中进行了解与理解。

3. 指代功能

言语的指代功能是指言语不仅代表个别对象或现象,还可以标志某类事物的许多对象。例如,通过词语可以指代一种客观存在的事物(如计算机、方便面等),一个动作(如跳高、游泳等),事物的一种性质(如红色、粉色等)或者一个抽象的概念(如公平、正义)。正是由于词语具有一定的指代性,人类借助词才有可能进行抽象思维,从而去认识事物的本质,掌握客观事物发展的规律。

知识与拓展 7-2

指责语言后面的亲密

语言基本上是虚的,如果硬要说它有那么点"实在"的部分的话,那也不过就是震动空气产生的一点小小的能量。但是,语言对他人的影响,却可以非常巨大,这些影响,可以直接制造物理的、化学的和生物学的全面反应。比如我对你说,请把这个巨石背走,你不用真的去做,你的背部就可能已经感受到了千斤压力,这是物理学上的感受;如果我对你说,请把这瓶白醋喝下去吧,你也不必真的去喝,口腔和食道就可能出现烧灼感,这是化学上的感受;如果我对你描述一些与激烈战争有关的情景,你可能听得热血沸腾,这就是生物学层面的反应了。

考察不同的语言形式和内容对他人的影响,是一个有趣的心理学问题,尤其是当我们能够觉察那些东西后面的潜意识的时候。

指责性语言经常会出现在日常人际关系中。这种语言的使用"诀窍"在于,要尖酸刻薄,能够直指人心,使听着这些话的人觉得自己的心被尖锐刺痛了、被酸腐蚀了、被刻薄穿透了以及被无情冻伤了。

在意识层面,指责制造了心理的创伤,并且可能使人际冲突升级,最后导致躯体的创伤甚至死亡。很多巨大悲剧,都是从指责和相互指责开始的。但是,在潜意识层面,指责者和被指责者却有着另外一种关系。

让我用第一和第二人称来描述。在我指责你之前,我的全部的注意力都集中在你身上,找你的毛病、挑剔你的错误,这表示在准备阶段,你就已经是我心目中最重要的人了,因为注意力是每个人能够给他人的最珍贵的礼物。你的毛病和错误,其实是你整个人的建筑的门窗,是可以进入你的通道,我对这个感兴趣,其实就是对进入你、跟你融为一体,或者成为你的一部分感兴趣。指责的开始,就是我俩深度亲密的开始。

你作为被指责者,轻易可以感受到痛苦、悲伤或者愤怒等情绪,但如果你也忍着痛更深地体会一下,就会发现被指责也有快感,有那种我没把你当外人,可以跟我"负距离"接触的被我重视的快感,所以,也许在以后,你会不自觉地在我面前露出这样那样的"漏洞",让我的指责语言可以在你的地盘上长驱直入。这样的配对,实在是天作之合。

所以,指责是在制造你中有我、我中有你的融合性的亲密,是在掩饰对对方的重视和需要,是在言说无法言说的爱。

(来源:指责与亲密[EB/OL].曾奇峰的博客.http://zengqifeng.blog.caixin.com/archives/54536)

(二)言语的特征

1. 言语的目的性

言语的目的性是指个体通过语言表达自身的意图和想法。人们通过言语活动,产生语言是为了达到某种目的,满足交际沟通的需要。如"新年好",表示给对方拜年;而"不知所云",表示交谈时缺乏目的性,才会让人捕捉不到重点。

2. 言语的开放性

言语的开放性是指人们在交际过程中同一个意思可以用多种方式的语句进行表达,因此,言语活动中有无限扩展的语言信息的特点。例如,"你近来还好吗?""你最近怎么样?""你这段时间生活如何?""你最近有啥值得分享的事情吗?"这些问候朋友的不同表达,说明了言语开放性的特点。

3. 言语的规则性

言语的规则性特征是指有意义的言语活动都受到语言规则的制约。任何语言符号都不是离散、孤立地存在,而是作为一个有结构的整体而存在,如果我们只有一些零散的词汇,脱离这些约定俗成的语法表达,就无法和别人进行有效的语言交流。例如,汉语中"我吃饭"符合汉语语法,能表达一个确定的意义,而"我饭吃""吃饭我"不符合汉语语法,因而成为一种没有意义的词汇组合。在日语中,"我饭吃"是符合语法规则的,因而能表达一定的意义。由此可见,不同的语言的具体结构规则也是不一样的。

4. 言语的离散性

言语具有离散性的特征,例如,汉语拼音有 23 个声母、39 个韵母和 4 个声调,而由它们则可以组成 400 多个音节和 6 万多个汉字,其他语种也有这种特点。说话时运用的语词,实质上是由一系列离散的数种有限的单元所构成的。

5. 言语的个体性

言语是人类社会特有的现象,具有较大的稳定性,但是,个体运用语言进行交际的过程则是一种心理现象,具有个体差异性和多变性。言语的个体性,不仅表现在每个人身上特有的言语风格,而且同一个人在不同的场合、不同心境的情况下,其表达的方式也不尽相同。例如,有人说话鼻音很重,有人说话咝音很多,有人说话慢条斯理,一板一眼,有人说话性子很急,有如放连珠炮,有人说话感受语音的能力很强,有人则较弱,言语活动的这些特点都表现了个体心理、生理的特征。

知识与拓展 7-3
现代幽默笑话中的歧义现象

吕叔湘先生在《语文常谈及其他》中从谐声、折字、歧义、歇后语等方面论述过与语言学有关的笑话产生机制,分析笑话中的语言学现象,可提高汉语教学效果。以下几则与歧义有关的语言笑话,特记录如下:

此本科非彼本科

某患者去化验科,护士指着前方告示牌说:"非本科人员不得入内!"那人大怒,骂道:"我就化验个尿,居然要本科文凭!!!"

从来不用油炸的油条

一个人来到炸油条摊上对主人说:"呀!炸油条,一天要用多少油?!"

主人说:"哪有炸油条不用油的。"

"真浪费,怪可惜。"

"可惜也要炸,不用油,怎能炸油条?"

"我家祖宗几代都是卖油条的,从来不用油炸。"

主人想得到他的秘诀,连忙请他吃饭,殷勤地招待他。酒足饭饱之后,他低声地对主人说:"我家几代人卖油条,都是贩来卖的,所以不用油炸。"

主人一听,傻眼了。

一滴到底灵不灵

顾客:"癣药,价钱多少?"

店员:"每瓶3角!"

顾客:"一滴,卖多少钱?"

店员:"怎么可以买一滴?起码一瓶。"

顾客:"你们广告上明明说:一滴就灵!"

(来源:节选自吕叔湘《语文常谈及其他》上海教育出版社 1990 年版)

三、言语的种类

言语活动可以分为两大类:外部言语和内部言语。外部言语是进行交际的言语,服从于交际沟通的目的,要求比较严谨、连贯和完整,又分口头言语和书面言语两种。内部言语是伴随思维活动而产生的只面对自己的无声言语,结构可以相对松散,不规范。

(一)外部言语

外部言语是指言语活动的过程或结果具有外显表现的言语,结构比较严谨连贯、完整规范,能够正确传递信息,有效实现与交际对象的思想与感情交流。外部言语包括口头言语和书面言语。

1. 口头言语

口头言语是指在大脑言语运动区的调节与控制下,个体的发音器官发出的旨在面对面与他人交谈或演讲时表达思想和感情的言语活动。人们在学习、工作和生活中,在与人的交往过程中,口头言语占有极其重要的地位。口头言语包括对话言语和独白言语。

(1)对话言语。对话言语是指由两个或几个人直接交际的言语活动,如聊天、座谈、辩论、提问等。对话言语是人类最基本的言语形式,其他形式的口语和书面言语都是在对话言语的基础上发展起来的。

对话言语具有以下四个特点:第一,合作性。对话双方必须能相互理解、相互支持,并做出相应的反应,对话言语才能顺利地进行;第二,情境性。它与交谈双方当时所处的环境有密切的联系。例如:小陈从外地出差学习回来,小张走上前问:"收获如何?"这里小张询问小陈学习之后的收获和感悟,小陈一听便心知肚明,不需要小张完整去表达整句话:你这次在外地学习半个月的收获有什么;第三,简略性。由于对话言语的情境性,使这种言语具备了简略性。在对话言语中,交谈的双方只需要用简单的句子,甚至用个别单词就可以表达自己的思想。尽管这时语言的语法结构和逻辑关系可能并不完整,也不严谨,但是并不妨碍有效进行交际的功能;第四,反应性。对话言语过程中,话题往往缺乏预见性,交谈双方需要随时根据对方的内容和反应来调整自己的谈话,因此,对话往往是由具体对话情境氛围而引发的。

(2)独白言语。独白言语是指由个人独自进行并完成的言语活动,如演讲、交际、作报告等,它是在对话言语的基础上发展起来的,它对于完整表达自己的思想具有重要意义。独白言语与对话言语不同,具有以下特点:第一,独白言语是说话者独自进行的言语活动,例如,教师讲课的过程主要表现为独白言语;第二,独白言语是一种展开的言语,在用词造句方面要求严谨,符合语法规则,为了让听众正确了解自己谈话的内容,说话者要注意发音清晰、语调具有变化，同时还要配合适当的表情和手势；第三，独白言语要求事先有一定的准备与言语计划。独白言语对语言本身的质量有较高的要求，而在语言过程中又较少受到交谈情景提供的非语言信息的影响。

一般而言，3岁左右的幼儿，便能够用词汇组成简单句来表达自己的观点，但句子经常不够完整，常常出现缺少主语的短句或用词颠倒的状况。在这个阶段，家长和老师要重视培养儿童正确的发音，让儿童安静倾听他人讲话，认真回答他人的提问。而4~5岁的幼儿，正是书面言语形成的关键时期，处于这个阶段的孩子，慢慢学会运用简单句，并能用多种简单句来说明自己的意思、想法或描述所见所闻。随着年龄的增长和思维能力的不断发展，6岁左右的孩子，能够掌握比较复杂的言语形式和言语规则，此时能够在众人面前大胆讲话，清楚地表达自己的观点，言语表达能力明显提高。图7-1反映了儿童语言发展的阶段特征。

2. 书面言语

书面言语是指个人借助文字表达思想感情的言语活动。从人类的发展史来看，书面言语是在口头言语的基础上发展起来的，个体的书面言语需要经过专门的训练而逐渐掌握。书面言语具有以下特征。

(1)展开性。书面言语无法借助个体的表情和动作来展现其表现力，因此要求用精确的词句、正确的语法规则和严密的逻辑进行陈述，使读者能够根据上下文来理解作者的思想和情感。

(2)随意性。书面言语与口头言语不同，在进行文字表达的时候，它允许字斟句酌、反复推敲，例如，在写作时，既可以字斟句酌，也允许信手拈来；阅读时，既可以反复琢磨推敲，也可以随意翻阅。因此，读者能够根据自己对文章的理解情况控制自己的阅读速度。

(3)计划性。书面言语的展开性、随意性在某种程度上决定了它的计划性。书面言语的计划性一般以提纲、腹稿等形式表现出来，以使言语表达更精确。

(二)内部言语

内部言语是一种自问自答或者不出声的言语活动。内部言语是言语的一种特殊形式，是一种不出声的内隐言语。虽然这种言语无法用来直接与别人进行交流，但它仍然积极地参与和调节个体的外部言语活动。内部言语有以下两个特征。

1. 隐蔽性

内部言语是一种不出声的言语，它以语音的隐蔽性为特点。当我们在头脑中考虑某种行动计划的时候，一般就使用这种不出声的内部言语。心理学的实验研究表明，个体内部言语所表现出来的信号功能类似于出声言语，两者在性质上相同。由此可见，内部言语本质是一种言语活动，它需要言语器官的参与，只是语音不显著。

2. 简略性

与外部言语使用完整句子来表达思想与感情不同，内部言语所表达的思想与感情，往往可以简略或压缩至一个词或一个短语词组来代替。例如，儿童经常在游戏时边说边玩，或在遇到困难和问题时自言自语，表现为自己在言语活动中发现和解决问题的过程。这种言语形式既有外部言语的交际功能，又有内部言语的自我调节功能。随着年龄的增长，自言自语的自我调节功能逐渐被内部言语所代替。

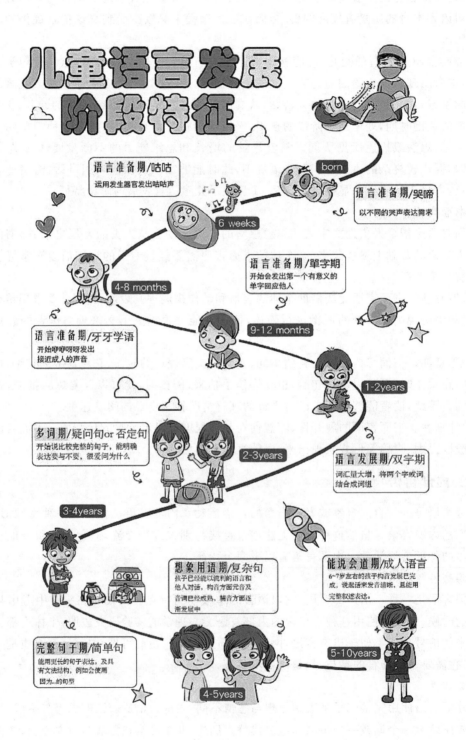

图 7-1 儿童语言发展阶段特征（来源：百度）

第二节 言语的感知与理解

言语感知与理解总称为言语认知,是指一个人在接受他人的言语刺激时,对其语音、语调等进行识别辨认并对说话者内部深层次的意图进行判断的过程。

一、言语感知

(一)口头言语感知

语音是口语的外部表现形式,对于说话者而言这是被感知的物质刺激。要对口语正确理解,首先需要对口语语音的准确感知。影响口头言语感知的具体因素有四个。

1. 音位的语音特征

对于口头言语感知的重要因素是,能听清口语的中心字词,需要分清语音,分辨不同音位之间的区别特征。

2. 语音的强度

语音强度会影响人们对口语的感知。当语音强度为5分贝时,可感知到语音的存在,但还不能对其分辨;强度增加,词的清晰度逐渐提高,当强度为20~30分贝时,清晰度为50%;当强度为40分贝时清晰度达70%;当强度为70分贝时,清晰度为100%;强度超过130分贝时,则会引起人们的不适,甚至会产生耳部压痛的感觉。

3. 上下文语境的理解

人们对口头言语的感知,还经常受到上下文语境的影响,以及听话者对于当前沟通的预期。当听到某句话时,根据上下文关系,能够预料将要听到些什么词,推测出说话者想表达的涵义;而孤立地听词语,缺乏上下文关系线索,则很难预料说话者的意图。由此可见,在言语交流过程中,对语句或词语的预期在口语感知中具有重要作用。

4. 语法规则的理解程度

心理学实验证明了语法规则的理解程度对言语感知的影响。对熟悉语言感知的程度高,主要因为熟悉该语言的语法规则和表达习惯;而对不熟悉的语言,由于对其语法规则感到陌生,则较难清楚感知说话者的内在意图。

(二)书面言语感知

通过视觉器官接受文字材料提供的信息,对字词做出正确判断与分析称为书面言语感知。书面言语感知包括词语的分析和句子的阅读。

1. 词语的分析

书面言语最基本的构成材料是词,其中音、形是词语的外在形式,内在含义是词包含的内容。此外,词还具有词法、句法的特点。因此,可将词语定义为图形、语音、语义、词法等特征的复合,个体从文字材料中提取词语的特征称为词语的分析。

词语的分析是直接的感觉信息和个体以往知识经验相互作用的结果,并不仅仅依赖于词语的物理特征。实验研究表明，对词语分析具有明显影响的因素有词语的使用频率、字词的笔画数量和字形结构、词语的语音和上下文语境等内容。

2. 句子的阅读

句子阅读是指人们对句子及段落意义所表达信息的分析处理，通常包括阅读速度及阅读理解的准确性。在著名的认知心理学家古德曼（Kenneth S. Goodman）的笔下，阅读是一种心理语言的猜测游戏。心理学实验研究表明，影响个体阅读速度的有注意力、概念的背景信息、结构的背景信息。注意力是一种有限的认知资源，集中注意力有助于提高理解速度。阅读一本书，注意力集中时的阅读理解速度，明显比注意力涣散时的要高。概念的背景信息表现在对字词物理特征背后含义的深层理解，比如对于刚识字的儿童而言，阅读的最大阻碍便在于识字量的限制，同时还有很多术语理解的陌生和语法规则的不熟悉。结构的背景信息表现在，如果在阅读前对文章和全书逻辑结构的了解越清晰，阅读的速度相应会越快。

二、言语理解

（一）什么是言语理解

言语理解是指以语言感知为基础，依赖个人已有的知识经验去加工来获取语义，通过推理建立语言材料之间的联系，最后达到对语言材料的合理解释。因此，言语理解实际上是个人主动、积极建构语义的过程。

单独字词的理解并不意味着我们能够理解这些字词所组成的句子和段落。词语和短语不是个别单词的简单堆积，它在言语交往中是作为一个整体意义而被使用。句子理解则更为复杂，语法关系不同，语义也不同；同时，上下文的语境也会影响语义，在不同语境中同一句话能够表达出不同的意义。

言语理解的最高层次是对说话者的意图或动机的理解。例如面对上课迟到的学生，老师对他意味深长地说一句："你来得真早啊！"其言外之意是表达了对该生上课迟到的强烈不满。与字词理解相比较，要听出说话者的言外之意，难度较大。例如清朝乾隆年间有名的小故事，纪晓岚与和珅同朝为官，纪晓岚为侍郎，和珅是尚书。一日二人同饮，和珅指着路边的一条狗缓缓地问："是狼（侍郎）是狗？"晓岚则迅速还击："垂尾是狼，上竖（尚书）是狗！"这样的对话需要沟通双方能够快速准确地挖掘对方的深层意图，幽默有效地进行回应，饱含着满满的理智和一语双关的诙谐。

（二）言语理解的阶段

言语的理解可以分为三个阶段。

1. 感知阶段

在这个阶段是对语音或书面文字的感知。在语音的听觉阶段，听者对语音的音调、音强、音长和音色等物理特性进行初步分析，将语音信号转化为大脑神经活动及言语表象，并将这些言语特性存储在记忆中。

2. 分析阶段

在这个阶段是把语音信息进行分析，并把这些语音的各种信息等进行编码，产生语音表象并进行加工,即把语音信息转换成词的组合意义。

3. 使用阶段

在这个阶段是听者对语义的实际应用过程。假设某人表达了一个愿望,听者听到之后还必须思考是否按照此要求去执行;如果是一个问句,还应该对此问题做出回答。由此可见,言语理解也是使用语言表达思想的过程。

言语理解的三个阶段是按时间顺序发生的,但也可以有部分重叠。听者在感知某个句子的后半部分时,可能同时也在对句子的前半部分进行理解判断。在已知言语感知的基础上,表现为言语理解分析和言语使用阶段。

三、词汇理解

词汇理解又称词汇识别,是指人们通过视觉或听觉,接受输入词的外部结构或语音信息,并在脑中诠释词义的过程。

词是概念的基本形式,标志着概念的词在人脑中的反映。在英语的学习过程中,单词由字母拼写而成,由字母组成音节,由音节构成单词。在中文的表达过程中,汉语源于图形,用形表义,其基本笔画构成词的轮廓,处在不同部位的笔画和偏旁在汉字辨识中具有不同作用。

对词的意义的理解涉及了人们对单词意义的表征。绝大多数的单词都有其主要的含义,但要把握某个单词的确切含义,还取决于该单词所处句子提供的上下文语境信息。生活是语言的源泉,如果我们留心观察,趣味无穷。比如,"打"是一个"一专多能"的字,其基本意义是"击",但在具体的语言环境中,又可以衍生出许多有趣的意思来。如:从旁帮人说话,叫"打边鼓";没有固定的居所,四处凑合,叫"打游击";从中说和,调解纠纷,叫"打圆场";事先惊动了对手,叫"打草惊蛇";打击失去威势的人,叫"打死老虎"。

知识与拓展 7-4

生活中的言语理解:妙用无穷的双关广告语

双关,是在特定的语言环境中,借助语音或语义的联系,使语句同时关涉两种事物,而又言在此意在彼的修辞手法。巧妙的双关使语言幽默含蓄、生动丰富,使人回味无穷。

双关语广泛运用到商品广告的语言中,在于它的"一字千金"的巨大优越性,使广告语言简明却不失新颖独特。例如:

①谁都热爱英雄(英雄钢笔广告语),这则广告语也非常巧妙从产品方面讲,"英雄"是一种钢笔的品牌,"谁都热爱英雄"指的是大家都喜欢英雄牌钢笔,达到了一语双关的效果。

②人人都需要阳光(阳光保险公司广告语),阳光是人类生存所必不可少的,也是一种保险公司的名称,广告词说的又是人人都需要有"阳光"这种保险。

广告语中的谐音双关不仅突出了产品的特点,而且还使人联想到原意,印象深刻,从而达到宣传产品的目的。

①同形的谐音双关。例如:中意冰箱,人人中意(中意冰箱广告语),第一个"中意"是冰箱的品牌名称,表明是中国和意大利合资产品;第二个"中意"指正中人们的心意。

②异形的谐音双关。例如:家有飞鹿,随心所浴(飞鹿热水器广告语),这则广告语把成语"随心所欲"改成了"随心所浴",这一词的使用,让人们顿时产生快乐和自由的感觉。

③完全谐音,是指产品名称与用途或其他方面相谐。例如:"美的"空调名与产品的特点、质量"美的"相谐音,意思是美的空调各方面很优秀。

④简缩谐音,指此产品的名称是某些词语组合的简缩谐音。例如:蒙牛是"猛牛"的谐音,而"猛牛"又是"勇猛的牛"的简省,想表明人们喝了蒙牛牛奶之后,就会像牛那样勇敢强健,加大了广告的宣传力度。

成语或俗语含义丰富,形式精炼,既体现了广告语言的艺术性,又增强了广告的吸引力。让人们在回味中接受某一种品牌。

例如:天天刷牙,坚忍不拔(冷酸灵牙膏广告语),"坚忍不拔"形容意志坚定,在艰难困苦的情况下坚持不懈。而这则广告想表达:如果每天坚持用冷酸灵牙膏刷牙,牙齿就能变得非常坚固,从而表达了产品的特点——固齿。

(来源:再谈双关广告语!妙用无穷[EB/OL]新浪网.http://k.sina.com.cn/)

四、句子理解

句子理解是指在字词理解的基础上,通过对组成句子的各成分句法分析和语义分析,并在个人以往知识经验的参与下获得句子含义的过程。词汇和句子的理解是一个复杂的认知过程,由多种相关联的心理活动加以组合。以言语识别为基础,对句中的词汇进行加工从而把握语义。根据上下文和情境特点及相应的文化生活经验,分析出各种词的组合所要表达的意思,以此进行语义分析,确定句子所具有的意义。

同样一句话,不同的语境,不同的时间,不同身份的人来表达,语义都将发生变化。例如,一位教师说:"明天上午八点我去上课。"一个学生说:"明天上午八点我去上课。"两句话中,教师和学生虽然都说同样的话,由于教师和学生的职务身份不同而决定了同样一句话的语义不同,教师说这句话的意思是"明天去讲课",而学生说句话的意思是"明天去听课"。

此外,很多时候我们表达的过程中还要关注不同文化之下语境的潜在语义。有人在美国听到一个工人说:"Today the eagle flies!"如果仅仅根据字面理解为:"今天老鹰飞起来了",那就大错特错了。原来这句话里的"the eagle"是指美钞,因为美国钞票面上都印着老鹰的图案,就如同中国人把老版面值拾元的人民币称作"大团结"一样。因此美国工人这句话想表达的意思是"今天是发薪水的日子!"

知识与拓展 7-5

赶考秀才的三个梦

有位落榜多次的秀才再次进京赶考,住在这个经常落脚的客栈里。考试前两天夜里,他做了三个梦,第一个梦是梦到自己在墙上种白菜,第二个梦是下雨天,他戴着斗笠手里还打伞,第三个梦是梦到和心爱的表妹躺在一张床上,但却是一言不发,背靠着背。

这三个梦似乎有些深意,秀才第二天就赶紧去找算命先生解梦。算命先生一听,连拍大腿说:"我看,你还是回家算了吧!你想想,高墙上种菜不是白费劲吗?戴着斗笠还撑着雨伞不是多此一举吗?你和表妹都躺在一张床上了,却背靠背,这不是没戏吗?"

秀才一听,心灰意冷,回到客栈里收拾包袱准备回家。

店小二非常奇怪，问道："不是明天才考试吗？怎么今天你就准备回乡了？"

秀才如此这般说了一番，店小二乐了："哟！我也会解梦的。我倒觉得，你这次一定要留下来！你想想，墙上种菜，这不是高种吗？戴斗笠打伞，不是说明你这次有备无患吗？和表妹背靠背躺在床上，不是说明你咸鱼翻身的时机就要到了吗？"

秀才一听顿时乐开了花，心中豁然开朗，于是精神振奋地参加考试，居然中了个探花。

积极的人，像太阳照到哪里哪里亮，消极的人，像月亮初一、十五不一样。对世间万物的理解和认识决定我们的视野，有什么样的观点，就有什么样的行为。

(来源：根据网络故事本教材整理)

第三节 言语的产生及发展

言语产生即为言语表达，需要专门发音器官的参与和配合，听、说、读、写是言语活动的四种表现形式，言语的生理机制可以从言语的发音机制和语言的神经中枢两个方面进行分析。

一、言语的生理机制

(一)言语的发音机制

人类的发音器官主要有呼吸系统、喉头和声带以及口腔、鼻腔与咽腔，具体见图7-2。

言语的产生需要三大系统的协调活动来实现：由肺、气管组成的呼吸系统(肺)；由喉头组成的发声系统(声带)；由咽腔、口腔、鼻腔组成的构音系统(声道)。贮存在肺、气管与支气管内的气体随呼气运动有规律地排出，形成气流。气流到达声门处，由声带的振动将气流转变成一系列声脉冲信号。通过声道的共鸣作用，形成具有适当形态的声波，最终由嘴和鼻腔发出并产生言语信号(声波)。通过声带的颤动所产生的声音与这些空腔中的空气相遇而发生共鸣，声音就被加强和放大，这就是被人所听见的声音或发音(声波)。口腔的形状和容量随舌头的运动而改变，导致发出的声音有所不同(见图7-3)。

(二)言语活动的神经中枢

人类复杂的言语活动同大脑皮层的发展密不可分。言语活动是大脑皮层上不同神经中枢协同活动的结果。进行不同言语活动时，大脑皮层上的不同部位发挥不同的功能。研究表明，参与人类言语活动的大脑皮层中枢部位，主要涉及四个不同区域：额叶的布洛卡区(Broca's Area)和艾克斯勒区，它们分别是言语运动中枢和言语书写中枢；颞上回的威尔尼克区(Wernicke's area)是言语听觉中枢；顶-枕叶交界处的角回(Angular Gyrus)是言语视觉中枢，人类主要的言语中枢区域(见图7-4)。

1. 言语运动中枢和言语书写中枢

言语运动中枢又称为布洛卡区。1861年法国医生布洛卡在解剖患有言语运动障碍的病人死后的大脑时，发现其左半球额下回，在靠近外侧裂的一个区域发生了病变。以后类似的研究证实了这个发现。为了纪念他，后人将此区域命名为布洛卡区。后来，在布洛卡区的上方，

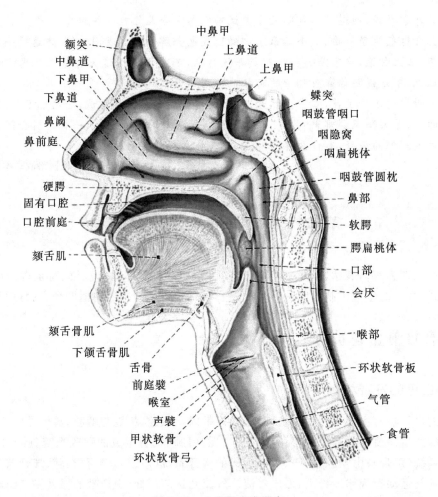

图 7-2 人类的发音器官

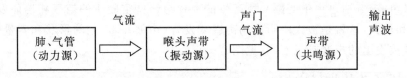

图 7-3 人类言语的产生过程

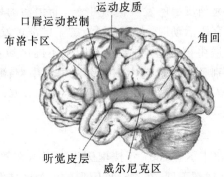

图 7-4 人类主要的言语活动中枢

艾克斯勒又发现了言语书写中枢,亦称为艾克斯勒区。如果布洛卡区发生病变会引起运动性失语症,患者在阅读、理解和书写上没有什么困难,但会表现出发音困难、表达迟钝和语句不完整,甚至丧失说话能力的状况。艾克斯勒区受到损伤的病人,能听懂别人的话语和看懂文字,自己也会说话,手部肌肉能够活动,但却丧失了书写能力。由此可见,人类的言语活动都和大脑的神经中枢密切相关。

知识与拓展 7-6
"Tan"先生与布洛卡区的发现

说起语言的功能和大脑的某些区域,不得不提 Victor Leborgne,一个绰号为"Tan"的法国人,他被称为心理学上最重要的病人之一。

图 7-5　保罗·布洛卡(1824—1880)

看到这儿我们可能会好奇 Victor Leborgne 作为一个病人怎么还能影响心理学的发展呢?首先,我们要从他的绰号说起,我们称 Victor Leborgne 为"Tan"先生是因为他生前只能发出"Tan"这个音,而这一特殊之处引起了当时著名的神经学家保罗·布洛卡的注意。在1861年,51 岁的 Victor Leborgne 死后,布洛卡解剖了他的大脑,并观察其大脑左额叶有一个区域明显地与正常人的大脑不同,这一不同引起了布洛卡的注意,他提出了将 Victor Leborgne 生前的病症与大脑区域的异常有一定联系的猜想。

不久,布洛卡的另一个病人 Lelong 也有类似的情况。不过他还能说五个词:yes,no,three,always,and lelo(错误地认为这是自己的名字)。在尸体解剖时,布洛卡也在 Lebogne 的侧额叶的相同区域中发现病变。

这两个案件使布洛卡相信演讲是本地化到这个特定的领域。所以布洛卡推断得出结论,这个区域便是语言生产的场所,之后这个区域被命名为"布洛卡区"。这一发现也让学术界正激烈地争论语言功能在大脑中的位置问题得以解决,而且还激发了科学家对大脑功能的研究。所以 Victor Leborgne 的死不仅仅是学术界争论的一个重要转折点,还促进了人们对大脑区域功能新的认识,促进脑科学的发展。

关于布洛卡区：布洛卡区(Broca's Area)是大脑的一区，位于第三额叶回后部、靠近大脑外侧裂处，它主管语言讯息的处理、话语的产生。与威尔尼克区(Wernicke Area)共同形成语言系统。布洛卡区损伤(布洛卡失语症)，又称为表达型失语症(Expressive aphasia)、运动型失语症或不流畅型失语症，病人无法制造符合文法的流畅句子，会出现电报式的话语，以短而间断的句子表达其思想。病人知道自己说话并不流畅。而其对于语言的理解能力是正常的。

(来源：Plaza M, Gatignol P, Leroy M, Duffau H(August 2009). "Speaking without Broca's area after tumor resection". Neurocase. 15(4)：294 - 310.)

2. 言语听觉中枢和言语视觉中枢

言语听觉中枢又称为威尔尼克区，是1874年德国学者威尔尼克发现的。该区的位置在大脑左半球顶—枕—颞叶交界处的颞上回，其主要功能是分辨语音、形成语义，即与接受性言语能力有关。如果该区受到损伤，则会引起语音不识症，出现感觉性失语和听觉记忆的丧失。威尔尼克区上方的顶—枕叶交界处，称为角回，角回是言语视觉中枢。如果角回受损，病人能够说话，能够理解对方的口语，也能够看到文字，但是不能理解文字的意义。

二、言语产生的过程

言语产生又称为言语表达，主要包括说话和书写过程，但也与听话和看字有关。言语产生是由思想到说话或书写的过程，这个过程非常复杂。言语产生过程一般概括为四个阶段。

(一)动机和意向阶段

动机和意向阶段是言语产生的起点。当儿童希望得到某个玩具的时候，当父母希望制止儿童不良行为的时候，当教师希望传递知识或者表达某个观点的时候，当学生希望探索更深入的知识而获得同伴意见的时候，当恋人渴望表达自己情感的时候，这些都成为人们产生言语的契机。如果没有这种动机和意向，人脑中的思想就无从产生，也就不会出现言语表达的其他阶段。在这个阶段里，说话者具有明确表达话语，实现交际目的的愿望和动机。

(二)内部言语阶段

当有了言语的动机和意向后，言语产生就进入了内部言语阶段。内部言语阶段的特点是片段性和压缩性，思想可以用一个词或词组来代替一系列完整的句子。例如，演讲者即将开始演讲之前进行"腹稿"的过程，这是由压缩的内部言语向深层句法结构，然后向外部言语转化的基础。在这个阶段，说话者所挑选的是其认知结构中能真实表达信息与具体思想的词汇。

(三)深层句法结构阶段

每个句子都有深层结构和表层结构。深层结构显示基本句法关系，决定句子的意思。句子的语法深层结构通过转换成分转变为语言形式的表层结构。著名的语言学家乔姆斯基(Noam Chomsky)把句法关系作为语言结构的中心并以此说明语句的生成是这场革命的又一表现。为了描写和解释语言现象，乔姆斯基论证了语法的生成能力，认为应该把语法看成是能生成无限句子的有限规则系统。它以"核心句"为基础，通过转换表层规则描写和分析不同句式之间的内在联系。

(四)以表层句法结构为基础的外部言语阶段

深层句法结构能确定句子的意思,但要进行言语表达还须将句子转换为表层句法结构,这样才便于交流思想与感情和进行交际。通过转换成分,可以把深层句法结构的句子转换为表层句法结构的句子,这就为内部言语的外化创造了有利条件。之后以发出语音的形式,用外部言语的形式把思想和感情表达出来。

三、儿童言语发展的基本阶段

言语发展即言语获得,涉及一个人在与他人交往活动中母语及其理解能力的获得、发展和完善的过程。心理学对儿童言语发展进行了大量研究,不仅对儿童言语发展阶段性特点进行了探讨,而且提出关于言语发展的理论。儿童言语发展阶段具有相似性。在1岁前,儿童能在咿呀学语中说出一些词;2岁时,大多数孩子已经开始将字词合并,组成简单的句子;此后,随着儿童言语水平的不断提高,词汇量迅速增加,使用的句子也明显变长,开始造出并能够理解复杂的句子。儿童言语发展一般要经历四个阶段。

(一)咿呀学语阶段

婴儿从出生开始,就会发出一些声音。从出生到6周,婴儿的发声基本上属于反射性的,例如,哭叫、喷嚏和咳嗽声。从6周至6个月,婴儿开始把这些声音与咕咕声、喀喀声等声音结合起来。约4个月时,婴儿发音系统的形状与结构已经成熟,开始发出类似言语的声音。6个月前后,婴儿进入咿呀学语阶段,发出一连串声音。4至8个月的婴儿开始发出近似词的音,例如:ba-ba(爸爸),ge-ge(哥哥)、ma-ma(妈妈)等。

从咿呀学语阶段开始,幼儿在发音方面经历着两个相辅相成的过程,一方面逐步增加符合母语的声音,另一方面逐步淘汰环境中不用的声音。到1岁左右,大多数孩子开始产生一些能被理解的词。咿呀学语阶段,使孩子学会调节和控制自己发音器官的活动,为以后真正的语言产生与发展打下牢固的基础。

(二)单词句阶段

孩子在周岁左右,开始能说出有意义的单词,最初说出的单词只是作为事物或动作的一般标志,随后开始出现单词句。单词句是指儿童用一个单词来表达比该词更为丰富的意思。例如,孩子说"狗狗",既可能表示"这是小狗",也可能表示"我要小狗""小狗跑了""小狗来了""小狗吃饭"等意思。因此,单词句也被称为"全息短语句"。

儿童使用单词句有以下特点:一是和自己的动作、表情紧密结合;二是意义不太明确,语言不太清晰,成人必须根据儿童所处情境和语调线索来推断其意思;三是词性不确定,经常把名词当作动词使用。这都表明,处在单词句时期的儿童,并没有掌握句子结构和语义方面的知识,只是用单词对整个情境笼统地表述。

(三)双词句阶段

孩子从1.5~2岁开始,单词句被双词句取代。开始时,孩子把两个单词连接起来说时,中间还有停顿,如"妈妈、抱抱";以后进步发展为双词句"妈妈抱抱"。婴儿双词句的发展开始比较缓慢,以后则迅速加快,在短时期内就可能出现词的大量组合,并开始适当地用单词或两个词组合起来简单表达语义关系。

(四)完整句阶段

孩子在2岁前说出的话还不是真正的句子。2～3岁开始才能够说出包含有主语和谓语的完整句子。例如,他们会说"爸爸回来了""汽车哪里去了?"或"妈妈抱我",这些句子基本上都是完整句。句法发展的过程是从无修饰的简单句发展到有修饰的简单句,最后能够使用连词构成复合句。

随着言语沟通和社会交往的进一步发展,绝大多数4岁孩子已经知道在常见情境下应如何调节自己的言语并具备了一定的语言能力。到5岁时,孩子开始使用具有成人语句特点的句子,如修饰句和反义疑问句。这一时期孩子在与成人交谈时,要比与2岁孩子交谈时使用的句子更长,语法结构更复杂。这种言语的发展,使儿童与成人和其他小朋友之间交流更加准确、更加频繁。

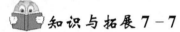

知识与拓展 7-7

小女孩吉妮(Genie)的故事:语言心理学个案

这个故事就发生在美国洛杉矶。

1970年11月4日,洛杉矶警方在阿卡迪亚镇郊区解救出了一名被父母长期囚禁在家的13岁女孩。该女孩获救时,仍被绑在带尿壶的椅子上,身上裹着尿布。事实上,此前她就过着大多数时间都被父母绑在椅子上、完全与世隔绝的生活。她不会说话,也不会走路,只会发出像婴儿一样的啼哭。虚弱的小女孩随即被带到洛杉矶儿童医院。在那里,医生和护士都被这个可爱而又可怜的小姑娘迷住了。她经常呕吐,指甲锋利有如动物爪子,走路的姿态就像一只慌不择路的"兔子",她的双手总是抱在前面。她的身形看起来和普通8岁女孩差不多,但是只会说几个很简单的单词,比如"停下""不要"等。她的情况与法国导演弗朗索瓦·特吕弗的电影《野孩子》中的"狼孩"十分相似。他们称她为"吉妮",源于英文"Genie",妖怪的意思,她的真实姓名没有被公开。媒体报道称,吉妮的父亲克拉克是由妓女抚养长大,没有得到过温暖。克拉克被控虐待儿童,随后他留下一张纸条,写着"没有人能够理解我",然后开枪自杀。

吉妮的发现引起了心理学家、语言学家、神经病学家和研究大脑发展的学者的极大兴趣。他们渴望了解她的智力水平,了解她的各种官能是否还能得到发展。在多年的康复和特殊训练中,她一直被观察和反复测试,几百部录像带记录了她的点滴进步。

吉妮在获得自由后头七个月里学会了许多词。1971年7月柯蒂斯开始系统调查她的语言和知识时,她能认出约一百个单词,并开始学说话。一次,柯蒂斯带她去访问一个治疗学家,吉妮渴望地探究着每一个房间,然后拿起一个绣花枕头。当问她"这是什么"她迅速回答道"枕头"。问她"你想看猫吗",她回答说"不、不、猫",同时剧烈地摇头。但多数时间她都不说话。

柯蒂斯提出了一个企图解释吉妮依靠右半球学习的理论,在一篇关于认知语言学的论文中阐述了其观点:语言的习得可能是半球特殊化的正常模式的触发,然而,如果语言没有能在一个适当的时间获得,原来正常的脑皮质就会约束语言发展。同时联系能力也会功能性萎缩。柯蒂斯写道:"这将意味着对左半球的发展来说是一个关键期,如果关键期发展失败,以后的学

图 7-6 吉妮刚刚被警方发现时的照片以及吉妮正在学习语言

习将会被限制在右半球。"

吉妮今年 54 岁,她还在地球上的某处生活着,她的故事也被拍成了一部纪录片《Secret of the Wild child》。

(来源:豆瓣:犯罪心理研究:Genie 的故事[EB/OL]. https://site.douban.com/)

四、言语发展理论

言语发展的理论主要探讨与研究的是儿童形成言语的过程。对于这个复杂问题,心理学家有不同观点。儿童出生后为什么能在短短几年就能说会道,并能掌握各种复杂而抽象的言语规则;为何儿童在 4～5 岁时都能无师自通地基本掌握包含数不清的语法规则的本民族口头语言;言语能力是先天遗传的还是后天习得的;应当怎样促进儿童言语能力的发展……心理学家、语言学家和教育学家对这些问题进行了大量研究,并进行了激烈的学术争论,形成了有关儿童言语发展的基本理论。

(一)言语发展经验说

1. 条件反射说

儿童的语言发展在一定程度上也是人类语言发展的缩影。儿童学习语言的过程显示,语言是进化的产物,是从第一个信号系统的声音进化为第二信号系统的符号。巴甫洛夫以条件反射学说来解释儿童言语的形成过程。该理论认为,儿童获得言语包括两个方面:首先是第二信号刺激与第一信号系统形成暂时神经联系,即语词的声音和具体事物的形象在脑中建立起了联系;接着是第二信号刺激物之间形成暂时神经联系,即语词与语词之间建立起了联系,而这种暂时神经联系是通过强化,即具体事物的强化或语词强化而建立起来的。

2. 学习强化说

斯金纳(B. F. Skinner)根据行为主义的理论把言语看成是一种个体行为。他认为,儿童习得言语行为就像白鼠按压杠杆获得食物而形成操作条件反射一样,即儿童的言语行为是通过食物或别人声音、手势的正强化而习得的。当儿童与成人相互作用时,儿童做出的言语行为,例如,儿童说出一个词,如果受到长辈的赞许、微笑等积极回应后,他就会再次做出这种言语反应；如果受到长辈的气愤或斥责等消极回应,他就会回避这种言语反应,多次重复之下,由此获得了语言。

学习强化说虽有一定道理,但不能解释儿童言语发展的全过程。例如,儿童3~3.5岁时基本掌握了母语的语法结构,会自如地说出各种句子。如果儿童说出每个句子都要通过强化,那么,能把词组合起来成为有意义的句子的数量就太大了。对于这些问题,理论难以给予明确的说明。

3.言语模仿说

摩尔(O. H. Mowrer)提出儿童学习言语主要是通过模仿。他认为,儿童最初模仿父母的发音,并由此而感到愉快,因为这些声音与母亲的哺乳与爱抚相联系,儿童发出类似的声音使自己处于愉悦的状态。例如,儿童模仿母亲说出"棒棒糖"一词时,母亲就给他一个棒棒糖,如此就使词与实物之间产生联系。当再次想要棒棒糖时,就能自己独立说出"棒棒糖"这个词。

(二)先天言语生成说

先天言语生成说认为,尽管客观环境存在很大差异,每种语言的词义和句法也存在着很大差异,结构异常复杂,但人具有一种先天的特殊的言语获得装置,所以,能很快有效地掌握言语。美国心理语言学家乔姆斯基认为,人类在遗传上就具有非常独特的"语言官能",儿童生下来就具有支配人类语言结构的普遍原则的天赋知识,这种知识体现在"语言获得装置"(Language Acquisition Device,LAD)里。通过"语言获得装置",儿童能从他周围听到的素材基础上,在较短时间里建立起该语言的语法规则。

乔姆斯基认为,儿童获得语言的过程实际上是儿童主动发现与确定普遍语法中相关词汇的过程。儿童是主动生成与发展语言的主人,而不仅仅是被动的模仿者。儿童在语言获得过程中不是通过一句句的具体话语来掌握语言,而是通过一系列语法规则,即普遍语法体系来掌握,这是所有儿童都能在较短时间内快速掌握各自母语的根本原因。

(三)关键期理论

越来越多的研究证实,人类进化的结果决定了孩子一出生就具备了语言学习机制。而且从孩子一出生,这种机制就开始像成人的语言机制一样在"工作"了。神经基础决定了孩子具有先天的语言学习的能力。人类大脑中掌管语言学习的区域叫"布罗卡"区,4~12岁是这个区域的灵敏期,此时被存储的语言会被大脑认为是"母语",也就是说很有可能很快掌握并灵活运用。12岁之后,绝大部分人的"布罗卡"区会关闭,此时再学语言,运用时就不再那么自如灵活了。因此,教育学家把4~12岁作为人的语言关键期,这一时期习得的语言将成为母语,在人生更长远的时间里可以灵活运用。

知识与拓展 7-8

从狼孩的故事看人类语言的起源

1977年,中美洲中部尼加拉瓜马那瓜附近成立了一所聋哑儿童的学校,刚开始有50名学生。1980年,在马那瓜又开设了一所聋哑青少年职业学校,名为"自由村"。到了1983年,两所学校总共有400多名聋哑学生。起先,语言学习着重于西班牙语口语和唇读法,老师使用手势比画字母,学习效果非常的差,老师与学生之间均无法沟通。然而,基于操场、校园及上下学的公车的交流环境中,孩子们创造了自己的语言:被称为尼加拉瓜手势语——现代新手语的出现,为人类语言的起源,可能潜在地提供了些许线索,人类探寻语言起源之心又被掀起。

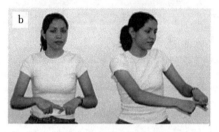

图7-7　a图表示看见,b图表示支付。

语言的诞生一直是一个未解决的迷,各种的假设都没有实证做辅佐,相关的发展也没有直接的历史痕迹。后来心理学家证实:世界上绝没有天然语言,一个未听过别人说话的孩子不可能会说话。

20世纪初有这则著名的案例印证了这一观点,1920年传教士发现了印度狼孩卡玛拉和阿玛拉:阿玛拉约1岁半被人类领养,进了孤儿院两个月后,当她口渴时便开始说"bhoo"(水,孟加拉语),阿玛拉的发展比大的卡玛拉的发展快些,遗憾的是,阿玛拉进院不到1年,便死了。卡玛拉被发现时约8岁,她用了25个月才开始说第一个词"ma",4年后一共只学会了6个单词,7年后增加到45个单词,并曾说出用3个单词组成的句子。但她直到死还没真正学会说话。卡玛拉,1929年因伤寒热病去世,约17岁,与人类生活了9年。

据德国出版的《语言学及语言交际工具问题手册》统计显示,现在世界上查明的语言有5561种。在这些语言中,约有1400多种还没有被人们承认是独立的语言,或者是正在衰亡的语言。

(来源:从狼孩的故事,来"八"一下人类语言的起源[EB/OL]节选.网易订阅http://dy.163.com/v2/article/detail/D2GBCQ5V0512Q416.html)

复习与思考

(一)选择题

1.语言和言语不同,语言是一种(　　)。
A.自然现象　　　　　B.社会现象　　　　　C.交流过程　　　　　D.民族活动

2.下列不属于口头言语的是（　　）。
A.讲座　　　　　B.演讲　　　　　C.朗读　　　　　D.辩论
3.（　　）是指一个人自己对自己发出的声音。
A.口头言语　　　B.书面言语　　　C.演讲　　　　　D.内部言语
4.儿童学习口头语言的关键期是（　　）。
A.2～3岁　　　　B.1～3岁　　　　C.4～5岁　　　　D.5～6岁
5.幼儿语言最初的形式是（　　）。
A.对话式　　　　B.独白式　　　　C.连贯式　　　　D.创造式

(二)简答题

1.什么是语言？什么是言语？言语具有哪些基本特性？
2.语言和言语之间具有哪些区别与联系？
3.言语具有哪些种类？它们分别具有哪些特点？
4.儿童言语发展经历哪些基本阶段？

(三)材料题

1920年，在印度加尔各答的一个名叫米德纳波尔的小镇，人们发现了两个"狼孩"。这两个狼孩后来被送到米德纳波尔的孤儿院去抚养，人们还给她们取了名字，大的叫卡玛拉，小的叫阿玛拉，在孤儿院里，人们首先对她们进行了身体检查，发现尽管有些营养不良，但她们身体的生理系统是正常的。值得注意的是，这两个狼孩虽然长得与人类一样，但行为举止却完全和狼相同，白天睡觉，夜晚活动，半夜没人的时候引颈长嚎。她们用四肢爬着走路，用手直接抓食物送到嘴边吃。

研究者在人类的正常社会环境里对其进行训练，教她们识字，教她们学习人类的基本行为方式和生活技能。然而，阿玛拉不幸死亡，卡玛拉在四年之后（十一二岁）才开始能讲一点话，但智力和表达能力只相当于一个普通婴儿的水平。

问题：请结合本章语言学习的关键期对案例进行分析。

第八章

情感和意志

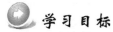 学习目标

1. 了解情绪情感的概念;领会情绪情感的分类。
2. 通过学习,掌握调控情绪的方法。
3. 能分析自己的意志品质;了解意志品质的锻炼方法。

"人非草木,孰能无情",这里的"情"是什么?古希腊著名哲学家柏拉图的"甩手臂"的故事对我们有什么启发?一个准教师应具有怎么样的情绪情感的调节能力呢?有人认为情绪、情感既有天使的一面也有魔鬼的一面,那么每个人应该锤炼怎样的情绪、情感、意志的品质?本章揭示了这些问题答案。

第一节 情绪和情感的概述

一、情绪和情感的概念

情绪和情感是人脑对客观事物是否满足其需要而产生的态度的体验。身处自然与社会环境中的人,当接触现实中的人、事、景、物时,常常在内心产生喜、怒、哀、乐、惧的体验。"感时花溅泪,恨别鸟惊心""人逢喜事精神爽",这是一种什么样的心理状态呢?"笑一笑,十年少,愁一愁,白了头",情绪情感又具有什么功能呢?我们有必要了解一下情绪情感的内涵。

情绪、情感是人对客观现实的一种特殊反映形式,这一反映具有两方面的内涵:其一,客观现实是情绪、情感产生的源泉。任何情绪、情感都是由客观现实引起的,根据客观事物的不同特点及事物与人之间所存在的关系不同,人就对这些事物持有不同的态度,产生不同的体验。离开了具体的客观事物,人的情绪情感就无从产生。其二,情绪、情感产生的中介是需要。情绪、情感与需要有密切的关系。人不会对任何事物都产生情绪、情感,只有对那些与需要有关的事物才产生情绪、情感。当客观事物满足人的需要时,就会产生积极的、愉快的、正向的情感体验,如愉快、高兴、满意、喜悦、爱慕等。当客观事物不能满足人的需要时,就会产生消极的、

不愉快的、负向的情感体验,如痛苦、忧愁、厌恶、憎恨、恐惧等。大家可以联想一个事实来理解这里的需要与不同情绪的关系,如不同学生学科测试成绩为95分,他们体验到的情绪是不一样的。人的需要是复杂的、多层次、多变化的,马斯洛需要层次理论告诉我们,人的需要至少分五层。人类的不同历史时期,个体不同发展时期,需要都会产生动态变化,新的需要在逐渐产生,情绪和情感也就不断地变化。

情绪和情感是复杂的心理现象,人们所说的"百感交集""哭笑不得",正是对这种复杂情绪与情感状态的生动写照。一般情况下,情绪与情感统称为感情。情绪和情感包括认知活动、生理反应和行为表现。认知活动以及个体对认知结果进行的评价所引起的主观感受和体验是情绪最主要的构成成分;血压、呼吸率、皮指脉、肾上腺素等一系列变化属于其生理反应。而我们所说的"怒发冲冠""笑逐颜开""瑟瑟发抖""咬牙切齿"则是一系列的行为或表情变化,也是我们识别情绪的重要信息指标。

二、情绪、情感的特征与功能

(一)情绪、情感的特征

情绪和情感有两种明显的特征:两极性和社会历史性。两极性指的是情绪、情感具有肯定和否定两种对立的性质。例如,愉快和不愉快、兴趣和冷漠、满意和不满意、乐观和悲观、敬仰和蔑视、热爱和憎恨、兴奋和烦闷。当然,这种对立也不是绝对排斥的,在一定条件下可以相互转化,如"乐极生悲""喜极而泣"等。

由于情感是人类特有的一种心理现象,人的情感大都基于社会性的需要,如尊重的需要、归属与爱的需要、交际的需要、遵守社会道德规范的需要、认知与审美的需要等。生理需要在不同的历史时期和一定社会行为规范影响下,也具有社会性。因而人的情绪、情感都是一定社会的产物,并与一定的社会生活条件相联系,具有社会历史性。

(二)情绪、情感的功能

1. 信号交际功能

这种功能是通过表情实现的。情绪和情感具有传递信息、沟通思想的功能。这主要是通过其外部表现即表情来实现的。这里的表情包括有机体的姿势表情、面部表情和动作表情等,如狂喜时"手舞足蹈",愤怒时"怒目圆瞪"等。面部的各种表情大部分是不同情绪、情感的反映。这样,可使一个人的情绪、情感与心理活动易被人感知和了解,从而起到信号交际的作用。日常生活中微笑表示友好,点头表示同意都是这种信息交际功能的反映。

2. 动机功能

情绪和情感构成一个基本的动机系统,可以驱动有机体从事活动,提高人的活动效率。情绪和情感一方面可以对内驱力提供的信号产生放大和增强的作用,从而能更有力地激发有机体的行动;另一方面情感起着驱动人的认识和探究活动的作用。热烈欢畅的情绪、情感会激励人去从事一些活动,而恐惧厌恶的情绪、情感则会使人远离一些活动。

3. 适应功能

情绪和情感是有机体生存发展和适应环境的重要手段。有机体通过情绪和情感所引起的生理反应,能够发动其身体的能量,使有机体处于适宜的活动状态,便于有机体适应环境的变化。一个常常乐观、常常保持微笑的人,会有更好的人缘关系,可以帮助他良好地适应社会。即使是一些消极的情绪,如恐惧,在某种情况下也有它的适应功能。人类面临危险,比如遇见蛇时,如果没有恐惧感的话,将不利于人的自我保护功能。

4. 组织功能

情绪和情感对其他心理活动具有组织的功能,主要表现为积极的情绪和情感对活动起着协调和促进的作用,消极的情绪和情感对活动起着瓦解和破坏的作用。现代教育主张"愉快教学""开心教育""成功教育",其宗旨在于利用积极情绪对认知加工活动的促进作用。如果你是班主任,晨读检查时发现有同学抄作业,但是你没有控制好情绪,劈头盖脸地把所有学生凶了一通,然后你上语文课时,学生就"蔫"了,思维迟钝,这里反映的就是消极情绪的阻碍作用。

三、情绪与情感的关系

情绪与情感是人的主观体验,是人在对事物的认识过程中相伴而生的心理。但情绪、情感二者是不同层次的心理体验,既有区别又有联系。

(一)情绪与情感的区别

1. 产生的基础——需要不同

情绪一般是与生理需要相联系的主观体验:如炎热的夏天享受到一阵清爽的自然风会觉得特别愉快;有异族入侵,狼群会立刻出现"咬牙切齿"的表情表示愤怒。而情感则更多的是与人的高级社会需要相联系。例如,看到五星红旗在奥林匹克广场冉冉升起会由衷地产生"爱国感",当看到孩子们一双双求知若渴的眼神,会萌发一种深沉的"责任感和担当感"。因此我们可以说情绪是原始的,是人和动物共有的;而情感则是人类所特有的心理活动。

2. 发生机制不同

情绪是情境性的、短暂的和冲动的,而情感则具有相对的稳定性、深刻性和持久性。情绪常常是在特定的时刻、特定的时间由具体事件引发的,随着情境的消失,情绪也很快就消失。幼儿常常出现"挂着眼泪的微笑",说明他们情绪的即刻变化性,而情感并不随着情境的消失而消失。如一个孩子对玩具探索的这种理智感在某一个阶段表现出对玩具拆了又装,装了又拆,乐此不疲;同样处于"男儿好读书"时期的少年,会对一道数学题痴迷,直到解决难题为止,而且这种"痴迷"会延续相当长的时间。

3. 外部表现不同

情绪发生具有外显性、冲动性,而情感具有内隐性。情绪往往伴随明显的外部表现,如高兴时"手舞足蹈"、愤怒时"捶胸顿足"、失望时"连连叹气"。情绪一旦发作,往往强度比较大,但这种强度差异也有个别差异。而情感则常常表现为内心体验,且不轻易表露出来。比如少年周恩来立下"为中华之崛起而读书"的宏伟志向,并以一生来践行。范仲淹"先天下之忧而忧,后天下之乐而乐"的爱国情怀也以内蕴的形式存在或以内敛的方式加以流露,始终处于人的意识调节下,支配着他关心民生、民计的众多行为。

(二)情绪与情感的联系

情绪、情感的区别是相对的,情绪、情感有着密不可分的密切联系。一方面情感是在情绪基础上形成的,反过来情感对情绪又产生巨大的影响,离开情绪的情感是不存在的;另一方面,情感是情绪的本质内容,情绪离不开情感。在情绪发生过程中常常包含着情感,情感的深度决定着情绪表现的强度,情感的性质决定情绪表现的形式。由上可知,情绪和情感是不可分割的心理过程,都是人脑对客观事物与人的需要之间的关系反映,都是人的主观体验。所以,有些心理学家对情绪和情感不加以区分,统称为感情。

四、情绪情感的机体表现

情绪、情感主要受中枢神经系统和周围神经系统的调节。情绪生理学的研究表明,大脑皮层对情绪、情感起调节抑制的作用,边缘系统参与情绪、情感体验的产生,中枢各部位的功能既是定位的,又兼受皮层的整合,外周变化(如机体、内脏活动变化)反映与生命过程密切相关的一般唤醒,内分泌系统与自主神经系统之间的联系直接参与情感活动。在情感刺激物的作用下,神经、呼吸、循环、消化、腺体分泌系统都要发生一系列的变化并引起代谢水平和肌肉组织状态的改变,故情绪、情感产生时必然伴随着机体内部和外部的生理表现。

(一)情绪情感的生理变化

心理学研究表明,当情绪发生时,伴随着特定的生理反应。个体在情绪状态下,呼吸、心率、血压、血管容量、皮肤电、内外分泌腺活动等方面都会产生变化,这些变化成为情绪测量的生理指标。这些生理指标的综合应用也成为测谎仪制作的重要原理。如在应激状态,人的血压上升,心率和呼吸加快,瞳孔扩大,汗腺分泌增加而唾液分泌减少,血糖水平增高。长期处于忧愁、悲伤和痛苦等负面情绪状态下,胃肠机能会受到严重影响。在情绪发生时,消化系统发生变化,如胃酸、胃蠕动和血流量减少,当愤怒和怨恨时,胃机能增进等。也正因为如此,愤怒、焦虑、惊恐等负面情绪的持续作用,会造成心血管机能的紊乱,出现心律不齐、高血压、冠心病等疾病。因而古人所说的"喜伤心、怒伤肝、思伤脾、悲伤肺、恐伤肾"等是有其生理学发生机制的依据。

(二)情绪、情感的外部表现——表情

表情是情绪、情感发生时机体的外部表现,是人的情绪的晴雨表。表情分为三种:面部表情、体态表情和言语表情。

1. 面部表情

人的面部是最为有效的表达情绪的区域,其表情之丰富、细腻,是其他区域无可代替的。心理学者对面部表情的研究做了大量的工作,有的学者研究发现,不同文化背景的人,其面部表情具有一致性。美国心理学家艾克曼(P. Ekman),把精确的不同表情的照片给在五种不同文化背景下生活的人观看,结果他们很容易认出了其中六种表情所代表的基本情绪,并据此提出了人类存在最基本、最原始的基本情绪。

人的面部表情主要是通过眼部肌肉、颜面肌肉和口部肌肉的变化表现的。例如,高兴时双眉平展、面颊上提、嘴角上翘;悲伤时双眉紧锁、嘴角下拉;轻蔑时嘴角微撇、鼻子耸起、双目斜视;恐惧时你会抬起上眼睑,露出眼白。

2. 体态表情

体态表情又叫作身段表情或动作表情,是指面部之外身体其他部位的表情动作。身段表情主要分为身体表情和手势表情两种。当人处于不同的情绪状态时,常常伴随着身段表情。例如,你会通过"怒目圆睁""聚精会神""摩拳擦掌""耷拉着脑袋""眉飞色舞"来表达某种情绪。手势表情也是一种重要的身段表情,起到了协同或补充表达言语内容的情绪信息。手势表情是后天习得的,由于社会文化、传统习惯的影响,它往往具有民族或团体的差异。如中指与食指叉开、拇指与无名指和小指对接的手势在美国一般表示"胜利"或"和平"。但在英国,如果掌心向内作这种手势就是一种奚落或者说是在嘲笑对方。

3. 言语表情

言语表情是指情绪、情感发生时在言语的声调、节奏、速度、音色等方面的变化。人们在不同的情绪状态下,其言语的声调、节奏和速度不同;而相同的语言由于表达时的声调、节奏和速度不同,所表达的情绪也不同。例如,悲哀时语调低沉、言语缓慢;喜悦时语调高昂、语速较快等。可以试着用不同的语气、语调来读一读"你来了"这句话,来表达你的高兴、惊讶、恐慌、委屈等情绪。

第二节 情绪和情感的种类

一、情绪的基本分类

由于人类情绪的纷繁多样,使得划分情绪的类别成为一个十分复杂和困难的工作。古代人们一般认为情绪主要有喜怒哀乐惧。我国现代心理学家和哲学家把情感分为快乐、愤怒、悲哀和恐惧四种基本形式,这四种形式被认为是最基本的或原始的情绪。

(一)快乐

快乐是一种感受良好时的情绪反应,一般能表现出愉悦与幸福的心理状态的情绪。通常是指欲望、需要和目的达到后,或解除了紧张后所产生的情绪体验。快乐体验的程度有个体差异,可以是满意、愉快、异常欢乐、狂喜等。

(二)愤怒

愤怒通常是指受到冒犯及错误的对待时引起的自我防卫机制及战斗反应。愤怒往往是个体受挫折后而产生的一种高度紧张的情绪,根据愤怒的两极性,其程度可分为轻微不满、生气、愠怒、激愤、大怒、暴怒等。

(三)悲哀

悲哀是指一种特别伤感的情绪体验。这种情绪与所热爱的事物丧失或盼望的东西幻灭有关,由悲哀引起的情绪的释放就是哭泣,悲哀的程度也因人而异,有遗憾、失望、难过、悲伤、哀痛等之分。

(四)恐惧

恐惧是指人们在面临某种危险情境,企图摆脱而又无能为力时所产生的担惊受怕的一种强烈压抑的情绪体验。企图摆脱、逃避某种情境而又无能为力的情绪,生活中恐惧的对象可以是某些动物或场景或社交恐怖,其程度可以有不安、担心、害怕、恐惧等。

二、情绪状态的种类

(一)心境

心境是一种微弱的、平静的而持续时间较长的情绪状态。如心情愉快、心身舒畅,或心情郁闷、犹豫不决,在一个相当长的时间内持续下来。心境具有缓和而又微弱,持续时间较长,以及弥散性的特点。具体如下:

第一,从发生强度和激动性看,心境是微弱的、持续的情绪体验状态。它的发生有时自己觉察不到或很难感受到,像一场绵绵细雨慢慢浸润。

第二,从持续时间看,心境是稳定的、持续时间较长的情绪体验状态。短则几天、几周,长则数月、数年。所以朱自清在散文《荷塘月色》中会说"这几天心里颇不宁静";我们日常生活中会有"最近心情不错"的说法,也有"最近感觉简直是祸不单行"的说法。

第三,从作用的范围来看,心境不是对某些具体事物的特定体验,而是一种非定向的、弥散性的情绪体验状态。也就是说心境不指向某个特定事物,而是使人的整个精神活动和行为都染上某种情绪色彩。所谓"忧者见之而忧,喜者见之而喜""感时花溅泪,恨别鸟惊心"就是对这种弥散性特点的写照。

引起心境的因素很多。工作中的顺境和逆境、事业上的成功和失败、人际关系的亲疏、考试成绩的优劣、健康状况的好坏乃至时令节气、环境景物、身体状况等,都是导致某种心境的原因。心境对人的学习、工作、生活和身体健康都有很大影响。积极良好、乐观的心境会促使人主观能动性发挥,振奋乐观,增强克服困难的勇气,提高活动的效率,同时有益于身体健康。消极、悲观的心境则会使人厌烦、意志消沉、颓废悲观,从而降低活动效率,并有损身体健康。学会对心境的调节与控制,通过意志力锻炼,以良好的人格特征,充分发挥理想与信念的作用,对克服消极心境培养积极心境,提高学习、生活和工作的效率具有重要作用。

(二)激情

激情是一种强烈的、短暂的、暴发式的情绪状态。激情,一般是由对人具有重大意义的突发事件引起的;有时虽然事情不大,但因为长期压抑,也会使人在别人看来根本不值一提的"小事"上大发雷霆。取得重大成功后的狂喜、惨遭失败后的绝望和沮丧等都是激情爆发的表现。激情的特点有如下几点。

1. 爆发性

激情发生过程一般都是迅猛的,在短暂时间内喷发出大量能量,犹如火山爆发,强度极大。"盛怒""狂喜""歇斯底里"都是典型的激情爆发,它们往往来势汹涌,势不可当。

2. 冲动性

一旦激情发生,个体会被情绪所驱使,言行缺乏理智,带有很大的盲目性,会出现"意识狭窄现象",即个体在激情状态下,认知活动范围变得狭小,理智分析能力受到抑制。此时个体的自我调节能力下降,意志控制减弱,出现行为失控,所以才会有"冲动是魔鬼""感情用事""意气用事"的说法。

3. 短暂性

激情爆发后的短暂平息阶段,冲动开始弱化或消失,出现疲劳现象,严重时会出现精力衰竭,对身边的事物漠不关心,精神萎靡。短暂性与爆发性、冲动性都是密切相关的,正是因为爆发与冲动,所以激情的时间一定不会持续很久。

4. 指向性

激情一般都由特定对象或现象引起。例如,意外成功会引起狂喜,反之,目的没有达到会产生绝望。对个体意义重大的事件、对立意向、愿望冲突等都会导致激情。但是在激情爆发时,情绪的能量可能会由一个对象转移到另一个对象,比如父母吵架,你可能躺着中枪。

5. 激情性

在激情状态,可以看到愤怒时"怒目圆睁"、狂喜时"手舞足蹈"、悲痛时"号啕大哭"等,有时甚至会出现痉挛性动作,言语过多或语无伦次。

激情是可以控制的,在激情发生的最初阶段有意识地加以控制,能够将危害性减低到最低限度。因此,一个人要学会控制激情的消极影响,不要以激情作为借口原谅自己的过失。一般在激情状况下,要学会合理释放与升华、适当转移注意力等来缓解与调控激情的消极影响。激情并非都是消极的,它也可以成为激励个体积极活动的强有力的推动力。

(三)应激

应激是出乎意料的紧迫情况引起的急速而高度紧张的情绪状态。人在危险而又紧张的情况时,必须集中自己的智慧和经验,动员自己的全部力量,迅速做出选择,采取有效行动,此时人的身心处于高度紧张状态,即为应激状态。应激状态下,会引起机体的一系列生物性反应,如肌肉紧张度、血压、心率、呼吸以及腺体活动也会出现明显的变化。

应激是人对意外环境刺激所作出的适应性反应。这里的适应性是一种中性词,所以应激可分为积极的应激和消极的应激两种。例如,突然遭遇火灾、地震、歹徒袭击或面临重大比赛或考试时,个体能动员机体各部分能量,使自己的精力集中于某事件,迅速果断地做出抉择,并采取有效行动,这时其身心已处于应激状态并且成功顺利地应对了紧急状态,我们称之为积极的应激。另外,个体由于自己的经验不足,难以应付当前的境遇。也就是在紧急情况发生时个体产生无能为力的无助感和紧张感,惊慌失措、意识狭窄,导致感知和注意产生混乱,思维退滞,行动呆板,正常处事能力水平大幅度下降,这是应激的一种消极反应。研究表明,持续的应激状态会影响机体的生物化学保护机制,从而导致某些疾病的出现,如胃溃疡或高血压等多种疾病。一般说来,应激状态的某些消极影响是可以调节的。过去的知识经验、良好的性格特征、高度的责任感等都是在应激状态下阻止行为紊乱的重要因素。

三、情感的种类

情感是与人的社会性需要相联系的内心体验,是人类特有的心理现象之一,具有鲜明的社会性、历史性。人类高级的社会情感主要有道德感、理智感和美感。

(一)道德感

道德感是个人根据一定的社会道德标准评价他人和自己的言论、行为、举止时所产生的一种主观体验。如果自己及他人的行为举止与道德标准一致,就会产生积极的情感,如愉快感、幸福感、赞赏感。反之,则会产生消极的情感,像憎恨、厌恶等。道德感涉及社会生活的各个方面,爱国主义情感、集体主义情感、同志感、友谊感、义务感、责任感、同情感、人道主义情感等。如拾金不昧产生的骄傲感也是一种道德感。

道德感的形成是以道德认识为基础,在道德信念和世界观的指导下,在社会生活实践中潜移默化地形成。由于道德规范具有社会性、历史性和阶级性,因而道德感受社会历史因素的影响,在一定程度上反映了社会的价值观念和价值取向。

(二)理智感

理智感是个体在追求知识、认识和探求真理的智力活动过程中产生的情感体验。理智感与人们的好奇心、求知欲、认识兴趣、追求真理的需要相联系。例如,人们对未知领域的好奇心和求知欲,在解决疑难问题时而产生的疑虑、惊讶、焦虑,在疑难问题解决后而产生的愉悦和满足感,在解决工作和学习中的问题时而产生的困惑、烦恼等都是理智感的表现形式。你是否有过"打破砂锅问到底"的时候,那么此时你体验的就是一种理智感。

理智感是在人的认识活动中产生和发展起来的。"兴趣是最好的老师",因此理智感对人的认识活动又具有推动作用,成为认识活动的一种内在动力。人的理智感的产生和发展与人的认识水平和经验有关,也与人的世界观、理想等相关。

(三)美感

美感是个人按照一定的审美标准评价事物时所产生的情感体验。美感是在欣赏艺术作品、社会现象、自然现象、自然景物时产生的,包括自然美感、社会美感和艺术美感三种。凡是客观事物中存在的符合人们美的需要的一切东西,都能引起美的体验。美感有两个鲜明的特点:一是愉悦性体验。如线条、颜色、形状的美,协调、鲜艳、匀称等体验。二是倾向性体验。美的事物使人愿意去追求它。

美感是人对审美对象的一种主观态度,因而随着个人的需要、立场、观点不同,随着主客观的关系不同而不同。但人们对美的需要也有共同的一面,如体形的健美、花朵的鲜艳、音韵的优雅、线条的协调匀称,都会引起共同的美的感受。

第三节 情绪的调节与控制

情绪在人的心理生活中处于一个特殊的位置,它与人的心理健康息息相关。情绪的异常变化往往是心理疾病的先兆。因此,如何调整好情绪从而保持心态平衡,成了众多心理学家关心的问题。

一、压力与情绪健康

(一)压力

心理学理论认为,压力是个人在面对具有威胁性的刺激情境时,一时无法消除威胁、脱离困境时的一种被压迫的感受。如果这种感受经常因某些生活事件而持续存在,就会演变成个人的生活压力。在日常生活中经常有这样的情况,人们虽然认知生活情境中存在着对自己很具威胁的刺激,但因限于个人条件,无法将其消除,只得任其存在。这样,具有威胁性的刺激情境,就变成了当事人生活中长期存在的事件,这种生活事件随时使他在心理上感到很大的压力,这就是人们所说的生活压力。

(二)压力来源

一般来说,压力主要来源于三个方面。第一是生活发生巨大变化,即个人日常生活秩序上发生的重要变化。如身体重大疾病、收入的锐减、夫妻分居、亲人亡故等,都会给人带来不同程度的压力;第二是生活琐事,即日常生活中经常遇到且无法逃避的琐事。这些琐碎事件,虽然在性质上其严重性均不足以危害于人,但日积月累,就会对人的身心造成不良影响;第三是心理因素,主要指挫折和冲突给人带来的压力。有一种疾病叫作心理官能症,在临床体检时没有任何器质性病变,但就是不舒服,这里主要是心理因素造成的压力紧张与不适。

(三)压力与情绪健康

从表面上看,压力是导致人们心理失衡从而影响身心健康的一个重要原因,但从心理学的角度看,导致心理失衡、情绪变化的主要原因不在于外部环境,而是内部的心理状态,即情绪状态。在现实生活中,压力对任何人几乎都是不可避免的,但是,如何面对压力,不同的人却可以有不同的选择。一个心理健康的人,不是没有压力、挫折,而是能够正确对待压力与挫折,及时调节自己的情绪,保持心理的平衡。可以说,压力对人的影响有积极的也有消极的,适当的压力会提高人的行为效率,有利于问题的解决,这就是我们通常所说的化压力为动力,化悲痛为力量。但压力过大,则会对人的心理健康产生负面影响。所以,要保持情绪健康,必须学会正确应对压力的方法,不断提高自己承受压力的能力,培养自己勇敢顽强、开朗豁达的良好性格和坚韧不拔、不屈不挠的良好意志品质,这样才能在取得工作成就的同时保持身心的健康。

二、紧张与情绪健康

紧张状态是通过人与其环境间存在的特定关系而产生的,这是一种复杂的动力体系,紧张状态是以心理过程为根源的个人的知觉现象。拉扎鲁斯等人曾给紧张状态下了这样的定义:"心理紧张是人与环境之间的特殊关系,它取决于人对加重或超出其负荷的危机及其完好状态的评估。"这就是说,人对生理和心理需要的满足的知觉,以及对满足这些要求的能力的知觉,是形成紧张状态的根源。

(一)紧张与生理指标的变化

紧张能扰乱机体的平衡状态,导致心率加快、血管收缩或舒张,血压升高,呼吸增速、胃肠蠕动减慢,新陈代谢速率增高。

紧张还可影响免疫功能,降低机体对病毒、细菌或过敏物的抵抗力而致病。梅耶的链球菌感染的研究表明,儿童对链球菌感染的情况与情绪紧张事件增加的水平明显相关,并与上呼吸道疾病的临床表现明显相关。

精神紧张与儿童期的许多躯体疾病和意外事故的发生之间存在着联系,如呼吸系统疾病、消化系统疾病、儿童期癌症、周期性发作的疼痛、慢性疾病、意外事故等。

(二)紧张与心身疾病

心身疾病与个体遭受过度或过强的精神紧张刺激有关联。个体中较为常见的心身疾病,主要有支气管哮喘、便秘、腹泻、消化性溃疡、肥胖症等。长期高度的心理紧张、无意识冲突、受威胁而引起的不安全感等,都会对这类疾病的产生、发展起影响作用。

(三)紧张与心理适应

适应,指的是个体与环境的关系,既包括个体根据环境的要求改变自己,也包括个体作用于环境。心理适应不良的儿童,其人际关系、社会行为及生活能力都会出现障碍,行为表现超出了对心理刺激的正常和应有的反应范围。经历较多的心理紧张,可能会导致心理适应不良。

三、情绪智力

美国心理学家彼得·沙洛维(Peter Salovey)把情绪智力描述为由三种能力组成的结构。这三种能力是能准确评价和表达情绪的能力,具备有效调节情绪的能力,将情绪体验运用于驱动、计划和追求成功等动机和意志过程的能力。

此后,沙洛维对情绪智力做了进一步的研究,并把它定义为社会智力的一种类型,对情绪智力所包含的能力与内容进行了重要的新界定。认为情绪智力主要是由能区分自己与他人情绪的能力、调节自己与他人情绪的能力和运用情绪信息去引导自己思维的能力综合起来的,这是情绪智力三成分论的观点。

美国心理学家丹尼尔·戈尔曼(Daniel Goleman)不同,他认为情绪智力包括5个方面的能力:认识自身情绪的能力、妥善管理情绪的能力、自我激励的能力、认识他人的情绪的能力、人际关系的管理能力。这5种能力与自知、自控、热情、坚持、社交技巧等非智力因素相关。

在对情绪智力进行了多年研究后,沙洛维为情绪智力构建了一个比较完整的结构,并对情绪智力的内涵作了全面概括,它们在个体的发展和成熟过程中具有先后次序。

(一)对情绪的知觉、评估和表达的能力

对情绪的知觉、评估和表达的能力主要包括从自己的生理状态、情感体验和思想中辨认自己情绪的能力;通过语言、声音、仪表和行为从他人、艺术作品、各种设计中辨认情绪的能力;准确表达自己的情绪,以及表达与这些情绪有关的需要的能力;区分情绪表达中的准确性和真实

性的能力。这些能力对个体发展来说有早有晚。

(二)情绪对思维活动过程中的促进能力

情绪对思维活动过程中的促进能力主要包括情绪给予思维的引导能力;情绪生动鲜明,对与情绪有关的判断和记忆过程产生积极作用的能力;心境的起伏使个人从积极到消极摆动变化,促使个体从多个角度、多个方面进行思维的能力;情绪状态对特定的问题解决所具有的促进能力。

(三)情绪传达意义的能力

理解和感悟情绪,并在对情绪进行分析的基础上获得情绪知识的能力主要包括情绪、认识情绪本身与语言表达之间关系的能力;理解情绪传达意义的能力;认识和分析情绪产生原因的能力。

(四)调节情绪促进心智发展能力

对情绪进行成熟调节以促进心智发展的能力主要包括以开放的心态接受各种情绪的能力;根据获得的信息,判断成熟进入或离开某种情绪状态的能力;成熟的监察与自己和他人有关的情绪的能力。

情绪智力理论的提出,使人们在理论上认识到,人是有能力调控自己的情绪的,只是这种能力因人而异。情绪智力高的人,能够很好地觉察和意识到自己与他人的情绪状态,并能有效地调节和控制自己的情绪;而情绪智力低者,则较难觉察和意识到自己与他人的情绪状态,只能听任情绪的摆布,产生不良的情绪体验以及错误的行为表现。

四、情绪的调节与控制

(一)认识自己的情绪,帮助形成合理的认知

认识自己最难,对于每一个人来说,自己都是一个"熟悉的陌生人"。少年儿童的情绪波动幅度较成年人大,频率也较成年人高,甚至有时候消极情绪的产生,都属于在基础教育这个特殊的发展阶段出现的正常现象。学校及家长可以通过普及生理和心理的一般知识,让孩子认识自己的情绪。

事物本身的性质是客观存在的,不能改变的,是不以人的意识为转移的。但是人的认知是可以改变的,我们既可以不断地改变对客观世界的认知,更可以不断地改变对自身的认知。因此,从这个意义上说,认知是情绪的基础,甚至可以说,有什么样的认知就会产生什么样的情绪。学生从认识事物开始就已经有自己的独立见解,具备了独立认知的能力,这种独立认知的能力恰恰成为家长和教师从旁教导的一种契机。那么,我们就应该改变认知策略,建立正确的认知,让学生保持乐观向上、积极肯定的情绪状态,正确对待生活、学习和工作。

人的认知还是可变化的。建立正确的认知要认真分析,正确对待生活中的每件事情,例如,当你站在路边和朋友谈话时,后面走过来一个人把你的手提袋碰掉,你可能很生气,但当你发现他是个盲人时,就会谅解他,不再生气了。建立正确积极的认知,在遇到困难或阻碍时,多

想想自己的有利因素,往往会给自己增加战胜困难的决心和信心。

(二)创建良好的人际氛围——信任、沟通、接纳、开放

学生作为未成年人,他们的心理活动丰富,不稳定。到了中学,他们心理冲突激烈,心理矛盾突出,许多情绪问题是来源于这个特殊年龄阶段的身心特点以及来源于复杂的环境之中。其中最典型的问题是由人际交往引起的情绪困扰,如师生之间、父母和孩子之间、同学之间的关系,调整好上述关系,有助于孩子良好情绪的建立。家长可以帮助孩子调整自己的情绪,与他人增进了解、理解、协调关系,创设有利于健康情绪发展的良好氛围。

1. 尊重学生,无条件地接纳和信任学生

尊重学生,尊重其人格,尊重其隐私权,把他们看成是自己生活中一个普通的他人,用心地与其交往,将给予学生巨大的学习动力和热情,使其充满信心。尊重自己的学生最终收获的是学生由衷的敬佩和持久的信心。所有的学生都需要被接纳,被鼓励,无论是独立性很强的孩子还是习惯依赖的孩子,自信的孩子还是很容易畏缩的孩子,无一例外。

2. 双向沟通,与学生分享你的经历和感受

沟通和交往都需要一种双向的互动,就像交往中你不但要经常地帮助别人,为了维持这种交往,需要互动,即你也要适当地、"艺术化"地求得别人的帮助,尽管有时你并不是那么迫切需要他人的帮助,不然,交往就无法很好地继续。有时候,老师需要在学生面前示弱,与学生分享自己的感受,可以拉近距离,取得信任;展示你的成长经历,给学生树立一个榜样,构建良好的崇尚沟通的氛围。

3. 创设良好的同伴交往氛围

同伴是指学生与之相处的具有相同或相近社会认知能力的人,同伴关系为学生学习技能、交流经验、宣泄情绪、习得社会规则、完善人格提供了充分的机会。良好的同伴交往氛围是融洽的、稳定的、包容的、合作与竞争并存的。在同伴交往中,有意见分歧,但彼此目标一致,自由而又受到相对规则的约束,允许个性化、又存共性。同伴交往氛围是在各种活动中形成又在活动中体现的,教师可设计并组织各种活动,在活动中让学生展现才华、暴露缺点、锻炼其能力,提升其价值,培养积极情感。

(三)增强积极情绪体验

曾经有位智者问:有一块空地,如何能让其不长杂草?学生们很聪明,讲出了各种各样的包括铲、拔、使用除草剂等方法,智者最后告诉孩子们,要让空地不长杂草,最好的办法是种上庄稼。同样,增强孩子的积极情绪体验,丰富其精神生活,不让其心灵留下空地来容纳消极情绪。

人们获得情感体验有两条途径:一条是通过亲身实践获得直接的情感体验;另一条是通过别人和各种传播手段获得间接情感体验。当我国体育健儿在国际运动比赛的领奖台上,看到五星红旗在演奏的国歌中冉冉升起时,许多人深深为祖国感到光荣和自豪而忍不住热泪盈眶。教师还可通过多种手段,如诗文欣赏、电影电视等传播媒体丰富孩子的情感体验,也可组织各种户外活动,如参加文化艺术节、参观纪念馆及运动会等来增强其积极情绪体验。

(四)帮助调节自己的情绪

1. 合理情绪疗法

美国临床心理学家阿尔伯特·艾利斯在 20 世纪 50 年代创立了"合理情绪疗法",能有效地调节学生的不良情绪。合理情绪疗法认为:情绪并不是由某一诱发事件本身直接引起的,而是由经历这一事件的个体对这一事件的解释所引起的。这一理论被称为情绪困扰的 ABC 理论,其中 A(Activating Event)指诱发性事件,B(Belief)指个体在遇到诱发事件之后产生的相应信念,C(Consequence)指特定情境下,个体的情绪及行为的结果。在此基础上,又产生了理性情绪疗法理论,即 ABCDE 理论。D(Disputing)指驳斥、对抗。与不合理的信念辩论对抗、驳斥成功后,是能产生有效的治疗效果 E(Effect)。这种结果包括认知、情绪和行为三方面。

2. 转移调控

转移调控包括注意转移和活动转移。注意目标的转移,可以引起相应的情绪变化。所以发怒时,应尽量避开使自己发怒的刺激,有意识地把自己已有的情绪转移到另一个方向上去,使之缓冲。还可通过唱歌、看电影、散步、打球、旅游等方式,把自己置身于春分荡漾、青山绿水、莺歌燕舞的美好气氛中,使感情尽快平静下来。这里特别要提的是参加诸如跑步、游泳、打球等运动项目的积极意义。因为运动可使心率加快,促进血液循环、改善机体对氧气的吸收作用,从而使人精神振作。同时,体育锻炼也可以使人摆脱失败带来的心理压力,运动中的乐趣与群体的和谐气氛可以重唤心灵上失败的阴影,使人在精神松弛之后再次扬起前进的风帆。体育锻炼能培养人的自觉性、自制性、与坚韧性,还可以培养人的竞争意识,使人学会超越自己,超越别人,这些良好的心理因素有助于开朗性格的培养及自信心的形成。

3. 升华调控

升华是改变不为社会所接受的动机、欲望而使之符合社会规范和时代要求,它是对消极情绪的一种较高水平的宣泄,是将情绪激起的能量引导到对人、对己、对社会都有利的方向去。当人遇到不公平之事时,一味生气憋气或颓废绝望都是无济于事的,作出违反法律的报复行为,更是下策,因为这是用别人的错误来惩罚自己,正确的态度是有志气、争口气,将挫折变为动力,做生活中的强者,所谓"化悲痛为力量"就是这个意思。所以升华一方面发泄原有的情感,达到了心理平衡;同时又能从中得到快乐,实现人生的价值。贝多芬从失恋的痛苦中奋起,创作了第二、第七、第八交响曲,名垂史册。歌德把失恋的情绪能量升华到文学写作中,创作了名篇《少年维特之烦恼》。

4. 宣泄调控

对于情绪的治疗,不太像生病吃药,药物通常通过杀灭细菌或抑制细菌的生长来缓解病情,而对于情绪的调整,其目的不是"杀死或抑制"坏情绪,不让其流露出来,而应该给不良情绪一个发泄的渠道,引导情绪以恰当的方式释放出来,以免不良情绪过于压抑影响到身心健康。将抑郁的烦恼倾诉出来,是发泄痛苦的一种方式,它可以给人以极大的精神解脱,使人感到由衷的舒畅。正如高压锅受到超负荷的蒸汽压力时,就会冲破"安全阀门",排除气体,避免爆炸事件发生一样。人的心理上产生过重的压力时,如果不及时合理地释放、宣泄出去,而让烦恼、悲愤、痛苦隐藏于内心,迟早会冲垮生命的大堤,造成身心重创。

情绪宣泄有直接和间接两种方式。直接宣泄即直接针对引发情绪的刺激来表达情绪。当直接宣泄于己于人都不利时,可用间接宣泄使情绪得到出路,如倾诉痛哭、参加活动等。这样通过情绪的充分表露和从外界得到的反馈信息,可以调整引起消极情绪的认知过程和改变不合理的观念,从而求得心理上的平衡。弗洛伊德在进行临床治疗时,让患者喋喋不休地尽情倾诉自己内心的隐私,吐露被压抑的消极情绪,对解除内心障碍很有帮助。有心理调查健康结果显示:爱哭的人不易患溃疡病。日本东京大学著名的心理学家松本德二郎通过对4125名不同年龄不同工作性质的22岁以上的女性调查发现,唠叨是女性心理上自我主动调节情绪平衡的一种有益的宣泄法。

5. 语言调控

语言不仅能交流信息,也具有调节人的行为及情感的功能,生活中语言调节的例子很多,有人喜欢在自己的房间了里挂上"忍""制怒"一类的条幅,每逢难忍或易怒时,抬头看到墙上挂的这类条幅时,就可以控制或缓和自己的情绪。还有的人把喜欢的名人名言作为自己的座右铭,随时激励自己。语言调控还包括,当不良情绪压抑着你,使你内心焦虑不安时,通过语言暗示来调节心理上的紧张状态,使不良情绪得到缓解。如参加一些紧张的活动,如重要的考试、竞赛,在心理暗暗地提醒自己,沉住气、别紧张。当一个人在困难面前或深处逆境时,自我激励能使你从困难和逆境造成的不良情绪中振作起来。在松弛平静、排除杂念、专心致志的情况下,进行自我暗示,对情绪的好转大有益处,也有的人利用镜子,对着镜子里面的"我"说话,如"笑一笑、笑一笑",结果真的笑起来,也可以说"不错,我觉得好多了",这种自我暗示和鼓励也会取得良好的效果。

学会情绪的自我调节对每个人来说,具有积极的意义。首先,可以更好地发挥良好情绪的功效,促进情绪对自身健康,全面发展的积极影响,避免情绪的消极影响;其次,可以在情绪平衡发展的基础上,保持愉快的心境;另外可以促进情绪的成熟,培养健康的情绪。值得注意的是,教师应帮助学生养成良好的调节情绪的习惯,与做其他事情一样,调节情绪也需要持之以恒。当意识到不良情绪出现时,就应马上考虑应对的方法,并坚持实施下去。否则,三天打鱼、两天晒网,今天调节情绪明天放任自己的情绪,那么再好的方法、花再多的时间也收效不佳。

第四节 意志的概述

一、意志的概念

意志是指人自觉地确定目的,并根据目的支配、调节自己的行动,克服困难,去实现预定目的的心理过程。意志是意识能动性的集中体现,是人类特有的心理现象,它总是在人的实际行动中表现出来。学生为取得优异成绩,早日报效祖国而刻苦学习;员工为获得好的工作业绩而辛勤劳动,这些都是意志的具体体现。

意志作为心理过程的一个方面,它同认识和情感过程既有区别又相互联系。意志是在认识的基础上发动和进行的,亦受情绪、情感的动力作用的影响,反过来人的意志对认识和情感具有调节、控制作用,三者的有机配合共同构成人的完整的心理过程。

二、意志行动的特征

意志是通过人的行动表现出来的,受意志支配控制的行动即为意志行动。意志行动有以下主要特征。

(一)明确的目的性

明确的目的性是意志行动的前提。意志行动是人类独有的,是有目的、有意识、有计划的活动。一个人行动的目的越明确、目的的社会价值越大,其意识水平就越高,行动的盲目性与冲动性就越少。古今中外有成就的人,之所以能具有顽强的意志并取得成功,就在于他们有明确的生活目的与追求。

(二)以随意运动为基础

人的活动可以分为不随意运动与随意运动。不随意运动指没有明确意识目的、不受意识支配的活动,如睡姿等习惯性动作、眨眼等无条件反射动作等。而随意运动是指由意识调节控制的活动,它是在后天生活中学会的、有明确的目的,如行走、骑车、写字等活动。随意运动是意志行动的基础,也是意志行动的组成部分。人只有掌握了随意运动,才能够根据预定的目的去组织、支配、调节一系列运动构成复杂的行动,从而实现预定目的,完成意志行动。

(三)与克服困难相联系

严格来讲,克服困难是意志行动的根本标志,只有与克服困难相联系的行动才能称为意志行动。如平时的写字、行走、扫地等行动即便有着目的性,但往往无须意志努力就能完成,而当一个人身患重病时,写字、行走就要克服一定的困难,付出一定的意志努力。可以说,意志的强弱是在克服困难的过程中体现出来的,意志力是在不断克服困难的过程中逐步培养、发展起来的。困难的性质与克服困难的大小、难易程度决定着意志水平的高低,是衡量意志的重要标准。

三、意志的作用

意志在人类生活中有着重要意义。人们在改造主客观世界方面所取得的成就,常常和人的意志努力分不开。

(一)意志对心理活动的调控作用

坚强的意志不仅能有效调控认识、情感活动,更能造就坚强性格和完美个性。即人的自我完善、健全人格的养成是一个长期的修养过程,需要坚韧不拔的精神和顽强意志的支持。曾子说:"吾日三省吾身",就离不开意志的自觉性与坚持性。但凡具有良好性格、兴趣广泛、才能非凡的人,必定具有坚强的意志,而且坚强的意志品质本身即是人的性格的重要组成部分,是一种个性特征。正如爱迪生所说,伟大人物最明显的标志,就是他坚强的意志,不管环境变化到何种地步,他的初衷与希望仍不会有丝毫的改变,终将克服困难,以达希望之目的。

意志对人的身心健康有着重要意义。坚强的意志能使人坚持锻炼身体,拥有强健的体魄。近年来的研究证明,意志对人类植物性神经所支配的内脏活动有一定的调节作用,如通过生物和反馈的训练,人可在一定程度上调节心律的快慢、血压的升降、肠胃的蠕动等。坚强的意志还能使人以积极的心态和坚韧不拔的精神迎接人生的挑战,战胜精神重压,克服消极情绪,从而拥有健康的心理状态。

(二)意志是实践活动成功的保证

坚强的意志能使人充分发挥意识的能动性,去积极地认识客观世界,遵循客观规律,为实现自己的目的而努力从事有关的实践活动,取得成功。据有关资料介绍,美国心理学家特尔曼和西尔斯曾对1000多名智力超常儿童进行了长达50年的追踪研究,结果发现那些后来事业上有成就的人,意志品质明显优于那些一事无成、默默无闻或成就平平的人。他们有较强的进取心和不屈不挠、坚持到底的精神。而无成就的人则多是由于意志薄弱、被动、退缩、害怕失败或优柔寡断而失去了许多成功的机会。

四、意志行动过程

意志行动的过程是意识对行为积极能动的调节过程,它是极其复杂的。一般分为采取决定与执行决定两个阶段。

(一)采取决定阶段

采取决定阶段又称为准备阶段,这一阶段包括在思想上权衡行动的动机、确定行动的目的、选择行动的方法和制订行动的计划。

1. 动机斗争

动机是推动人们从事各种活动的直接内部原因,它是由人的需要引起的。由于需要的不同,人的活动动机也是多种多样的。在人的意志行动中,活动动机往往不是单一的,而是几种动机可能同时存在。这些动机可能产生冲突,其冲突一般分为以下四类。

(1)双趋式动机斗争,指当活动中两种或两种以上的目标无法兼顾时而产生的难以取舍的动机斗争。这种斗争是个体面对两个目标都想接近,但是只能选择一个目标所遇到的冲突。例如,周末晚上同一时间播出两部精彩的电影,而只能看其中一部时产生的心理矛盾。正如孟子所说:"鱼,我所欲也,熊掌亦我所欲也;二者不可兼得,舍鱼而取熊掌也。生亦我所欲也,义亦我所欲也;二者不可兼得,舍生而取义者也。"这些都包含双趋式的动机斗争。

(2)双避式动机斗争,指当两种或两种以上的目标都是人们力图回避的事物,或者说是两个目标都想躲避,但又不能同时避开时而产生的难以抉择的动机斗争。双避式动机斗争实际上就是人们平时所讲的"左右为难""进退维谷"。例如,一个学生犯了严重的错误,想认错又怕挨批评,丢面子,不认错又担心被人揭发后受更大的处分,他必须选择其一时产生的心理矛盾就是双避式动机斗争。"前有悬崖后有虎"也是一种典型的双避式冲突。古人所说的"两害相权取其轻者"体现的也是一种双避式冲突。

(3)趋避式动机斗争,指同一目标同时具有吸引力和排斥力时产生的欲趋又欲避的动机斗争。或者说是指面对同一个事物,既想接近又想逃避所遇到的冲突。例如,学生想参加多种集体活动,但又怕耽误学习,而产生的矛盾心理,就是趋避式动机斗争。老人摔倒了"扶还是不扶",面对鸡肋"吃还是不吃"这些都是趋避式冲突。

(4)多重趋避斗争,是指面对两个以上的事物,每个事物都有想接近和逃避的想法时所遇到的冲突。例如,一个人找到两份工作,一份在家乡,一份在外地,选择家乡担心没有发展前景,选择外地又担心孤单。寒假选择坐火车和坐飞机回家都各有优缺点,这种纠结和冲突是一种多重趋避斗争。

动机斗争有时是很复杂而激烈的,只有解决了动机斗争,才能消除紧张心理,引发进一步的意志行动。

2. 确立行动目的

行动目的是指意志行动所要达到的目标和结果。动机斗争一旦解决,行动目的也就确定下来了,确定的行动目的越明确,人的行动越自觉;目标越远大,行动的动力就越大,意义也就越深远,越有利于意志行动的顺利进行。确立目的包括深刻认识目的的重要意义尤其是社会意义、正确估计目的实现的可能性、解决不同目的之间的矛盾、确立当前实际行动的目的和长远目标等。

3. 行动方法与策略选择

目的确定之后,接着就要考虑如何实现目的,即选择适当、有效的方法与策略。方法与策略的选择对活动任务的完成、行动目的的顺利实现关系极大。好的方法策略,行动会事半功倍,否则,会事倍功半,甚至导致行动失败。

4. 制订行动计划

经过上面三个环节的准备之后,要想导向有效的行动还必须制订切实可行的计划。制订计划要受许多心理成分的影响,主要包括:个体的知识经验是否丰富;个体智力活动的水平与类型差异;个体对行动情境和客观条件是否有全面、深入的认知;是否考虑到行动方法与动机的社会价值的关系、道德规范的要求和个性品质特点等。因此,制订计划必须客观,符合实际,周密考虑,权衡利弊,并有一定高度,留有余地。

经过动机斗争,确定了目的,选择了行动方法,制订了计划,采取决定的准备阶段就完成了,随即进入执行决定阶段。

(二)执行决定阶段

执行决定阶段是意志行动的完成阶段,是头脑中既定的目的、计划与措施付诸实施的过程。执行决定是意志行动的关键阶段,人的意志能动性只有经过执行才能真正体现出来。

从采取决定到执行决定,有时是立刻进行的,有时则有一段时间的间隔与准备,但只要条件具备,就要执行决定,采取行动。意志在执行阶段中的作用主要体现在以下几点。

1. 克服内外困难

在意志行动中常常会遇到各种内部的和外部的困难。内部困难是指阻碍行动的主体自身因素,如知识经验的不足、能力的欠缺、情绪状态差、其他动机或目的诱惑干扰等心理困难,或健康状况不佳、疲劳、亢奋等生理困难。外部困难是指阻碍行动的外部环境因素,如气候恶劣、工作条件简陋、人际冲突、情境变化。因此,要执行决定,就必须以强大的意志力克服困难和障碍。

2. 经受成功与失败的考验

在执行决定的过程中,往往会取得最终的成功或遭受失败,面对成功时人往往精神振奋、信心百倍,易产生骄傲自满情绪,要学会面对成功不骄傲;遭遇失败时人往往会萎靡不振、颓废,要学会面对失败不颓废,振奋精神,努力拼搏,即做到胜不骄败不馁。

第五节 意志的品质

一、意志品质

意志品质就是意志的个别差异。由于生活实践与所受教育的不同,人们的意志品质,既有共同特点,也存在差异;既有积极的,也有消极的。良好的意志品质主要包括以下四个方面。

(一)意志的自觉性

意志的自觉性,也叫作意志的独立性,是指人对行动的目的及其社会意义有清楚而深刻的认识,并受正确的信念和世界观的指导,主动支配自己的行动,以达到预定的目的。自觉性表现为一个人不屈服于周围人们的压力,不随波逐流,能根据自己的认识与信念,独立地采取决定,执行决定,自觉性贯穿整个意志行动的始终,是产生坚强意志的精神支柱,在意志品质中占主导地位。换句话说,意志的独立性是坚强意志品质的首要特征。具有自觉性的人,能独立自主,行为光明磊落。例如,遵守纪律、执行准则;坚持真理,修正错误;胜不骄、败不馁;排除诱惑、抗拒干扰等都是自觉性的具体体现。

与自觉性相对立的意志品质是盲从(也称易受暗示)和独断性。盲从表现为缺乏主见,人云亦云,易受他人的影响,发生动摇。独断则表现为在行动中只按自己的愿望和方法行事,呆板固执,盲目自作主张并一意孤行的倾向。所以,人们既不能盲从,又不能独断专行,一定要按规律办事。

(二)意志的果断性

意志的果断性是指人在选择目的、采取决定和执行决定的过程中,善于辨明是非真伪,抓住机会、迅速而坚决地进行决断,或及时调整决策以适应不断变化着的外界环境的能力。尤其是指一个人在复杂的情境中,迅速而合理地采取和执行决定的意志品质。这是意志的一种机敏性品质,是当机立断的表现。它以行动的自觉性为前提,以大胆勇敢和深思熟虑为基础,与思维的独立性、批判性、敏捷性相联系。一个意志坚强的人也必是果断负责的人。

与果断性品质相反的是优柔寡断和冒失与草率。优柔寡断的人在制订计划时动摇不定,犹豫不决,在采取决定和执行决定时又举棋不定,踌躇不前。他们难以克服内心的矛盾和冲突,在各种动机、目的、手段之间摇摆不定,畏首畏尾,顾虑得失,"前怕狼、后怕虎",一方面焦虑不安,另一方面又错失机会,难成一事。冒失者则对事物的特点和现状不假思索,多凭一时冲动和兴致,或轻举妄动,或鲁莽从事,不顾后果。这种人看似果断,实际上也是意志品质不成熟的表现。

(三)意志的坚持性

意志的坚持性又称为坚韧性,是指个人在行动中坚定不移、坚持不懈地克服一切困难和障碍,坚决完成既定目的和任务的品质。这指坚忍不拔、百折不挠的良好品质。坚持性包含精力和毅力两种品质。精力指一个人具有充沛饱满的精神去克服困难,达到行动目的的品质。毅力是人们长期不懈地保持充沛精力,坚忍顽强,不屈不挠地去克服困难,排除干扰,坚决完成任务的品质。一个意志坚强的人不仅有精力,而且有毅力。它们取决于人对所从事活动的认识和态度,这也是一个人高度理性的表现。这种品质是在长期奋斗过程中锻炼出来的。如居里夫妇在手工条件下研究,冶炼了80吨铀矿石以后才制成了1克镭,在多年的艰苦劳动中体现了他们顽强的意志。

与坚韧性相反的品质是顽固性和动摇性。顽固性表现为对自己的行动缺乏理性的认识,固执己见、我行我素、执迷不悟、故步自封、刚愎自用。动摇性指一遇到困难和挫折就动摇妥协,不能坚持行动,如三天打鱼、两天晒网、朝令夕改、虎头蛇尾、做事三分钟热情、见异思迁等。

(四)意志的自制性

意志的自制性又称为自制力,是指为了实现预定目的而调控自己的心理状态和言行的能力。自制性是一种善于管理和控制自己情绪和行动的品质,反映着意志的抑制能力,主要表现在两个方面:一是善于迫使自己执行已作出的决定;二是善于抑制与自己的目的相违背的各种愿望、动机、情感和行动。正如俄国著名教育家马卡连柯所说:坚定的意志——这不单是想什么就得干什么的那种本事,也是迫使自己在必要时放弃什么的那种本事。没有制动器就不可能有汽车,而没有克制也就不可能有任何意志。自制性就是能够忍受机体的疲劳、疾病和创伤,就是能够抗拒诱因吸引、困惑等干扰,简言之,就是征服自我。大凡从逆境中成长起来的人,都具有较强的自制性,他们能够做到"富贵不能淫,贫贱不能移,威武不能屈"。

与自制力相反的品质是任性和怯懦。他们不能控制自己的情绪与冲动,不是情感的主人而是情感的奴隶。任性者放纵自己,对自己的情绪与行为不加约束,任意而为。怯懦者则对行动中的困难畏缩不前,一遇到生活中的突变就惊慌失措,无力自控。

上述意志品质并不是彼此孤立的,而是相互联系、相互制约的统一体,它们对人的认识、情感和行为活动有很大的影响,同时又与人的性格、健康和成才密切相关。在不同的人身上,也存在不同的意志品质类型,如有的人比较果断而不够顽强;有的人目的方向性明确而缺乏坚持性和自制性;有的人既有果断性又有独断性;具有顽强意志的人则上述品质均比较优秀,相互协调。

二、意志与认知、情绪和情感的关系

(一)意志过程与认知过程的相互关系

意志过程是以认知过程为前提的,离开了人的认知过程,意志过程就不可能产生。自觉的目的性是意志的基本特征之一,人的任何目的都不是凭空产生的,都是在认知活动的基础上形成的。目的虽然是主观的,但它们却是来源于人对客观事物的认识的结果。人在选择目的和采取方法与步骤的过程中,都必须通过感知、记忆、思维、想象等认知过程才能实现。

意志过程对认知过程也有很大影响。没有人的意志努力,就不可能有认知过程,更不可能使认知活动过程深入和持久。因为在认知活动过程中,人总会遇到这样或那样的困难,要克服困难,就需要做出意志努力。例如,观察的组织、有意的维持、追忆和解决问题时思维活动的展开以及形象化进程等,都离不开人的意志的参与。

(二)意志过程与情绪和情感过程的相互关系

情绪和情感既可以成为意志行动的动力,也可以成为意志行动的阻力。积极的情感、锐意进取的精神能推动人的认识活动,相反,消极的情感、萎靡不振、畏难苟安就会阻碍人的认识活动。当某种情绪和情感对人的活动起推动作用的时候,这种情绪和情感就会成为意志行动的动力。例如,积极的心境,对学习或工作具有促进作用,社会责任感会促使个体努力学习、辛勤劳动。当某种情绪和情感对人的活动起阻碍作用的时候,就会成为意志行动的阻力。例如,消极的心境,就会影响个体的学习与工作状态,高度焦虑的情绪会妨碍个体的意志行动的执行,动摇以致削弱人的意志,阻碍预定目标的实现。

人的意志也可以控制、调节自己的情感。意志能够控制情绪,使情绪服从人的理智。个体在学习或工作中面对困难而产生的消极情绪,可以通过自己的意志来加以调节和控制,从而使自己的意志行动服从于理智的要求。人既能够调节和控制由于失败或挫折带来的痛苦和愤怒的情绪,也能够控制和调节由于胜利带来的狂喜和激动,这取决于一个人的意志力水平的高低。

三、意志教育

优良的意志品质不是天生的,而是在后天实践中通过培养和教育形成的。学生的意志品质处于发展时期,有较大的可塑性,主要应采取如下措施加以积极的引导和培养。

(一)加强人生观、世界观教育,培养正确观念

世界观是人们的认识活动的定向工具和行为的最高行动指南。科学的世界观是意志活动的力量源泉,是锻炼意志的思想基础。科学的世界观是灯塔,照亮前方、照亮迷途、照亮人生。科学的世界观能帮我们拨开云雾重见天日,这是一种思想上的引领,登高远眺是境界的提升。

对学生进行世界观、理想教育,要把教育与具体的学习生活结合起来,运用社会调查、报告会、社会实践等生动活泼、形式多样的体验式浸润式的教育方法,来培养学生正确的思想观念,激发崇高理想及相应的道德情感,从而推动其意志力的发展。同时要防止学生产生不切实际的幻想及坐享其成、好逸恶劳的思想观念。让孩子们既有"仰望星空"的胸怀,也有"脚踏实地"的干劲。

(二)在实际锻炼中磨炼顽强的意志

坚强的意志是在克服困难的实践活动中形成和发展起来的。作家莱蒙托夫说过:"意志是每一个人的精神力量,是要创造或是破坏某种东西的自由的憧憬,是能从无中创造奇迹的创造力。"孟子说:"天将降大任于斯人也,必先苦其心志,劳其筋骨,饿其体肤,空乏其身,行拂乱其

所为,所以动心忍性,增益其所不能。"这都指出了磨炼意志的重要性。实践锻炼的途径有很多:日常生活、集体活动、教育活动、生产劳动、体育锻炼等。

磨炼意志,最重要的是实践锻炼。古诗有云,"纸上得来终觉浅,绝知此事要躬行""读万卷书,不如行万里路",实践锻炼贵在一个严字。严格要求、目标明确、难易适当、加强指导、及时反馈、适当鼓励、从小事做起、持之以恒等都是锻炼的至理法宝。

(三)充分发挥班集体和榜样的教育作用

"人只能用人来建树",在具有良好班风的集体里,学生之间团结互助,每个人都热爱自己所属的集体,尊重集体的意见,执行集体委派的任务,严守纪律,努力为集体争光而不损害集体的荣誉。他们这种对集体的义务感和荣誉感有助于自制、坚毅、勇敢等意志品质的形成。自制是一种秩序,一种对于快乐与欲望的控制。柏拉图曾经这样告诫。

榜样的示范在培养学生良好意志品质的过程中有着重要的激励作用。榜样能将抽象的道理具体化、人格化、形象化,是一种符合年龄特征的好方法。"己欲立而立人",老师首先自己要率先示范;其次要善于向学生提供各种英雄人物、名人伟人等榜样,选取其周围现实生活中的榜样,以榜样的力量来激起学生的情感共鸣,促进其意志品质的发展。学校也可以做相关工作,就像苏霍姆林斯基所说的"让学校的每一面墙壁都开口说话"。

(四)启发学生加强意志的自我锻炼

我们在2~3岁时会说代名词"我",自我意识就开始萌芽了。幼儿期的"我"开始不喜欢爸爸妈妈管自己,到少年期的"疾风暴雨",青少年学生的自我意识正走向成熟,他们逐渐能够认识自我、评价自我,有着自我发展的强烈愿望,也开始具备自我教育的能力。事实上,自我意识正是整合自己各种力量的核心。

启发学生加强意志的自我锻炼,要注意以下几点。首先,充分利用榜样的力量;其次,发挥班集体的作用,践行马卡连柯所倡导的平行教育模式;再次,充分发挥主观能动性,主观能动性是个体身心发展也包括意志发展的决定性力量;最后,持之以恒。胜利属于最坚韧的人。针对小学生意志力薄弱最重要的是开展形式多样的课外活动,加强家庭与学校的联系,形成最大的教育合力。

复习与思考

(一)选择题

1. 情绪和情感是人对客观事物的态度体验及相应的行为反应,它是以(　　)为中介的一种心理活动。

　　A. 对客观事物的感知　　　　　　　　B. 个体的愿望和需要
　　C. 事物本身所具有的特性　　　　　　D. 个体的能力与人格

2. 当个体遇到对其有重大意义的事件时,会出现"意识狭窄"现象,此时(　　)。

　　A. 人们无法控制自己的行为　　　　　B. 出现意识消失的情况
　　C. 理智分析能力受到抑制　　　　　　D. 对发生的鲁莽行为可以不负责任

3. 在鲜花盛开、花草葱茏的阳春三月,人们常有"花在微笑、草在点头"的愉悦体验,这种情绪状态是( )。

　　A. 心境　　　　B. 激情　　　　C. 应激　　　　D. 热情

4. 下列选项中体现趋避冲突的是( )。

　　A. 鱼和熊掌不可得兼　　　　B. 人心不足蛇吞象

　　C. 前怕狼后怕虎　　　　　　D. 想吃药治病又怕药苦

5. 青年学生充满了求知欲,常常带着疑问,富于想象,愿意发表自己的见解,这种情感是属于人的( )。

　　A. 道德感　　　B. 美感　　　　C. 理智感　　　　D. 好感

(二)简答题

1. 情绪与情感的区别和联系。
2. 常见的情绪状态有哪些,分别有什么特点?
3. 举例说明情感的类型。
4. 联系实际分析自己的意志品质。

(三)材料题

初二学生王凌飞想当飞行员,但他的身体很弱,时常生病。班主任马老师对他说,天天跑步、打篮球、坚持做仰卧起坐等。王凌飞回家制定了一个详细的锻炼计划。第一周按计划做了,第二周早上起不来。其余计划能坚持,第三周,早上起不来,中午的锻炼活动也取消了。

问题:联系案例谈谈王凌飞意志品质的特征怎样?

第九章

个性倾向性

> **学习目标**
>
> 1. 理解个性、需要、动机、兴趣和价值观的概念,了解个性的结构、特征及需要和兴趣的种类。
> 2. 掌握儿童需要、兴趣、动机的发展特点。
> 3. 懂得如何引导和培养儿童的需要和兴趣,激发动机。

人的心理活动不仅有各种各样的心理过程,在具体的人身上还会有各自不同的特点。个性倾向性是人对事物的态度和行为的动力、诱因和调节控制系统,是人进行活动的基本动力,是人格结构中最活跃的因素。它决定着人对现实的态度,决定着人对认识活动对象的趋向和选择,主要包括需要、动机、兴趣、理想、信念和世界观,属于心理因素中的非智力因素,是一个人活动积极性的源泉。

第一节 需要

一、需要的概念

需要是有机体感到某种缺乏而力求获得满足的心理倾向,是有机体自身和外部生活条件的要求在人脑中的反映。一般来说,需要的强度越大,获得积极性越高;需要的强度越小,获得积极性越低。需要是生理需求和社会需求在人脑中的反映;需要是个体对内外需求在人脑中的反映;需要是个体感到欠缺并力求获得满足时产生的一种心理状态。

二、需要的特征

(一)对象性

人的需要都指向一定的对象,需要是对一定事物的需求或追求,具有特定的内容。比如,饥饿导致对食物的需要,空虚导致对充实、成就的需要。所以需要指向的可以是物质的,也可以是精神的东西;可以是社会生活、活动,也可以是活动的结果。

需要是个体生存和发展的必要条件。个体发展的不同阶段,有不同的优势需要,需要的特点也不同。总之,任何需要都在追求一定类别的对象,求得满足。

(二)紧张性

一种需要的出现会使人感到有某种欠缺。人在力求获得满足而未得到满足、平衡而缺乏平衡的过程中常会体验到一种特有的紧张感、不适感或无法实现的苦恼感等。如儿童因饥饿而啼哭不休,成人因渴求机遇或交往而感到焦虑、烦躁等,都是这种紧张感的表现。一旦机体内部的某种缺乏或不平衡状态消除了,需要也就得到了满足,这时有机体内部又会产生新的缺乏或不平衡状态,进而产生新的需要。

(三)驱动性

需要是有机体活动的个性积极性源泉,是人进行活动的基本动力。需要激发人去行动,使人朝着一定的方向,追求一定的对象,以求得自身的满足。需要越强烈、越迫切,所引起的活动动机就越强烈。同时,人的需要也是不断发展的,当最初的需要得到满足时,人就会形成新的需要。需要常以意向、愿望、动机、抱负、兴趣、信念、价值观等形式表现出来。

因此,需要一旦出现,就会成为一种支配行为去追求满足的力量,不会因为暂时满足而终止。

(四)周期性

不是任何需要都因其满足而终止,有些需要会周期性地重复出现和产生。比如人一旦感到饥饿就会到处去寻找食物来充饥。而吃的需要一旦被满足,那么即使面前出现更多诱人美食也很难引起食欲,这是所谓的边际效应。

需要的每一次满足都会使它得到巩固和发展,而得不到满足时就会逐渐减弱或消失。正是这种需要的周期性,使人不断地产生新的需要,不断地获得满足,不断地前进和提高。

三、需要的种类

人的需要是多种多样的,需要可以从不同的角度进行分类。按照需要的产生和起源,可以把需要分为生理性需要和社会性需要两种。

(一)生理性需要

生理性需要是人类最原始、最基本的需要,是人和动物共有的需要。但是人的生理需要与动物的有本质的不同,人的生理性需要受社会生活条件所制约,具有社会性,带有社会历史的烙印。人和动物生理性需要的对象和满足的方式有着根本的区别:动物只能等待大自然的恩赐,只依靠周围环境中的自然物体作为满足需要的对象,而人则主要通过社会生产、劳动生产获得自己所需要的对象,并随着生产的发展,不断提高自己的生理需要。马克思指出:"饥饿总是饥饿,但是用刀叉吃熟食来解除的饥饿不同于用手、指甲和牙齿啃生肉来解除的饥饿。"朱熹说:"饮食者天理也,要求味美人欲也。"现代人进食,不仅仅是解除饥饿,而且讲究色、香、味俱全,至于宴会,更是人类饮食之外的社交手段。

(二)社会性需要

社会性需要是指与人的社会生活相联系的一些需要,表现为这样或那样的社会要求,如劳动、交往、成就、奉献等。当个人认识到这些社会要求的必要性时,社会的需要就可能转化为个人的社会性需求,社会性需求是后天获得的,源于人类的社会生活,属于人类社会的历史范畴,并随着社会生活条件的不同而不同。社会性需要也是个人生活所必需的,如果这类需要得不到满足,就会使个人产生焦虑、痛苦的情绪。

1. 劳动需要

劳动是人类赖以生存的基本条件。人类如果不劳动,就根本不能生存。人类劳动表现为体力劳动和脑力劳动。劳动的需要主要表现为:热爱劳动、向往劳动、如果失去了劳动的机会就会感到不安和难受。在我们的社会里,劳动已经不仅仅是为了个人生活,而且也是为了社会的公共福利;劳动使人们获得幸福、欢乐和光荣。

2. 交往需要

人自出生以后就成为社会的一分子,就会想与他人亲近与他人交往。交往的需要就是个人想与他人交流思想感情,沟通信息的需要,依亲、交友、家人团聚,参加各种社会团体的活动,都可以使人的交往需要得到满足。如果人的交往的需要受到剥夺,那么就会产生恐惧和不安。沙赫特"隔离实验"研究表明:交往需要的满足可以使个性得到健康发展,可以促进团体成员之间的相互了解,相互信任。有助于全社会的稳定与安全,有助于创造一个美好、和平的社会环境。

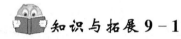

知识与拓展 9-1

沙赫特的"隔离实验"

沙赫特(Stanley Sdnadnter,1959)曾做过这样一个实验:他以每小时 15 美元的酬金聘人到一间没有窗户但有空调的房间去住,房内有一桌、一椅、一床、一灯,此外别无他物,三餐由人送到门底下的小洞口,住在里面的人伸手就可拿食物。一个人住进这房间后即与外界完全隔绝。有五名大学生应征参加实验。其中一人只待了 20 分钟就要求出来,放弃了实验,三人待了两天,最长的待了八天。这个研究表明,人是难以忍受长时间与他人隔绝的;人们对孤立的容忍力也有相当大的个体差异。

交往需要的满足可以使个性得到健康的发展。交往还可以使团体成员之间、团体与团体之间更加相互了解、相互信任,增强观点与态度的一致性,有助于全社会的稳定与安全,有助于创造一个美好的、和平的、文明的社会生活环境。

3. 成就需要

成就的需要指个人对自己认为重要的或有价值的事,力图达成的愿望。成就需要包含的内容很多,例如,对地位、名誉、声望的需要,对于实力、绩效、优势的需要。人们成就的需要不仅内容不同,而且强度也不同。

因此,社会性需要是人类所特有的一类需要,它是从社会要求转化而来的,社会不断地向个体提出各种要求,当个体认识到并接受这些要求的必要性时,社会的要求就会转化为个体的需要。

四、需要的基本原理

(一)马斯洛需要层次理论

美国人本主义心理学主要发起者、社会心理学家、人格理论家马斯洛(A. H. Maslow)提出一种需要层次理论。他认为人的一切行为都是由需要引起且分层次,即生理需要、安全需要、归属与爱的需要、尊重需要、认知需要、审美需要、自我实现需要。当基本的需要满足后就会产生更高层次的需要,直到需要层次的顶峰,需要由低向高形成宝塔型(见图9-1)。

图 9-1 需要层次理论

1. 生理需要

生理需要是人类维持自身生存的最基本的需要,如空气、水、吃饭、穿衣、住宅、医疗等。马斯洛认为,只有这些最基本的需要满足到维持生存所必需的程度后,其他需要才能成为新的激励因素,如果得不到满足,人类的生存就成了问题。它是最强烈的、不可避免的最底层需要,也是推动人们行动的强大动力。在某种程度上学生缺乏学习动力可能是由于某种低级需要没有得到充分满足。

2. 安全需要

安全需要包括人身安全、家庭安全、健康保障、职业安全、生活稳定、资源所有性、财产所有性、道德保障等。马斯洛认为,整个有机体是一个追求安全的机制,人的感受器官、效应器官、智能和其他能量主要是寻求安全的工具,甚至可以把科学和人生观都看成是满足安全需要的一部分。因此,安全需要比生理需要高一级,当生理需要得到满足以后就要保障这种需要。每一个在现实中生活的人,都会产生安全感的欲望、自由的欲望、防御实力的欲望。

3. 归属与爱的需要

归属与爱的需要也叫作社交需要,是指个人渴望得到家庭、朋友、团体、同事的关怀爱护和理解,是对友情、信任、温暖、爱情的需要。人人都希望得到相互的关心和照顾。社交需要比生理和安全需要更细微、更难捉摸。它与个人性格、生理特性、经历、教育、生活区域、民族、生活习惯、宗教信仰等都有关系,这种需要是难以察觉、无法度量的。

4. 尊重需要

马斯洛认为,尊重需要包括自尊和受到别人的尊重。自尊需要的满足会使人相信自己的力量和价值,使人在生活中变得更有能力,更富有创造性。相反,缺乏自尊会使人感到自卑,没有足够的信心去处理面临的问题。

5. 自我实现需要

自我实现需要是最高等级的需要,人们追求实现自己的能力或潜能,并使之完美化。自我实现需要即马斯洛的关于成长与发展、发挥自身潜能、实现理想的需要。这是一种追求个人能力极限的内驱力。这种需要一般表现在两个方面,一是胜任感,即有这种需要的人力图控制事物或环境,不是被动地等事物的发生与发展,而是希望在自己的控制之下;二是成就感,有这种需要的人认为成功的喜悦比任何报酬都大,他们更注重结果。满足这种需要就要求完成与自己能力相称的工作,充分发挥自己的潜在能力,成为自己所期望的人物,才会感到最大的快乐。这是一种创造的需要。

马斯洛认为,这五种需要都是人的最基本需要。这些需要是天生的、与生俱来的,由低级向高级的运动过程。在此之后,马斯洛又把需要修改为七个等级。在尊重需要与自我实现需要之间增加了认知需要和审美需要。认知需要实际就是好奇心;对于审美需要,马斯洛认为,人需要美正如人需要饮食一样,美有助于人变得更健康。

关于低级需要和高级需要的关系,马斯洛认为,需要的层次越低,它的力量越强,潜力越大;在高级需要出现之前,必须先满足低级需要。只有在低级需要得到满足或部分得到满足以后,高级需要才有可能出现;在人类的进化以及个体的发展中,低级需要出现较早,高级需要出现较晚;低级需要直接关系到个体的生存,因而也叫作缺失需要,高级需要与人的健康成长紧密联系,高级需要的满足可以保证人的身心健康,因而也叫作成长需要。高级需要比低级需要复杂,因此满足高级需要应具备较好的外部条件,如社会条件、经济条件和政治条件等。

马斯洛看到了高级需要与低级需要的区别,要满足高级需要,必须先满足低级需要。指出了人的需要是由低级向高级不断发展的,这一趋势基本上符合需要发展规律。因此,需要层次理论对有效地调动人的积极性有启发作用。当然,马斯洛的需要层次理论也有其局限性。首先,它只强调了个人的需要、个人的意识自由、个人的自我实现,而没有提到社会现实对个人需要的制约作用;其次,马斯洛的需要层次理论还缺乏科学实验的依据和客观的测量指标,还有待在社会实践中做进一步的检验。

(二)奥尔德弗的需要理论

美国心理学家克雷顿·奥尔德弗(Clayton Alderfer)根据大量的调查研究,提出个人存在的三类基本需要:生存需要、关系需要、成长需要。这种理论被称为"ERG"理论。其中 E 为 Existence(生存)的第一个字母,R 为 Relatedness(相互关系)的第一个字母,G 为 Growth(成长发展)的第一个字母。这三种需要是相互联系的,需要可以由低级需要向高级需要逐步发展,在发展中也可以越级,也可能在发展中受到挫折而倒退下降。

(1)生存的需要,即个人的基本物资生存条件的需要,关系到人的存在或生存,实际上相当于马斯洛理论中的前两个需要。当一个人满足了最基本的生存需要后,就会产生更高级的需要,例如,人满足了饥饱后,就会产生更高的人际交往的需要。

(2)相互关系的需要,即在与人交往时得到尊重的需要,这种需要通过工作中或工作外与他人的接触和交往获得满足,从而产生在事业和前途上发展的需要。相当于马斯洛理论中第三、四层次的需要。

(3)成长发展的需要,即个人谋求自我发展和自我完善的需要,这种需要通过创造性地发展个人的潜力和才能、完成挑战性的工作来得到满足,这相当于马斯洛理论中的第四、五层的需要。

此外,"ERG"理论还提出了一种叫作"受挫-回归"的思想。马斯洛认为当一个人的某一层次需要尚未得到满足时,他可能会停留在这一需要层次上,直到获得满足为止。相反地,"ERG"理论则认为,当一个人在某一更高等级的需要层次受挫时,那么作为替代,他的某一较低层次的需要可能会有所增加。例如,如果一个人社会交往需要得不到满足,可能会增强他对得到更多金钱或更好的工作条件的愿望。

与马斯洛的需要层次理论相类似的是,"ERG"理论认为较低层次的需要满足之后,会引发出对更高层次需要的愿望;不同的是,"ERG"理论认为多种需要可以同时作激励因素而起作用,并且当满足较高层次需要的企图受挫时,会导致人们向较低层次需要的回归。因此,我们应该随着人的需要结构的变化而做出相应的改变,并根据每个人不同的需要制定出相应的调整性策略。

第二节 动机

一、动机的概念

动机是在目标或对象的引导下,激发和维持个体活动的内在心理过程或内部动力。动机是一种内部心理过程,不能直接观察,但是可以通过任务选择、努力程度、活动的坚持性和言语表示等行为进行推断。动机必须有目标,用目标引导个体行为的方向,并且提供原动力。动机是在需要的基础上产生的,当满足某种需要的条件具备的时候,人的活动动机就有可能出现。

动机是一种内部刺激,是个人行为的直接原因;动机为个人行为提出目标;动机为个人行为提供力量以达到体内平衡;动机使个人明确其行为的意义。

二、动机的种类

动机对于活动的影响和作用有不同的方面,由此可对动机进行不同的分类。

(一)根据动机的引发原因分类

根据动机的引发原因,可将动机分为内在动机和外在动机。

1. 内在动机

动机的满足在活动之内,不在活动之外,它不需要外界的诱因、惩罚来使行动指向目标,因为行动本身就是一种动力。如有的学生喜爱数学，他便在课上认真听讲，课下刻苦钻研。为了获得知识、充实自己而努力读书就属于内在动机。

2. 外在动机

外在动机是指人们由外部诱因所引起的动机的满足不在活动之内，个体追逐的奖励来自动机活动的外部。比如对学习所带来的结果感兴趣。有的学生是为了得到奖励，避免惩罚，取悦于老师等。

内在动机和外在动机决定着学生们是否去持续掌握他们所学的知识。具有内在动机的学生能在学习活动中得到满足，他们积极地参与学习过程，而且在教师评估之前能对自己的学业表现有所了解，他们具有好奇心，喜欢挑战，在解决问题时具有独立性。而具有外在动机的学生一旦达到了目的，学习动机便会下降。另一方面，为了达到目标，他们往往采取避免失败的做法，或是选择没有挑战性的任务，或是一旦失败，便一蹶不振。内在动机的强度大，持续时间长；外在动机持续时间短，往往带有一定的强制性。事实上，这两种动机缺一不可，必须结合起来才能对个人行为产生更大的推动作用。

（二）根据成就动机分类

奥苏贝尔指出："一般称之为学校情境中的成就动机，至少应包括三方面的内驱力决定成分，即认知内驱力、自我提高的内驱力以及附属内驱力。"他认为，学生所有的指向学业的行为都可从这三方面的内驱力加以解释。当然，随着儿童年龄的增长，这三种成分在个体身上的比重会有改变。

1. 认知内驱力

认知内驱力即一种要求了解和理解的需要，要求掌握知识的需要，以及系统地阐述问题并解决问题的需要。这种内驱力，一般说来，多半是从好奇的倾向中派生出来的。但个体动机，最初只是潜在的而非真实的动机，还没有特定的内容和方向。它要通过个体在实践中不断取得成功，才能真正表现出来，才能具有特定的方向。因此，学生对于某学科的认知内驱力或兴趣，远不是天生的，主要是获得的，也有赖于特定的学习经验。在有意义的学习中，认知内驱力可能是一种最重要和最稳定的动机了。这种动机指向学习任务本身（为了获得知识），满足这种动机的奖励（知识的实际获得）是由于学习本身提供的，因而也被称为内部动机。

2. 自我提高内驱力

自我提高内驱力，是个体因自己的胜任能力或工作能力而赢得相应地位的需要。这种需要从儿童入学开始，日益显得重要，成为成就动机的主要组成部分。自我提高内驱力与认知内驱力不一样，它并非直接指向学习任务本身。自我提高内驱力把成就看作是赢得地位与自尊心的根源，它显然是一种外部动机。从另一个方面说，失败对自尊是一种威胁，因而也能促使学生在学业上作出长期而艰巨的努力。

3. 附属内驱力

附属内驱力是指个人为了保持长者们或权威们的赞许或认可，而表现出来的一种把学习或工作做好的需要。对于学生来说，附属内驱力表现为，学生为了赢得家长或教师的认可或赞许而努力学习，取得好成绩的需要。

附属内驱力有比较明显的年龄特征。在年龄较小的儿童身上，附属内驱力是成就动机的主要成分。随着儿童年龄的增长和独立性的增强，附属内驱力不仅在强度上有所减弱，而且在附属对象上也从家长和教师转移到同伴身上。在青少年时期,来自同伴的赞许或认可将成为一个强有力的动机因素。

在成就动机中表现出来的认知内驱力、自我提高内驱力与附属内驱力这三个组成部分的不同比重,通常随着年龄、性别、社会阶层的成员地位、种族起源以及人格结构等因素而定。

三、动机的功能

(一)激发功能

动机能激发有机体产生某种活动。带着某种动机的有机体对某些刺激,特别对那些与动机有关的刺激反应特别敏感,从而激发有机体去从事某种反应或活动。例如,饥饿者对食物、干渴者对水特别敏感,因此也容易激起寻觅活动。

(二)引导功能(指向功能)

动机与需要的一个根本不同就是:需要是有机体因缺乏而产生的主观状态,这种主观状态是一种无目标状态。而动机不同,动机是针对一定目标(或诱因)的,是受目标引导的,也就是说需要一旦受到目标引导就成了动机。由于动机种类不同,人们行为活动的方向和它所追求的目标也不同。例如,在训练动机的支配下,运动员的活动指向与训练有关的目标,如训练场、器材等;而在娱乐动机支配下,其活动指向的目标则是娱乐设施。

(三)维持和调整功能(强化功能)

当个体的某种活动产生以后,动机维持着这种活动针对一定目标,并调节着活动的强度和持续时间。如果达到了目标,动机就会促使有机体终止这种活动;如果尚未达到目标,动机将驱使有机体维持和加强这种活动,以达到目标。例如,中长跑运动员在参加训练和比赛时,通过自身的维持和调整,合理地分配体力,给予大脑适当刺激;当完成任务后,将刺激大脑驱使有机体停止运动。

四、动机与行为效果

(一)动机对行为效果的影响

动机对行为效果的影响取决于动机本身的强弱。
耶克斯-多德森定律表明了这种结论(见图9-2)。
(1)只有中等水平的动机,才能最大限度地提高行为的效率。
(2)学习动机强度的最佳水平,因课题难易而不同。

(二)耶克斯-多德森定律

耶克斯-多德森定律是表示动机与工作效率的关系。
动机强度与工作效率之间的关系不是一种线性关系,而是倒U形曲线。中等强度的动机

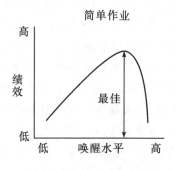 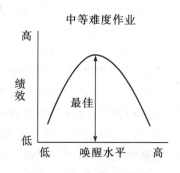 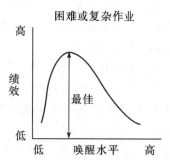

图 9-2 耶克斯-多德森定律

最有利于任务的完成。

(1)各种活动都存在一个最佳的动机水平。

(2)动机的最佳水平随任务性质的不同而不同。

(3)在难度较大的任务中,较低的动机水平有利于任务的完成。

(三)动机与行为效果的影响

动机与行为效果的影响还与个体行为质量有关。

(1)学习的效果,不仅与学习动机有关,还与学习质量有关。

(2)学习行为的质量,不仅受动机影响,还受许多变量的影响,如学习基础、学习方法、学习习惯、智力水平等影响。

五、学习动机的理论

(一)期望理论

期望理论又称为"效价-手段-期望理论",是管理心理学与行为科学的一种理论,它把达到目标的期待作为行为的决定因素,期待帮助个体获得目标,是由北美著名心理学家和行为科学家维克托·弗鲁姆(Victor H. Vroom)于1964年在《工作与激励》中提出来的激励理论。这个理论可以用公式表示为激励力量=期望值×效价。

在这个公式中,激励力量指调动个人积极性,激发人内部潜力的强度;期望值是根据个人的经验判断达到目标的把握程度;效价则是所能达到的目标对满足个人需要的价值。这个理论的公式说明:人被调动的积极性高低取决于期望值与效价的乘积。也就是说,一个人对目标的把握越大,估计达到目标的概率越高,激发起的动力越强烈,积极性也就越大。所以,期望理论必须解决动机的两个问题:一是实现目的的可能性有多大?二是目标的价值如何?根据这个道理,教师要想提高学生学习的积极性,一方面帮助学生树立目标,并且让学生感觉到目标实现的可能性较大,另一方面还必须让学生知道目标的实现对他来说是有价值的,只有具备了这样两个条件,才能提高学生学习的积极性。

(二)归因理论

归因理论是一种解释人的行为成功与失败原因的动机理论。归因理论认为,动机是思维的功能,采取因果关系推论的方法从人们行为中寻求行为内在的动力因素。任何人都有探索自己行为成败原因的倾向,常常会问自己:为什么这次成功了(或失败了)。美国心理学家维纳把归因分成三个维度。第一,原因源(即内外性)。原因源是指造成事实的原因属于个人内部还是外部的因素。如聪慧、能力、心境、努力等因素就是内部原因,而任务的难易、运气、教师的偏见、别人的帮助等就是外部原因;第二,稳定性。稳定性是指造成事实原因的内外因素是否具有持久性,以及在类似的情况下是否具有一致性。如教师的影响、个人的能力就是稳定性的原因,运气、心境就是不稳定的原因;第三,可控性。可控性是指行为能否为行为者或他人所支配或驾驭。如努力学习等是可以控制的原因,而学习任务太难、聪慧、心境、机遇等就是不可控的原因。维纳进而提出了归因的三维结构模式:原因源×可控性×稳定性。他认为对任何一种原因知觉都可以从这三个方面进行分析,表9-1列出了他对于学业成就归因中一些常见的原因知觉的维度分析。

表9-1 维纳归因的三维度模式

原因源	内部的		外部的	
	稳定	不稳定	稳定	不稳定
不可控	聪慧、能力	心境、疲劳	任务难度	运气
可控	持久努力	一时努力		

维纳认为,能力、努力、任务难度和运气是人们在解释成功或失败时认知到的四种主要原因,把这四种主要原因与内外因素、稳定性、控制性等组合,就形成了不同的归因类型。如在内外维度上,如果将成功归因于内部因素,会产生自豪感,从而动机提高;归因于外部因素,则会产生侥幸心理。将失败归因于内部因素,则会产生羞愧的感觉;归因于外部因素,则会生气。在稳定性维度上,如果将成功归因于稳定因素,会产生自豪感,从而提高动机水平;归因于不稳定因素,则会产生侥幸心理。将失败归因于稳定因素,将会产生绝望的感觉;将失败归因于不稳定因素,则会生气。在控制性维度上,如果将成功归因于可控因素,则会积极地去争取成功;归因于不可控因素,则不会产生多大的动力。将失败归因于可控因素,则会继续努力;归因于不可控因素,则会绝望。将失败归因于内部、稳定、不可控时是最大的问题,会产生习惯性无助感。

维纳归因理论的重大贡献之一,是使人们对于归因的关注不再局限于归因本身,而开始探索归因对于后继行为的影响。维纳认为,归因不是一个独立的过程,它是行为后果与后继行为之间的中介认知过程,对行为后果所作的归因会影响对下次结果的预期及情感反应,而预期及情感反应又成为后继行为的动因。例如,倾向于外部归因类型的人,总认为自己行为的成败是受外部环境力量控制的(如运气、作业的难度、教师的影响等)。学习成绩好,是由于老师讲得好,学习成绩不好,是由于老师讲得不好,作业难度太大。内在归因类型的人,总认为自己行为的成败受个人内部力量控制。学习成绩好,是自己学习努力的结果,有的甚至认为自己能力强,很了不起;学习成绩差,是由于自己努力不够,学习能力不强所致。由于学生不同的归因,会产生不同的行为结果,因此,作为教师,有责任帮助学生正确归因,并有针对性地对不同类型的学生进行个别化的差异性教育。

(三)成就动机理论

成就动机理论是美国哈佛大学教授戴维·麦克利兰提出来的一种激发人的内部动机的理论。麦克利兰发现高成就需求者有三个主要特点。第一,高成就需求者喜欢设立具有适度挑战性的目标,不喜欢凭运气获得成功,不喜欢接受那些在他们看来特别容易或特别困难的工作任务。第二,高成就需求者在选择目标时会回避过分的难度。他们喜欢中等难度的目标,既不是唾手可得没有一点成就感,也不是只能凭运气。他们会揣度可能办到的程度。第三,高成就需求者喜欢多少能立即给予反馈的任务。目标对于他们非常重要,所以他们希望得到有关工作绩效的及时明确的反馈信息,从而了解自己是否有所进步。不同个体对自己的能力有不同的看法。这种对能力的潜在认识会直接影响到个体对成就目标的选择。

成就动机理论应用于指导学生的学习时要注意以下几个方面。第一,要根据学生个人的能力安排学习、工作,并创造一定条件放手让他们去独立完成,让他们体验强烈的成就感。第二,给学生学习任务的难度要适中。过度不能激发他们完成学习任务的意念;过难则因不能完成任务而使他们心灰意冷。成就需求高的学生,要安排他们去完成难度比较高的学习任务,使之竭尽全力去完成。第三,对学生的进步要有明确的、及时的反馈。如对他们的工作给予正确评价,给予一定的奖励。

(四)自我效能感理论

自我效能感是指人对自己是否能成功地进行某项活动并取得成功的主观判断。心理学家班杜拉(Bandura)认为人对行为的决策是主动的,人的认知变量如期待、注意和评价在行为决策中起着重要的作用,其中期待是决定行为的先行或者说是决定性因素。期待分为结果期待和效果期待两种。

结果期待是人对自己的某一行为会导致某一结果的推测,如果人预测到某一特定的行为会导致某种特定的结果,那么这一行为就可能被激活和被选择。又例如,努力学习可以取得好成绩,坚持运动有助于身体健康等;效果期待是指个体对自己是否有能力来完成某种行为的推测和判断,这种推测和判断就是个体的自我效能感。

自我效能感能直接决定个体进行某种活动的动机水平。自我效能感水平高的人,倾向于具有较高的动机水平,反之,动机水平低。

影响自我效能感的因素主要有:①个人自身行为的成败体验,对自我效能感影响最大,一般成功时会提高,失败时会降低效能评估;②替代经验,即学习者通过观察示范者的行为而获得的间接经验。与自己相似的人的成功与失败会影响自己的成功和失败;③言语说服,这是凭借说服性的建议、劝告、解释和自我引导,来改变人们自我效能感的一种方法。如他人的建议、劝告、激励等可以改变一个人的自我效能感。但容易消失;④情绪唤醒,情绪和生理状态影响自我效能感的形成。正情绪增加人的自我效能,负性情绪减弱自我效能感。

自我效能感理论的教育启示:①让学生更多地体验到成功;②为学生提供适当的榜样;③恰当地运用外部强化;④使学生学会自我强化。

学习动机是复杂的心理活动,它的各种规律还有待于做进一步的研究和探讨。

六、学习动机的培养与激发

学习动机是指直接推动学生学习活动的内在动力。学习动机是在学习需要的基础上产生的。一个人如果没有学习的需要,就如同生理活动中没有食欲一样。一般来说,学习动机的强度跟学习需要的强度是成正比的。学习动机还影响着学习效果,动机水平与学习成就存在正相关关系。教师通过教育使学生产生学习动机,并激发学生的学习动机。学习动机的激发使潜在的学习动机转化为学习的行动,利用一定的诱因,使已形成的学习需要由潜在状态转入活动状态,使学生产生强烈的学习愿望。

(一)正确利用学习动机

坚持以内部动机作用为主,外部动机作用为辅。

利用教学内容与方法的新颖性以引起学生的学习兴趣,调动学生学习的积极性。教学内容呈现方式可采用有趣的与变换的形式,防止学生觉得单调枯燥。内部学习动机也可通过使用有趣的材料和使用各种呈现的方式来增强,如利用电影、录像等手段,采用游戏与模拟等方式。可因势利导,促进学习兴趣的迁移。

(二)实施启发式教学

实施启发式教学,创设"问题情境",激发认识兴趣和求知欲。

实践证明,在正式讲授教学内容之前,提出与课文有关的一些问题,以引起学生的好奇与思考,是激发学生认识兴趣和求知欲的有效方法和手段。如小学科学课上,先作实验然后从中提出问题,也是激发起学生原有的动机的好方法。创设"问题情境"就是在教材内容和学生求知心理之间制造一种"不协调",把学生引入一种与问题有关的情境的过程。这个过程也就是不协调—探究—深思—发现—解决问题的过程。"不协调"必须要设置疑问,把需要解决的课题有意识地、巧妙地寓于各种各样符合学生实际的知识基础之中,在他们心理上造成一种悬念,从而使学生的注意、记忆、思维凝聚在一起,以达到智力活动的最佳状态。

(三)利用学习结果的反馈作用

让学生及时了解自己学习的结果,会产生相当大的激励作用。反馈可用来提高具有动机价值的将来的行为。因为学生知道自己的进度、成绩以及在实践中应用知识的成效等,可以激起进一步学好的愿望。同时,通过反馈的作用又可及时看到自己的缺点和错误,及时纠正并激发起上进心。教师应注意及时批改和发还学生的作业、测验和试卷等。"及时"是利用学生刚刚留下的鲜明记忆表象,满足其进一步提高学习的愿望,增强学习信心。评语要写得具体、有针对性、启发性和教育性,使学生受到鼓舞和激励。

(四)正确运用竞赛、考试与评比

1. 适当开展竞赛

一般认为,竞赛是激发学习积极性和争取优良成绩的一种有效手段。因为在竞赛过程中,学生的好胜心动机和求成的需要会更加强烈。学习兴趣和克服困难的毅力会大大增强,所以多数人在竞赛情况下学习和工作的效率会有很大的提高。然而,竞赛有时也具有消极作用,过多的竞赛不仅会失去激励作用,还会造成紧张气氛,加重学生负担,有损学生身心健康。为此,竞赛中应尽可能地按能力分组、按项目分组,使不同特长的学生有施展才华的机会,鼓励学生自己和自己竞赛。

2. 正确运用考试(测验)和分数

以分数作为教学质量和学生水平的唯一标准是片面的;然而,全盘否定考试,否定分数也是另外一种极端。正确的做法应该是,运用测验和分数为学生提供一些信息,将其视为掌握知识程度的衡量标准,而不是能力的衡量标准;视其为个人努力程度的标志,而不是去与其他人比较的尺度。有的英语教师在每次上课前进行几分钟生词小测验,对学生及时复习,多记单词未尝不是一个好的办法。

3. 正确的评价和适当的表扬与批评

正确的评价和适当的表扬与批评的作用,主要是对学生的学习活动予以肯定或否定的强化,从而巩固和发展正确的学习动机。一般说来,表扬、鼓励比批评、指责能更有效地激励学生积极的学习动机。因为前者能使学生产生成就感,后者则会挫伤儿童的自尊心和自信心。

4. 注意内外动机的互相补充,相辅相成

认知心理学强调学习的内部动机。然而只依靠内部动机,学习的需要会衰减,而只依靠外部动机,它没有足够力量。比如,在使用外在奖励时,不应侧重奖励学生的智力,而应侧重奖励他们的努力与进步,应培养学生对自己学习的责任感。年幼儿童由于自我意识的发展尚不成熟,需要更多一些外部鼓励;随着自我意识的发展、教育的作用,学习的内部动机逐渐增强。

5. 注意个别差异

在激发动机时,教师应以每个学生动机中独有的优点补偿其弱点,帮助每个学生确定个人的具体学习目标,针对学生本人对其学业成败的归因,采取帮助措施。教学工作要用足够的变式和不同的进度,对学生学习的归因要科学客观,最终使每个学生都有机会成功。

(五)注意学生的归因倾向

根据归因理论,将成功归因于内部因素(努力、能力),将失败归因于外部因素(任务难度,运气)的学生认为,他们能够控制自己的行为。将失败归因于缺乏努力和方法不当,不会对学生的坚持性产生消极的影响,正相反,失败会带来一些有益的学习经验,在一些任务中的失败能够促使学生设立更合理的目标,尝试新的策略,发展自己对挫折的承受力。而将成功归因于外部因素,将失败归因于内部因素(能力)的学生往往认为他们没有成功的能力,他们无力避免失败,也不去追求成功,对学生的坚持性会产生消极的影响,同时会产生失落感、无力感,这就是学习无助感。

归因倾向是后天形成的,因此教师可以根据学生的情况加以培养。如学习无助感是在学习过程中渐渐产生的,小学生刚入学时都有着很高的自我概念,因为没有人在入学前会对他们说,你不会成功。一开始,当遇到挫折时,他们往往将其归因于坏运气或任务太难。渐渐地,在重复经历多次失败之后,他们便将失败的原因归结于自身,便会产生一种无能、无助的感觉,在这种感觉支配下,学生们便不愿再去学习,再也不去尝试了,造成了失败—缺乏能力—失落感—表现降低的恶性循环。教师可以采取如下的帮助措施。

(1)帮助学生了解自己的优点和缺点,并为他们制定切实可行的目标。

(2)制定出具体的行动以帮助他们达到目标,使他们成为自己控制自己,而不是受别人控制的人。改变他们的归因倾向,让他们将失败归因于缺乏努力,而不是缺乏能力,使学生明白,只要付出努力便会成功的道理。

(3)教学生学会何时完成他们的计划,并对学生的每一个学习行为给予及时的反馈。

第三节 兴趣与价值观

一、兴趣的概念

兴趣是人对事物的一种认识倾向,是价值观的初级形式,伴随着积极的情绪体验,对个体活动,特别是对个体的认知活动有巨大的推动力。当一个人对某种事物发生兴趣,他就会对该事物表现出特别的关注,大胆的探索,并去从事与此事有关的活动。例如,对音乐有兴趣的人,总是极大的关注有关音乐的信息和积极参与音乐活动,对乐器以及有关音乐的书籍、刊物等优先加以注意。兴趣使人的认识优先地指向某种事物,并以渴望和愉快的心情去了解它和探究它。兴趣是动机系统的重要形式,是在需要的基础上、在社会实践活动中形成和发展起来的。因此,兴趣是需要的一种表现形式,需要是兴趣的本质内涵。

二、兴趣的种类

人的兴趣是多种多样的,可以根据不同的标准进行分类。

(一)物质兴趣和精神兴趣

根据兴趣的内容,可以分为物质兴趣和精神兴趣。物质兴趣是以人的物质需要为基础的兴趣,主要表现在对物质生活用品和精神生活用品上。如对服饰、衣物、家具、电视机等物品的兴趣。精神兴趣是以人的精神需要为基础的兴趣,主要表现为认识的兴趣、某一种事物的喜爱和渴望。如对科学知识的探索,对剪纸艺术的喜爱以及社会交往等方面的兴趣。

(二)直接兴趣和间接兴趣

根据兴趣的来源,可以分为直接兴趣和间接兴趣。直接兴趣是对事物或活动本身感到需要而产生的兴趣。新奇的事物或与需要直接相符的事物比较容易引起人的直接兴趣,如对打球、跳舞、看戏等的兴趣大多隶属于直接兴趣。间接兴趣不是对事物或活动本身有兴趣,而是对事物或活动的未来结果感到需要而产生的兴趣。如,上课积极发言,可以得到"小红花"。

(三)高尚兴趣和低级兴趣

根据兴趣的社会性质,可以把兴趣分为高尚兴趣和低级兴趣。凡是指向有利于社会进步和人类文明的事物的兴趣都属于高尚兴趣。凡是指向阻碍社会进步,削弱人们对事物的兴趣都属于低级兴趣。

(四)短暂兴趣和稳定兴趣

根据兴趣维持的时间,可将其分为短暂兴趣和稳定兴趣。短暂兴趣,随着某种活动而产生,又随着活动的结束而消失。稳定兴趣是长期、稳定地对个人产生积极作用的兴趣。

(五)有趣、乐趣、志趣

根据兴趣的发展程度,可以分为有趣、乐趣、志趣。初级水平是有趣,较高级水平是乐趣,高级水平是志趣。

1. "有趣"——第一变奏

由于年龄限制,学生的兴趣更多来自对直观的新鲜事物的好奇,产生的兴趣是短暂的、不稳定的。它具有直观性、泛化性和不稳定性等特征。

2. "乐趣"——第二变奏

乐趣就是理智的兴奋感与成功的欢乐感的体验,这是兴趣发展比较高级的水平。此时学生已对直观、浅显的游戏形式厌倦,他们更热衷于在教学过程中,依靠自己的亲身体验,感受学习的乐趣。活动的诱惑力依然存在,但学生开始需求有一定深度和难度的活动。

3. "志趣"——第三变奏

志趣表现为学习兴趣与个人志向相结合,具有方向性、直觉性、稳定性的特点,在这一阶段,兴趣已转化为稳定的内因性学习动机。此阶段的学生目的性的提高使他们有能力控制自己向预定标准努力。这个时期的学生学习的兴趣不再仅仅局限于对教学手段的依赖,更多是源于一种求知欲,是对知识本身魅力的追求。

三、兴趣的品质

(一)兴趣的倾向性

兴趣的倾向性是指兴趣总是指向一定的对象和现象。人们在兴趣倾向性方面会表现出很大的个体差异。不同的人兴趣指向的方向和内容都有很大的不同。如有人对文学有浓厚兴趣,有人对物理、化学有很大兴趣,有人对美术、音乐有兴趣等。个人兴趣的倾向性,是个性中形成其他品质的前提。

(二)兴趣的广泛性

兴趣的广泛性是指兴趣指向客观事物范围的大小。在兴趣广泛性上,人们之间的差别也是很大的。具有广泛兴趣的人,经常注意多方面的新问题,并加以钻研,从而大大增加自己的知识,为创造性地解决问题提供了可能。

(三)兴趣的稳定性

兴趣的稳定性是指兴趣持续时间的长短,持续时间长则稳定性强,持续时间短则稳定性弱。稳定的兴趣对于完成复杂而又艰巨的任务十分必要,而短暂的兴趣要取得卓有成效的成绩是不可能的。一般来说,成人的兴趣比较稳定,少年儿童的兴趣容易转移变化。随着年龄的增长,儿童的兴趣才逐渐稳定。

(四)兴趣的效能性

兴趣的效能性是指兴趣对活动的推动所产生的效果。根据兴趣的效能水平可分为积极兴趣和消极兴趣两种。积极兴趣使人不停留在静观阶段,为获得兴趣的对象而积极活动,以便进一步认识客体,掌握自己感兴趣的对象。它给人巨大的力量,使人夜以继日地工作。消极兴趣往往使人只停留在口头或文字上,只具有一定的企图或愿望,不能真正落实到行动之中,不能推动学习或工作。

四、学习兴趣的培养

只有当一个人的兴趣与其奋斗目标及人生理想结合起来的时候,他的兴趣才会由有趣、乐趣发展到志趣,而这样的志趣才具有更大的自觉性和方向性,具有更大的推动力量。为此,应做到以下几点。

(一)明确目标

教师可以鼓励学生从可以达到的小目标开始。在学习之初,确定小的学习目标,学习目标不可定得太高,应从努力可达到的目标开始。不断地进步会提高学习的信心。不要期望在短期内将成绩提高上去,有的同学往往努力学习一两周,结果发现成绩提高不大,就失去信心,从而厌恶学习。持之以恒地努力,一个一个小目标的实现,是实现大目标的基础。

(二)了解学习目的,探究学习的意义

学习目的,是指某学科预期要达到的学习结果。当学习该学科没有太强的吸引力时,对最终目标的了解是很重要的。学习是要经过长期艰苦努力的,这种艰巨性往往让人望而却步,而学习又是学生的天职,如果我们对学习的个人意义及社会意义有较深刻的理解,就会认真学习各门功课,才会产生强烈的学习愿望,增强学习兴趣,促进直接兴趣与间接兴趣的相互转化。

(三)开展丰富多彩的学习活动

兴趣的产生有赖于知识掌握的深度和广度。学生参与多种活动,多尝试、多练习使知识基础不断地扩大和加深。积少成多,积累某一领域的知识经验。学生的知识越多、越牢固,产生兴趣的可能性就越大,随着知识的不断丰富和加深,兴趣也就越来越浓厚。在教学活动中,教师应采取多种方法。学生即学即用,以知识的力量强化学习兴趣。

1. 通过实际操作,激发学习兴趣

实际操作是启迪学生积极思考、引起学习兴趣的重要手段。教师应设法通过多种形式的操作活动,为学生理解抽象的知识提供充分的感性知识,从而使学生对学习产生兴趣。

2. 通过课堂游戏,引发学习兴趣

把游戏引进课堂,可以使学生在轻松愉快的活动中掌握较抽象的知识。尤其对低年级学生来说,以游戏形式配合教学,能使学生情绪高涨,兴趣浓厚。

3. 组织丰富多彩的活动，发展学习兴趣

如组织参观、访问、科学小组、兴趣小组活动和劳动技术课等。教师还可以根据教学内容的重点设计一些活动，指导学生动脑、动手，在活动中发展学习兴趣。

4. 反复实践，培养学习兴趣

组织学生参加实践活动，承担一定的任务，这不仅使他们在完成任务的过程中进一步学习体会到知识的实践意义，感到自己的知识还不足，需要进一步学习。这样就可以促使学生学习兴趣的发展。

（四）利用学科特点，寓教于乐

"寓教于乐"是一条成功的教育经验。对于少年儿童来说，由于他们意志薄弱，不可能像成人那样对于枯燥无味的东西刻苦钻研，细心琢磨，但同时由于他们感情丰富，所以一切新奇的刺激最易引起他们的兴趣。

教师新颖有趣，逻辑性、系统性强的教学内容，丰富多样，生动活泼的教学方法和格式变化的作业内容均可以不断地引起学生新的探究活动，从而激发其更高水平的求知欲。

（五）创设问题情境

问题情境是指不能直接用已有的知识处理，但可以间接用已有知识处理的情境。问题的难度是构成问题情境的一个重要因素。瑞士心理学家皮亚杰等人的研究表明，当感性输入的信息与人现有的认知结构之间具有中等程度的不符合时，人的兴趣最大。

研究表明，认识兴趣与学生的基础知识有关。只有那些学生想知道而又不知道的东西才能激起学习兴趣。因此课堂教学内容应从易到难、由浅入深，从简到繁循序渐进地安排。在创设问题情境时，还应注意以下三点：首先，教师要熟悉教材，掌握知识的结构，了解新旧知识之间的内在联系；其次，教师要充分了解学生已有的心理发展水平和知识经验；最后，问题情境的创设，在课程的开始进行中或结束时都要注意贯彻。它可以用设问、质疑的方式提出，也可以从新旧知识的联系、日常经验等方面引入。

另外，保持兴趣的最容易的方法是不断地提问题。准备一些问题是很容易的，仅仅把每节的标题成问题就是了。例如，学习阿基米德定律时，可以问：阿基米德定律的内容是什么？它是怎样发现的？怎样证明它的结论是对的？它的公式是什么？使用它应注意什么问题？能否用其他的办法推出？为了回答这些问题，一开始学生强迫自己详细看下去，但是，一旦学生真正的往下看，就会被吸引住。

（六）充分利用已有兴趣的迁移

学习兴趣的迁移，是指把对其他活动的兴趣迁移到学习上来，或者把对这一科目的学习兴趣迁移到另一科目的学习之中。例如把学生原有的其他兴趣转移到学习上来，以培养新的学习兴趣。学生爱好如爱玩汽车、爱搭积木、爱看动画片等，那么教师可以鼓励学生去发现、了解与爱好有关的知识，如汽车是如何发动的？汽车的构造原理是什么？知识点和动画结合起来又是怎么样？我所学的知识中哪些和它们有关系？这样就把对学习的兴趣在原有的基础上发展起来了。

五、价值观

(一)价值观的概念

价值观是指主体按照客观事物对其自身及社会意义或重要性进行评价和选择的原则、信念和标准。价值观是一个人思想意识的核心,对个人的思想和行为具有一定的导向或调节作用。

人不仅能认识世界是什么、怎么样和为什么,而且他知道应该做什么、要什么和选择什么,发现事物对自己的意义,设计自己,确定并实现奋斗目标。这些都是由每个人的价值观所支配的。

(二)价值观的主要特征

1. 主观性

人们区分好与坏的标准,包括区分得与失、荣与辱、成与败、福与祸、善与恶的标准,都可以称为价值观,是根据个人自己内心的尺度来进行评价的。虽然客体是客观存在的,但个人对客体意义的认识,对其好坏的评价却取决于主体自身的需要。

2. 选择性

个人的价值观是人出生后在社会生活实践中逐渐萌发和形成的。儿童时期的"价值观"是模仿和吸取父母和亲近的人的言行而形成的。这时的"价值观"是照搬成人的价值观,具有明显的感性形式。儿童期的"价值观"称为价值感,还不能称为价值观。只有到了青年期随着自我意识的成熟,人才开始主观地、有意识地选择符合自己的评价标准,形成个人特有的价值观。

3. 稳定性

个人的价值观形成之后具有相当的稳定性,往往不易改变,并在人的兴趣、愿望、目标、理想、信念和行为上表现出来。

4. 社会历史性

处于不同历史时代、不同的社会生活环境里的人们的价值观是不同的。

(三)价值观的表现形式

1. 兴趣

兴趣是人的认识需要的心理表现,它使人对某些事物优先给予注意,并带有积极的情绪色彩。兴趣是人认识某种事物和探索某种活动的心理倾向性,是价值观的初级形式,也是人内在动机的一种形式。

2. 信念

信念是人对于生活准则的某些观念抱有坚定的确信感和深刻的信任感的意识倾向。信念是人的认知和情感的升华,也是认识转化为行动的中介,它通过调节人的需要来实现对行为的影响,是知情意行的统一。例如,人们对于像"人定胜天""善有善报"或"金钱万能"等观念的坚定确信和信任,就是人们的一些信念。信念不仅是一种认识活动,与人的知识经验并以这种知识经验为依据对未来的推断有密切的关系,而且通常是充满感情的。信念指引着人的思想和行为：应该怎样想和怎样做，不应该怎样想和怎样做，它为人的愿望、兴趣、态度和行为提供充分的理由，是一种被意识到的具有理论性的价值取向。信念是人的动机系统的重要组成部分，它给人的行为动机以巨大的力量。

3. 理想

理想是符合客观规律并同奋斗目标相联系的想象。理想是个人对未来可能实现的奋斗目标的向往和追求。奋斗目标是人积极向往的对象。作为理想的奋斗目标是符合事物发展规律的。人既有生动的想象内容、明确的思想认识，又怀有喜爱、赞扬等肯定的情感体验，并且决心力求加以实现。

理想给人以巨大的激励力量，它激发着人的活动向着一定的方向，是使人具有从事艰苦奋斗的力量的源泉，对个性产生深刻的影响。丧失或缺乏理想的人，不懂得生活的真正含义，不可能有从事艰苦奋斗的力量源泉，难以确立长远持久的奋斗目标。而人们的理想具有社会历史制约性，不同的历史时代、不同的社会、不同的阶级的人们，社会理想生活理想的内容是不同的。

（四）价值观确立的意义

1. 树立正确的价值观有利于明确人生目的

价值观对人生选择、人生道路有显著的导向作用。拥有正确的价值观意味着拥有高尚的人生目的，正确的人生态度以及人生价值标准。价值观具有相对的稳定性和持久性。在特定的时间、地点、条件下，人们的价值观总是相对稳定和持久的。比如，对某种事物的好坏总有一个看法和评价，在条件不变的情况下这种看法不易被改变。因此，学生应树立正确的价值观，从而确立高尚的人生目标。只有真正的明确了人生目标，我们才能够更有目的性地为之奋斗。

2. 树立正确的价值观有利于人际交往

人际关系，是人和人之间在社会活动中直接的心理上的关系，或心理上的距离。和谐友好、积极亲密的人际关系都属于良好的人际关系，对一个人的学习和生活是有益的。一个具有积极价值观的人，会积极乐观生活，正确对待他人。

3. 树立正确的价值观有利于社会稳定

价值观是人的社会化的重要内容。马克思主义认为，人的本质属性在于社会性。个人的成长和社会化过程就是通过学习，不断接受和消费各种社会文化，由生物人成长为社会人的过程。

（五）培养儿童良好的价值观

1. 榜样和沟通

培养孩子的价值观，要想成功就得教师和家长树立榜样，经常和孩子讨论价值观，平时多与孩子进行沟通。我们一定要为孩子做一个好榜样，无论在什么情况下，都不欺骗别人，不做假，说到做到，要让孩子看到成人是怎样做的，也让孩子懂得为什么不能说假话，让孩子学会友爱、关心他人。在教育孩子的过程中多点爱心，多鼓励孩子，主动走进他们的世界。给孩子一个宽松的环境帮助孩子更健康、更快乐的成长。

2. 问题和潜力

教育不仅仅是学习知识，更要教会孩子发现问题、提出问题、分析问题、解决问题的能力。

鼓励孩子自己做决定,学会倾听和了解孩子,对孩子传递正能量,每个孩子身上一定有他自己的优势和特点,要强调他,说他行,他就行。要发现孩子的潜能,教会孩子善用他的天赋,并变成他最大的优势。

3. 责任与参与

要培养孩子的责任感、有同情心,就得制造机会让孩子"贡献",如在家中参与力所能及的劳动,孩子对家庭和社会的贡献越大,他从中获得的价值肯定越充足,也就越自信。

4. 尊重与真诚

教孩子的最重要的价值观就是尊重,尊重人,包括自己、父母、老师和其他人。而教师和家长也必须尊重孩子,因为尊重孩子就是给孩子自由,让孩子做他自己,即独立生活。我们要教导孩子真诚,不管有多困难,都要做一个真诚、真实、诚实可靠的人。

成长比成绩更重要,健康比成绩更重要。最终,使儿童成为一个尊重、真诚、责任、秩序、公正、宽容、友爱、合作的人。

复习与思考

(一)选择题

1. 人本主义心理学家马斯洛认为在人的一切需要中,(　　)需要是最优先的。
   A. 生理　　　　B. 安全　　　　C. 尊重　　　　D. 自我实现
2. 为了获得他人的赞许、认可和亲近而学习,这是属于(　　)动机。
   A. 交往　　　　B. 成就　　　　C. 求知欲　　　　D. 学习
3. "好之者不如乐之者"这句话揭示了兴趣具有很大的(　　)成分。
   A. 需要　　　　B. 动机　　　　C. 信念　　　　D. 自我信念
4. "渴望得到家庭、团体、朋友、同事的关怀爱护理解"属于马斯洛需要层次理论中的(　　)。
   A. 安全需要　　B. 匮乏性需要　　C. 归属与爱的需要　　D. 情感需要
5. (　　)需要是指与保障个体生命安全和种族延续相联系的需要。
   A. 社会　　　　B. 物质　　　　C. 精神　　　　D. 生物性

(二)简答题

1. 古人讲"仓廪实而知荣辱",试用需要理论分析其中包含着什么心理学道理?
2. 在重大的考试面前,我们越想考好,考试的结果是否就越好?动机强度和学习成绩存在什么关系?
3. 价值观有哪些基本特征和表现形式?
4. 影响兴趣形成的因素有哪些?应怎样培养学生的学习兴趣?

(三)材料题

学生王某学业成绩良好,在一次数学单元测试前,他认为这次考试小菜一碟,未加以重视,结果考试成绩相当不理想。后来王某有机会参加学科竞赛,他认为能否获奖很大程度上影响自己的升学,发誓一定要得奖,结果事与愿违。

问题:

(1)阐述耶克斯-多德森定律。

(2)运用耶克斯-多德森定律,分析王某两次考试失败的原因,并提出恰当控制动机水平的建议。

第十章

能 力

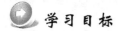
学习目标

1. 理解能力的含义;理解影响能力形成和发展的因素;理解能力的差异性规律。
2. 了解能力的种类;掌握能力与知识、技能的关系。
3. 初步学会了解儿童的能力的方法和技能;能用能力理论解释、分析教育教学工作。

能力是直接影响活动效率,使活动得以顺利进行的心理特征。人的个别差异表现在心理方面的差异,主要是个性倾向性和个性特征的差异,其中最突出的是能力或智力的差异。能力属于儿童的个性心理特征。它与气质和性格一起是个性中更为稳定的方面,体现了个体的独特心理活动和行为。本章重点是掌握影响能力形成与发展的因素、人的智力发展水平及智商分布。

第一节 能力的概述

一、能力的含义

(一)什么是能力

能力是一个人能够顺利完成某种活动并直接影响活动效率所必备的,是使活动得以顺利进行的个性心理特征。在西方心理学中,能力一词有两种含义:实际能力——"个人现在实际所能为者"。实际能力指已经发展出或表现出的实际能力。如某人能讲三种外语、会开汽车等。潜在能力——"个人将来可能为者"。潜在能力指可能发展的潜在能力,是尚未表现出来的心理能量、通过学习和训练可能发展起来的能力。即能力包含"所能为者"和"可能为者"。

首先,能力与活动紧密联系,在活动中形成、发展和表现出来,同时也是从事某种活动必需的前提。能力是一种很重要的个性心理特征,反映一个人的智慧特征,是决定心理活动效率的心理因素,是顺利完成某种活动的基本条件。因此,评价人的能力,可以把他在活动中所取得的效率及活动结果作为能力的两个重要指标。

其次,能力属于个性心理特征范畴,能力是顺利完成某种活动直接有效的心理特征,而不是顺利完成某种活动的全部心理条件,它与心理活动过程不同,能力是个体特征和心理活动之间的特殊关系。

(二)才能与天才

按能力发展的高低程度,可把能力分为才能和天才。顺利完成某种活动所需的心理条件是能力;人们要完成某种活动,往往不是依靠一种能力而是依靠多种能力的结合。这些能力相互联系,保证了某种活动的顺利进行。各种相关能力的有机组合,称为才能。如数学才能的基本组成部分为对数学材料迅速而广泛的概括能力、解决数学问题时敏捷的思维推理能力和熟练的数学运算能力等;一个人不仅具有才能,而且能力所需的各种心理条件达到了完美的结合,又给人类作出了杰出的贡献,叫作天才。才能的高度发展就是天才,它是多种能力最完备的结合,表现为某人能够独立、创造性完成某些活动。对许多超常儿童的调查与追踪研究表明,天才儿童在智力结构中表现出良好的智力品质:敏锐与稳定的观察力、良好的记忆能力、独立的逻辑思维能力和创新能力等。

需要指出的是天才有求异思维,但不等同于"偏才",即某种单一能力即使达到很高的发展水平,也不能称为天才。多种才能的培养离不开很多因素的共同作用。

二、能力、知识和技能

能力在一定程度上决定着个体在知识获得和技能掌握上取得的成就。能力与知识和技能的关系密切,三者是既有重要区别又有密切联系的。下面从范畴、概括水平、发展水平不同的角度来分析。

(一)能力、知识和技能的区别

所属范畴不同,来源不同。能力是直接影响人的活动效率必需的心理特征,是人在从事某种活动经常、稳定地表现出来的多种心理品质的概括化,属于个性心理特征范畴。知识是人类社会历史经验的总结和概括,是人对客观事物的规律性的认识,属于经验系统,是心理活动的对象与内容之一。个人所掌握的知识就是信息在头脑中的储存,是人脑对客观事物的主观表征。知识是个体通过与环境相互作用后获得的信息和结构,包括陈述性知识和程序性知识。知识是人的心理活动过程的范畴。技能是个体的一种经验,是个人通过练习而掌握的动作方式和动作系统,是个人在自己的心智活动及生活实践中经过反复尝试和练习逐渐习惯化了的熟练的行为方式。技能主要表现为动作执行的经验,因而与知识有区别。按活动方式不同,技能可分为操作技能和心智技能(智力活动)。操作技能的动作是由外显的机体运动来实现的,其动作的对象是物质性的客体,即物体。心智技能(智力活动)的动作,通常是借助于内在的智力操作来实现的,其动作对象是人对客观事物的主观映像,即观念。所以,技能是心理活动方式的范畴。

能力与知识和技能具有不同的概括水平。知识和技能虽具有概括性,但对某些知识或某种具体技能来说,仍比较具体;而能力相对来说,对个体心理活动过程、活动方式和知识获得的概括比较抽象。

能力与知识和技能的发展水平不同步。相对来说,知识的获得途径很多,获得要快些。技能需要有个练习的过程。能力的形成和发展掌握更晚一些。随着个体年龄的增长,知识在积累,能力却有发展和衰减的过程。另外,两个人身上可能具备相同水平的知识、技能,但能力不一定相同。比如,两个学习成绩同样优异的学生,可能是才能出众,也可能是努力所致。

(二)能力、知识和技能的联系

能力、知识和技能是密切联系的。首先,能力是掌握知识、技能的不可缺少的前提。能力直接影响人们掌握和运用知识技能的快慢、深浅、难易和巩固程度;其次,能力的高低又会影响到掌握知识、技能的水平、难度和程度,并影响知识和技能的运用;最后,能力的发展又离不开知识与技能。知识和技能的掌握也会对能力的发展起促进作用。知识越多,技能越强,就越有利于能力的发展。知识和技能是能力形成与发展的基础。能力是在掌握知识和技能的过程中形成和发展起来的。如果一个人缺乏必要的、基础的知识和技能,就会对其能力的发展造成巨大障碍。由于技能直接控制活动的动作程序的执行,因此,技能是活动的自我调节机制中的又一个组成要素,也是能力结构的基本组成成分。

正确理解能力、知识和技能,有助于鉴别与培养人才。关注能力的培养,从掌握知识、技能入手。

(三)能力的类型

1. 按照能力的适应范围划分

按照能力的适应范围或活动领域,能力被划分为一般能力和特殊能力。

一般能力是指在进行各种活动时必须具备的基本能力,它保证人们有效地认知世界,也就是我们平时所说的智力。例如,构成智力的因素包括感知能力(观察力)、记忆力、思维能力、想象力、注意力等,都属于一般能力,其中抽象思维能力是核心。

特殊能力又称为专门能力,是顺利完成某种专门的活动所必备的心理条件,它是在特殊的专门领域内必需的能力。相对而言,较为狭窄。例如,数学能力、音乐能力、绘画能力、写作能力、机械能力、运动能力等。一个人可以同时具有多种特殊能力,但只有其中某种特殊能力占优势。

一般能力和特殊能力相互关联。一方面,一般能力在某种特殊活动领域得到特别发展时,就可能成为特殊能力的重要组成部分。另一方面,在特殊能力发展的同时,也发展了一般能力。一般能力和特殊能力在个体所从事的具体活动任务中共同发挥作用,并表现出个体独特的能力特征。

2. 按照能力的功能和对象划分

按照能力的功能和对象,能力被划分为认知能力、元认知能力、操作能力、社交能力。

认知能力是指人脑接受、加工、储存和提取信息的能力,是个体得以顺利完成各项活动任务的最重要心理条件,是对客观世界的知觉、记忆、注意、思维和想象的能力。美国心理学家加涅将认知分为言语信息能力、智慧技能和认知策略能力三类。

元认知能力是指个体在对自身认知过程进行认知的基础上,对其认知过程进行自我觉察、自我反省、自我评价与自我调节来反作用于主体的认知活动的能力。

操作能力是指人们操作自己的肢体以完成各项活动的能力,如劳动能力、艺术表演能力、体育运动能力、实验操作能力等。这些都是个体有意识地调节自己的动作,以适应外部环境要求的能力。操作能力是在操作技能的基础上发展起来的,搜集整理又成为顺利掌握操作技能的重要条件。操作能力与认知能力不能截然分开,不通过认知能力积累一定的知识经验,就不会有操作能力的形成和发展,反之,操作能力不发展,人的认知能力就不可能得到很好的发展。

社交能力是指个体运用适当交往技巧增进与他人心理关系的能力。社交能力是在人们的社会交往活动中表现出来的能力,包括组织管理能力、言语感染能力、人际沟通能力、决策判断能力等。

3. 按照创造性程度划分

按照创造性程度,能力被划分为模仿能力和创造能力。

模仿能力又称为再造能力,是指人们通过观察别人的行为和活动,模仿他人的言行举止来学习前人所积累的知识、技能,然后以相同的方式作出反应的能力,即进行类似的现成的模式活动的能力。模仿能力是人和动物的一种重要的学习能力。如,婴儿学习说话、临摹习字和学习绘画。模仿能力表现出的创造性程度低,但它是个体早期获得知识经验的重要途径和手段。

创造能力是指个体在活动中创造出独特的、新颖的、有社会价值的产品的能力。创造能力是成功地完成某种创造活动必需的心理品质。它具有独特性、变通性、流畅性的特点。

模仿只是按现成的方式解决问题,而创造能提供解决问题的新方式与新途径。动物会模仿但不会创造,人的模仿力和创造力有明显的个别差异。人们常常是先模仿再进行创造。在这一意义上,模仿也可以说是创造的前提和基础,创造是模仿的发展与结果。

第二节 能力的理论与测量

一、能力理论

能力是具有复杂结构的各种心理品质的总和,能力理论是对能力内涵的诠释,许多心理学家为此对能力进行了不断的探索,一般有不同的研究取向。这些研究对于人们深入了解能力的本质,合理设计能力的测量手段,科学开展能力培养设定原则提供了指导。以下对国外的一些研究主张,做简要的介绍。

(一)能力的因素结构研究理论

1. 智力独立因素说

智力独立因素说又称为智力的单因素理论。这种理论认为,智力虽然有高低之分,但仅有一种能力因素,那就是智力,智力是一种总的能力。例如,高尔顿、比纳、推孟等人都主张智力是单因素的,他们编制的量表只提供单一分数(智商),只测一种智力。这种学说很快受到人们的批评。心理学家们发现,当人们完成不同的认知作业时,他们所得到的成绩具有明显的相关。这说明各种能力并不是完全独立的。

2. 斯皮尔曼的智力二因素说

在心理学史上,最早对能力结构进行探讨的是英国心理学家斯皮尔曼(C. E. Spearman, 1863—1945)。斯皮尔曼 1904 年根据人们完成智力作业时成绩的相关程度提出了智力结构的"二因素说"。

他认为能力是由 G 因素(一般因素)和 S 因素(特殊因素)组成的,完成任何一项工作都是以上两种因素决定的。G 因素是能力结构的基础和关键,即一切智力活动的主体,各种智力测验的目的就是通过广泛的取样而求出 G 因素。G 因素是人的基本的心理潜能,是决定一个人能力高低的主要因素。正是由于一般因素的存在,所以人们在完成不同的操作时,表现出某种正相关。

S 因素是保证人们完成某种特定作业或活动所必需的能力。正是由于特殊能力的存在,所以人们的作业成绩才没有完全正相关。

各种特殊因素与一般因素结合在一起就构成了人的智力。人们在完成任何一种作业时,都有 G 和 S 两种因素参加。活动中包含 G 因素越多,各种作业成绩的正相关就越高;相反,包含 S 因素越多,成绩的正相关就越低。比如,图 10-1 中的大圆圈代表 G 因素,四个小圆圈代表不同的作业。空间思维能力由 G 和 S1 构成,完成该种测验需要 G+S1;操作能力由 G 和 S2 构成,完成该类测验需要 G+S2;以此类推。其中 2、4 两种作业渗透了较多的 G 因素,因而测验分数的相关度较高;而 1、3 两种作业,只有少量的 G 因素,因而测验分数的相关度很低。

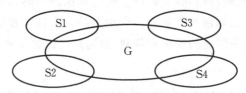

图 10-1 斯皮尔曼的二因素论

斯皮尔曼的这一理论是最早的智力理论之一,智力落后儿童的一般智力低于正常儿童是绝对的,但是也有些特殊儿童拥有一些特殊的能力,因此对智力落后儿童教育的可能性在理论上给予了支持。

3. 桑代克的智力三因素理论

美国心理学家桑代克(E. L. Thorndike)第一个主张智力是由多个特殊因素构成的。他认为智力存在不同的因素,这些因素在不同的活动中起不同的作用,但他们之间具有共性。

他提出了三种存在着的智力:①抽象智力,包括心智能力,特别是处理语言和数学符号等从事抽象思维推理的能力。②具体智力,即一个人处理具体问题、具体事物的能力。③社会智力,即在社会活动中处理人与人之间相互交往的能力。

4. 瑟斯顿的智力群因素理论

美国心理测验权威瑟斯顿(L. L. Thurstone)于 20 世纪 30 年代提出智力结构的群因素理论,认为智力活动都是依靠彼此无关的许多原始因素或原始能力构成的。他的观点与斯皮尔曼的智力二因素论不同,斯皮尔曼的观点是先有一个总的智力,然后有许多特殊智力,瑟斯顿则提出智力包括七种平等的基本能力。

他用因素分析法求得智力由七种彼此独立的心理能力构成:语词的流畅性(W)、语词的理解能力(V)、计算能力(N)、记忆能力(M)、推理能力(R)、空间能力(S)、知觉速度(P)。它们之间的不同搭配构成了每个人独特的智力。

瑟斯顿设计的智力测验用来测验七种因素,测验结果表明,各种智力因素之间彼此存在正相关。各种心理能力并不是彼此独立的,它们之间有一定的相关量。例如,推理能力(R)与语词的流畅性(W)的相关为0.48;计算能力(N)与语词的理解能力(V)的相关为0.38;语词的流畅性(W)与语词的理解能力(V)的相关为0.51。这似乎说明在群因素之外还存在着相互关联的一般因素。

5.吉尔福特的智力三维结构理论

美国心理学家吉尔福特(J.P.Guilford)在20余年因素分析研究的基础上,于1967年创立了智力三维结构(Structure of Intellect,简称SOI)模型理论。他认为智力结构应从内容、操作、产物三个维度去考虑,这三个维度的各个成分可以组成一个三维智力结构模型(见图10-2)。

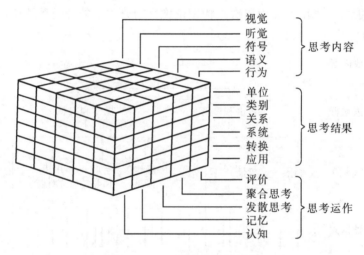

图10-2 三维智力结构模型

吉尔福特最初提出的智力三维模型中包含有120种基本因素。1971年,他把内容维度中的图形改为视觉和听觉,使其增加为5项。操作有5种,产品有6种,智力因素就有150种(5×5×6=150),每种结合代表一种智力因素。

(1)智力活动的内容,即信息材料的类型,包括听觉、视觉(我们所听到、看到的具体材料,例如大小、形状、位置、颜色)、符号(字母数字及其他符号)、语义(语言的意义概念)、行为(本人及别人的行为)。它们是智力活动的对象或材料。

(2)智力活动的操作,指智力的加工活动,即对信息内容进行处理的过程。其包括认知(理解或再认)、记忆(保持或记录)、发散思维(对一个问题寻找各种答案或思想)、聚合思维(对一个问题寻找最佳答案或最普通的答案)、评价(对一个人的思维品质或事物性质作出某种鉴别)。

(3)智力活动的产物,是运用上述智力操作所得到的结果。智力加工的产物包括6个因素,即单元、类别、关系、系统、转换、蕴含。

1988年,他又将操作维度中记忆分为短时记忆和长时记忆,使其由5项变为6项,智力结构的组成因素便增加到 5×6×6＝180 种。吉尔福特认为每种因素都是独特的能力。例如，学生对英语单词的掌握，就是语义、记忆、单元的能力。再如，说出鱼、马、菊花、太阳、猴等事物哪些属于一类，回答这类问题进行的操作是认知，内容是语义，产物是类别。这些不同的智力可以分别通过不同的测验来检验。如果给被测试者 10 种图案，每种呈现 5 秒钟，然后让他们进行简要的描述。在这项测验中，作业的任务为视觉，操作为记忆，产品为单元。它代表了对视觉记忆能力的度量。智力活动的三个维度的有机结合，为教师有效区分学生的智力优劣并因材施教提供了理论依据。

6. 阜南的智力层次结构理论

英国心理学家阜南（P. E. Vernon）继承和发展了斯皮尔曼的二因说，提出智力层次结构理论。阜南认为智力结构是按层次排列的具有 4 个层次的结构。智力的最高层次是一般因素（G）；第二层次分两大因素群，即言语和教育方面的因素、操作和机械方面的因素；第三层为小因素群，包括言语理解、数量因素、机械信息、空间能力和手工操作等；第四层次为特殊因素，即各种各样的特殊能力。阜南的能力层次结构理论像生物分类学的分类系统那样来设想能力的结构（见图 10-3）。

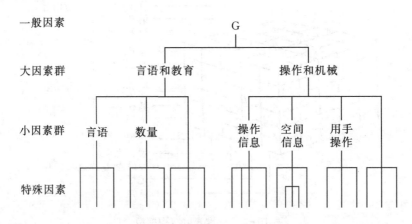

图 10-3 阜南的智力层次结构模型

智力层次结构的两大因素群分言语和教育方面的因素、操作和机械方面的因素，近年来已经得到脑科学研究成果的支持，即大脑左半球以语言机能为主，右半球以空间图像感知机能为主。

7. 卡特尔的液态智力和晶态智力形态理论

一般智力不是一种，而是两种，即根据智力在人生中的发展趋势的特点以及能力和先天禀赋、社会文化的关系，智力被划分为液态智力和晶态智力。这种分类是由美国心理学家卡特尔根据对智力测验结果的分析提出的。

液态智力，也称为流体智力，是指与神经的生理结构和功能有关的，在信息加工和问题解决过程中所表现出来的能力，如对关系的认识，类比、演绎推理、形成抽象概念的能力等。它较少的依赖于文化和经验的内容，而决定于个人的先天禀赋。

晶态智力，也称为晶体智力，是指获得语言、数学等知识的能力，它决定于后天的学习，与社会文化密切有关。其包括一个人所获得的知识及获得知识的能力，它由语词、算术和一般知识测验来测定。

液态智力在 20 岁以后发展达到高峰,30 岁以后就开始下降,但晶态智力在一生中一直在发展,在人年老的时候还能保持在较高的水平(见图 10-4)。晶态智力在一定程度上依赖于液态智力。

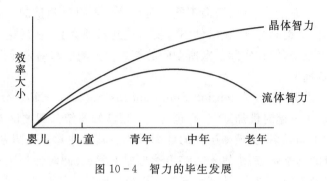

图 10-4 智力的毕生发展

(二)智力的信息加工研究理论

1. 斯腾伯格的智力三元理论

美国耶鲁大学教授斯腾伯格(Sternberg,1985)提出了智力的三元理论,试图说明更为广泛的智力行为。三元智力理论是对传统智力观念提出挑战性的理论,是除了加德纳的智力多元论之外,目前更具影响力的智力理论。

按智力三元论的设想,个体之所以有智力上高低的差异,乃是因其面对刺激情境时个人对信息处理的方式不同。因此,设法测量个体在认知情境中信息处理的方式,可鉴别个体智力的高低。斯滕伯格认为,人的智力活动总是在一定社会文化背景下发生发展的,不同文化条件下判断智力活动的标准不同,但是,相同的智力活动的内在心理机制是相同的。一个人的经验是实现自身内心世界与外部环境之间联系的纽带。他认为,大多数的智力理论是不完备的,它们只从某个特定的角度解释智力。一个完备的智力理论必须说明智力的三个方面,即智力的内在成分,这些智力成分与经验的关系,以及智力成分的外部作用。这三个方面构成了智力成分理论、智力经验理论和智力情境理论。按智力三元论的主张,人类的智力乃是由连接的三边关系组合的智力统合体。智力统合体的三边,可视为构成智力的三种成分;各边之长度因人而异,也由此而形成智力的个别差异。组成智力统合体的三种智力成分包括以下三种。

(1)成分性智力。智力包括三个成分及相应的三种过程,即元成分、操作成分和知识获得成分。元成分是计划、控制和决策的高级执行过程。操作成分,是问题解决的策略和技巧。知识获得成分是指获取和保存新信息的过程,负责接受新刺激,做出判断与反应,以及对新信息的编码与存储。其中,三种成分中元成分起核心作用。

(2)经验智力。个体运用既有经验处理新问题时,统合不同观念而形成的顿悟或创造力的能力是经验智力。经验智力认为智力包括两种能力,一种是处理新任务和新环境时所要求的能力,另一种是信息加工过程自动化的能力。

(3)情境智力。情境智力指个体在日常情境中,运用学得的知识经验以处理其日常事务的能力。经验智力认为智力是指获得与情境拟合的心理活动。在日常生活中,智力表现为有目的地适应环境、塑造环境和选择新环境的能力。

智力成分理论是三元智力理论中,最早形成和最为完善的部分,它揭示了智力活动的内部机制。显然,斯腾伯格的智力三元论,在理论上已将传统智力理论上智力的观念扩大。如按传统智力测验的观点来看智力三元论,传统智力测验所测到的智力商数(IQ),只能代表三元论中的组合性能力。因此,自智力三元论问世以来,智商是否等于智力的问题,已经成了心理学上新的争议。按智力三元论的主张,智商不能代表智力。要想以测量的方式鉴别智力上的个别差异,智力测验的传统编制方式,显然已不需要。直到目前为止,在理论上一般都认为传统智力测验的方式势将改变,但在实际上众所期盼的新式智力测验却尚未诞生。

2. 智力的 PASS 模型

所谓智力 PASS 模型(Plan Attention Simultaneous Successive Processing Model)即"计划—注意—同时性加工—继时性加工"。它包含了三层认知系统和四种认知过程,注意—唤醒系统;同时—继时加工编码系统;最高层次的计划系统。其中注意—唤醒系统,是整个系统的基础,只有达到适宜的觉醒状态,个体才能够接受与加工信息;同时性加工和继时性加工系统称为信息加工系统,处于中间层次;计划系统是处于最高层次的认知功能系统。

PASS 模型是加拿大心理学家戴斯(J. P Das)、纳格利尔里、柯尔比等人在"必须把智力视作认知过程来重构智力概念"的思想指导下,经过多年的理论和试验的研究论证而提出的。最初它只是作为一种信息加工模型;随后又被描述为一种信息整合模型。直到 1988 年,才被肯定为是认知评价模型。三个系统的协调合作保证了一切智能活动的运行。因此,戴斯认为有效的加工是按照特定任务的需求通过整合知识与计划、注意、同时性加工和继时性加工过程来完成的。戴斯的智力 PASS 理论,依据智力的本来面目,以认知过程、依据大脑的活动来重建智力,认为人类的认知机能,尤其是人类的高级认知活动,是人类所特有的,因为人类的认知活动发生于文化背景中,并且要使用文化工具。文化历史和像计算机这样的文化工具不仅不断形成着我们的思想内容,而且也不断形成着我们的思维、注意、记忆、学习和解决问题的方式。智力 PASS 理论模型对学习困难以及智力障碍的学生深入研究和补救提供了一种新的视角。

3. 加德纳的多元智力理论

多元智力理论(multiple-intelligence theory)是由美国心理学家加德纳(Gardner)在 1983 年倡议的。加德纳从研究脑部受创伤的病人发觉到他们在学习能力上的差异,从而提出本理论。传统上,学校一直只强调学生在逻辑-数学和语文(主要是读和写)两方面的发展。但这并不是人类智能的全部。不同的人会有不同的智能组合,比如,建筑师及雕塑家的空间感(空间智能)比较强、运动员和芭蕾舞演员的体力(肢体运作智能)较强、公关的人际智能较强等。加德纳认为智力是在某种价值标准下,个体用以解决问题与生产创造所需的能力。

智力的内涵是多元的,它由 8 种相对独立的智力成分所构成,分别为语言、数理逻辑、空间、肢体运作、音乐、人际、内省、自然探索(加德纳在 1995 年补充)。

(1)语言智能,是指对外语的听、说、读、写的能力,核心成分是对语词的节律、声音、语义以及不同语言功能的敏感性。这种智能在作家、演说家、记者、编辑、节目主持人、播音员、律师等职业上有更加突出的表现。

(2)数理逻辑智能,指有效地计算、测量、推理、归纳、分类,并进行复杂数学运算的能力。从事与数字有关工作的人特别需要这种有效运用数字和推理的智能。

(3)空间智能可以划分为形象的空间智能和抽象的空间智能两种能力。核心成分是准确知觉视觉—空间环境,以及对最初的知觉进行操作转换的能力。

(4)肢体运作智能,指善于运用整个身体来表达想法和感觉,以及运用双手灵巧地生产或改造事物的能力。他们学习时是透过身体感觉来思考。这种智能主要是指人调节身体运动及用巧妙的双手改变物体的技能。运动员、舞蹈家、外科医生、手艺人都有这种智能优势。

(5)音乐智能主要是指人敏感地感知音调、旋律、节奏和音色等能力,表现为个人对音乐节奏、音调、音色和旋律的敏感以及通过作曲、演奏和歌唱等表达音乐的能力。这种智能在作曲家、指挥家、歌唱家、乐师、乐器制作者、音乐评论家等人员那里都有出色的表现。

(6)人际智能,指能够有效地理解别人及其关系、及与人交往能力,包括四大要素。①组织能力,包括群体动员与协调能力。②协商能力,指仲裁与排解纷争能力。③分析能力,指能够敏锐察知他人的情感动向与想法,易与他人建立密切关系的能力。④人际联系,指对他人表现出关心,善体人意,适于团体合作的能力。

(7)内省智能主要是指认识到自己的能力,正确把握自己的长处和短处,把握自己的情绪、意向、动机、欲望,对自己的生活有规划,能自尊、自律,会吸收他人的长处。喜欢独立工作,有自我选择的空间。这种智能优秀的政治家、哲学家、心理学家、教师等人员那里都有出色的表现。

(8)自然探索智能,指能认识植物、动物和其他自然环境(如云和石头)的能力。自然智能强的人,在打猎、耕作、生物科学上的表现较为突出。核心成分是对种属不同的灵敏性,以及与生物敏锐交往的能力。

多元智力理论对于教学、教改活动都有重要的指导意义。由于多元智能理论有助老师从中小学生的智能分布上更了解他们,我们可以将理论用于两方面:一是可以利用多元智能理论来发掘资优学生,并进而为他们提供合适的发展机会,使他们茁壮成长;二是可以利用多元智能理论来扶助有问题的学生,并采取对他们更合适的方法去学习。

二、能力测验

能力测验,即智力测验是以某种方式测量人的能力,以量化表示。智力测验的产生与发展极大地促进了智力领域和心理测验领域的研究进展。反过来,智力理论与测验理论的进步同样会促进智力测验的发展。智力测验旨在衡量人们的抽象能力、学习能力和对新情况的适应能力。智力测验可用于测定学生的智力水平,有助于因材施教,也可用于专业人才的选拔,做到人尽其才,已有越来越多的专家学者进行了智力测验的研究。虽然最早的智力测量是从中国西汉杨雄(以语言反应速度为标准来判断人的智力高低)开始的,但科学的智力测量量表的研究和应用还是法国心理学家比纳和西蒙。

实施测验的目的就是要把能力用数量化的方法精确地表示出来。标准化的智力测验要注意智力测验的标准化问题。智商(IQ),是一种数量化的、对智力的标准测量。有两种个体施测的 IQ 测验至今还在广泛应用:斯坦福-比纳(Stanford-Binet)测验和韦克斯勒(Wechsler)测验。编制标准化智力测验要经过标准化的过程,建立常模,并注意测验的信度和效度、施测程序标准化。按照测验的性质选择具有代表性的测验题目;选取具有代表性的被试,确定标准化样本。施测程序标准化是指测验的施测和评分都有统一的标准。统计结果,建立常模。信度是指测验的可靠程度,它以反复测验时能否提供相同的结果来说明。效度是指测验能测量到所需要测的东西,即测验的有效性。

(一)一般能力测验

1. 高尔顿和生理计量法

高尔顿是测验运动的最早倡导人,他率先研究个体差异,并于1884年创建人类测量实验室。在他的人类测量实验室内,利用仪器完成了大量的人类学测量及心理测量。

高尔顿以感觉敏锐度为指标,设计了诸如判断线条长短、物体轻重、声音强弱的简单测验,来测量个体的智力。同时,他又利用问答法研究意象的个体差异。他注意到低智商者对于热、冷、痛鉴别能力较低,因此这种生理计量法在判定个体差异方面是有一定功效的。

但将智力简单地看作是感官能力,这显然是不科学的,同时这种观念在教育上也并无实用价值。19世纪后期,心理学家便开始尝试用综合的心理取向鉴别人类的智力。

2. 比纳和智力年龄

1905年,心理学家比纳和助手西蒙发表了第一个心理取向的智力测验——比纳-西蒙量表,用语文、算术、常识等题目来测量判断、推理等高级心智活动。因鉴别低能儿童编制的比纳-西蒙量表,史称《1905年量表》,是世界上第一个正式的心理测验量表。1908年,比纳-西蒙量表作首次修订,修订后的量表运用了近代测验理论的基本思想,即测验的原理在于将个人的行为与他人比较并归类,比纳首次采用智力年龄作为衡量儿童智力发展水平的指标,并建立常模。智力年龄又称为心理年龄(mental age,MA)即智龄,儿童通过哪个年龄组的项目,便表明他的智力与几岁儿童的平均智力水平相当。1911年,比纳第三次修订了比纳-西蒙量表。

3. 斯坦福-比纳智力量表

第一套比较系统的测验量表比纳-西蒙智力量表问世后迅即传至世界各国,尤其是在美国的改进使其更为适用。美国斯坦福大学教授推孟(L. M. Terman)在1916年修订了比纳-西蒙量表,即斯坦福-比纳智力量表(Stanford-Binet Scale)。第一次采用智力商数表示智力发展的相对水平,首次引入"比率智商",指出IQ是相对指标。该量表包括一系列的分测验,每一个分测验适合一个特定的心理年龄。按照年龄组,每个年龄组6个项目。如5岁组6个项目;6岁组也为6个项目。随着年龄组的上升,项目的难度逐渐增加。内容为绘画、折叠、下定义、判断词义、回忆故事、推理、拼图等。

被修订为斯坦福-比纳智力量表后,该测验的最大特点是将原来表示智力高低的心理年龄改用智力商数IQ(简称智商)来表示。智商就是一个人的心理年龄(MA)与其实足年龄(CA)之比值,因而也称为比率智商(ratio IQ),为避免出现小数,将商数乘以100。智商越高,表示越聪明。智商的计算公式如下:

$$智商(IQ) = \frac{心理年龄(MA)}{实足年龄(CA)} \times 100$$

该测验由难易程度不同的标准题目组成,依据儿童完成题目的情况计算出其智力年龄。举例来说,某儿童实足年龄为8岁2个月,如以月数表示,他的实足年龄即为98个月,即CA=98。设该童接受斯坦福—比纳智力量表测试后的成绩是:通过8岁组的全部题目,其基本心理年龄得96个月;通过9岁组的4个题目,再加8个月;通过10岁组的2个题目,再加4个月;11岁组(及以后)的题目全未通过。总计该童成绩,其心理年龄计为108个月,即MA=108。按智商公式计算,得出其智商为110。

智商是心理年龄除以实足年龄的得数,所以智商为100者,其智力相当于他的同年龄人的一般水平,属于中等智力。智商高于 100,表明智力较佳;低于 100,则表明智力较差。在一般人口中,智商呈正态分布,即中等水平的居多数,两极端的为少数(见表 10-1)。

表 10-1 斯坦福-比纳量表智商分布情况

智商范围	等级	理论百分数%	实际百分数%
140 以上	非常优秀(天才)	1.6	1.3
120~139	优秀	11.3	11.7
110~119	中上、聪慧	18.1	18
90~109	中等	46.5	46
80~89	中下	14.5	15.1
70~79	临界智能不足	5.6	5
69 以下	智力缺陷	2.9	2

斯坦福-比纳量表智商分布:140 以上为非常优秀(天才);120~139 为优秀;110~119 为中上、聪慧;90~109 为中等;80~89 为中下;70~79 为临界智能不足;69 以下为智力缺陷。

研究表明,斯坦福-比纳智力量表可信度令人满意,对正常人群、发育迟滞者和天才人群都能提供准确的 IQ 估计(Laurent et al.,1992)。在我国第一次修订斯坦福-比纳量表的是陆志韦(1924),以后陆志韦和吴天敏进行了第二次修订(1936),吴天敏作了第三次修订(1982),称《中国比纳测验》。斯坦福-比纳智力量表是直到目前仍被采用的测量儿童智力发展水平的工具。现在,已成为当代应用最广也最具有权威的个别智力测验。

采用比率智商来表示智力发展水平,比较简明,便于比较不同年龄儿童的智力高低。但是,这个公式不足之处在于只适用于儿童。由于以年龄为参照,当人发展到一定年龄后,智力并不随年龄增长,老年甚至有下降的现象。对智力状况只提供一种综合的测量,只能给人一种笼统的智力概念。

知识与拓展 10-1

斯坦福-比纳智力量表举例

5 岁组

(1)画一张缺腿人的画。
(2)在测验者表演后,将一张方块纸叠两次,形成一个三角形。
(3)给下列单词下定义:球、帽子、炉子。
(4)描画一个正方形。
(5)辨认两张图片的同异。
(6)用两个三角形组成一个正方形。

8 岁组

(1)从一张标准词汇表上给 8 个单词下定义。
(2)尽可能回忆一个简单故事的内容。
(3)发现故事表述上的荒唐、不合理。如一个人得了感冒,第一次使他一命呜呼,第二次很快好了。

(4)分辨以下单词:飞机与风筝,海洋与河流等。
(5)知道海轮为什么会开动;如果见到一个迷了路的三岁儿童,应该怎么办?
(6)列举一周内每一天的名字。

12岁组
(1)给14个单词下定义。
(2)看出下文的荒唐之处:比尔、琼斯的脚太大,以致他必须从头上套下他的裤子。
(3)理解在一个复杂图片上所描述的情景。
(4)按相反顺序重复5个数字。
(5)给抽象单词下定义,如遗憾、惊奇等。
(6)在不完整的句子中填入遗漏的单词,如一个人不能是英雄……一个人总可以是个人。

4. 韦克斯勒智力量表

1949年,美国心理学家韦克斯勒(D. Wechsler)首创离差智商,并在原有比率智商的基础上,分别编制了适用于儿童、成人、学前儿童和学龄初期儿童三个智力量表。其测量的对象范围是4岁到74岁的不同个体。韦克斯勒智力量表具体可分为如下几点。

(1)韦氏学前儿童智力量表(简称 WPPSI-R),评定4至6.5岁儿童的智力。
(2)韦氏儿童智力量表(简称 WISC-III),测定6至17岁少年儿童的智力发展水平。
(3)韦氏成人智力量表(简称 WISC-R),评定18岁以上成人的智力。
(4)韦克斯勒假定人的智力并不是一种单一的能力,包含各种成分,在同一个人身上也会表现出不同水平。
(5)韦氏量表内容包含了言语和操作两个分量表,分别度量个体的言语能力和操作能力。
(6)言语:词汇、常识、理解、回忆、发现相似性和数学推理。
(7)操作:完成图片、排列图片、事物组合、拼凑、译码。

知识与拓展10-2

韦氏成人智力量表举例

言语量表
(1)知识:水蒸气是怎样来的? 什么是胡椒?
(2)理解:为什么电线常用铜制成? 为什么有人不给售货收据?
(3)数学:刷一间房子三个人用九天,如果三天内要完成它需用多少人? 一辆汽车60分钟行驶60公里,20分钟它走了多少公里?
(4)复述数字:按次序复述以下的数:1、3、7、2、5、4;倒数以下的数:5、8、2、4、9、6。
(5)找相似:圆和三角有何相似? 蛋和种子有何相似?
(6)词汇:什么是河马? "类似"是什么意思?

操作量表
(1)摆图片:把三张以上的画片按正确顺序排列,并说出一个故事。
(2)完成图画:指出每张画缺了什么,并说出名称。
(3)积木拼图:在看一种图案之后,用小木块拼成相同的样子。
(4)物体组装:将拼图小板拼成一个物体,如人手、半身像等。

(5)数字符号:学会将每个数字与不同的符号联在一起,然后在某个数字的空格内填上正确的符号。

学校阶段:IQ与成绩相关

小学:0.6—0.7;中学:0.5—0.6;大学:0.4—0.5;研究生:0.3—0.4

韦氏量表不用"智力年龄"的概念,保留了"智商"的概念。离差智商,是确定个体智力在同龄人中的相对位置,实质上是将一个人在智力测验上的成绩与同龄组人的平均成绩比较而得出的一个相对分数。同样的智商分数在任何年龄水平上都代表同样的相对位置。人的智力测验分数分布是常态的,即大多数人的分数处于平均水平,离平均数越远,获得这样分数的人越少。人的智商从最低到最高,变化范围很大,智商分布的标准差为15。所以,智力水平可以用测验分数与同一年龄其他个体的测验分数相比来表示。

韦克斯勒认为,可以假定,人们的智商分布图是一个智商平均数为100和标准差为15的正态分布,计算公式为:$IQ=100+15Z$。$Z=\frac{X-\bar{X}}{S}$ 其中,Z是标准分数(个体测验分数与团体平均分之差除以标准差之后的结果);X为个人的测验分数;$\bar{X}$为团体的平均测验分数;S为团体分数的标准差。根据韦克斯勒对智商分布的假设,可以看到,只有少数人的智商会达到130以上或70以下,大约50%的人的智商在90至110之间。韦氏量表的各个分测验,是从各个方面测量智力,而不是测量不同类型的智力。研究结果表明,7岁以后的测得的智商具有相当大的稳定性。

5. 瑞文测验

1938年,英国心理学家瑞文设计的一种非文字智力测验,包括标准型(SPM)、彩色型(CPM)、高级型(APM)三套测验。

我国有修订:1986年,张厚粲等对瑞文标准型修订,出版瑞文标准型测验中国城市修订版。1989年,李丹、王栋将瑞文标准型、彩色型合并本联合型瑞文测验(CRT),并制定成人、城市儿童、农村儿童三个常模。

(二)特殊能力测验和创造力测验

1. 特殊能力测验

特殊能力测验是对特殊职业活动能力的测量。比如,管理能力、运动能力、机械能力、艺术能力、音乐能力、数学能力、文书能力、飞行能力等。要测定从事某种专业活动的能力,就需要对该活动进行分析,找出它所要求的心理特征,列出测验项目,进行测验的设计。如西肖尔(Seashore,1939)分析了学习音乐的能力,区分出组成音乐才能的六种特殊能力:辨别音高、响度、持续性、音色的差别,判断韵律的异同和音调记忆力,从而设计出6个分测验。

该类测验主要用于职业定向指导、职业人员的选拔与安置、儿童特殊能力的早期诊断与培养。有利于发现人的特殊才能,因材施教,并能充分发挥潜力,使人尽其才,才尽其用。

2. 创造力测验

创造力测验是在20世纪60年代初由美国芝加哥大学首创,主要测量被试的求异思维程度与水平,了解被试思维的流畅性、变通性和独创性。测验由五个项目组成:①词的联想;②物品用途;③隐藏图形;④寓言;⑤组成问题等。创造力测验答案不固定,一般要求回答得越多越好,并要有新颖性和创造性。

南加利福尼亚大学发散思维测验和托兰斯创造思维测验是常用的创造力测验,它们多用于研究工作。

正确对待智力测验的结果。智力测验更多测量的是与学业成绩相关的能力;智力测验的结果并非预测人未来发展的唯一指标;对智力测验结果的解释要有发展性,传统智力测验大都通过被试在一次测验中的表现来衡量其已经具有的智力水平,动态评估方法是智力测验的新进展;保证智力测验的文化公平性。智力测验中的某些项目存在文化偏差,不同地区的儿童在同一智力测验上的得分不同,不是缺乏能力,而是因为他们不理解测验内容。在编制测验时,心理学家应尽可能减少文化因素在测验中的比重,在实践技术层面上编制各种文化公平测验。

第三节 能力的个别差异与发展

一、能力发展的一般趋势

能力的发展不是等速的,一般是先快后慢,能力的发展随年龄增长而发生变化。心理学对于能力发展趋势进行了大量研究,提出了各种看法,比如,心理学家贝利、沙因、韦克斯勒就进行了相关研究(见图10-5),研究结果都表明了能力的发展具有一定的规律性。

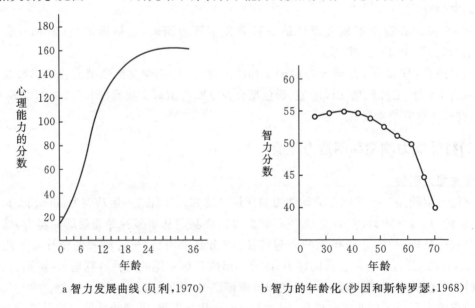

a 智力发展曲线(贝利,1970)　　b 智力的年龄化(沙因和斯特罗瑟,1968)

图10-5　智力发展曲线和智力的年龄化

(1)能力是不断发展的。按照能力理论,能力的发展有一定的趋势,又存在多种个别差异。能力高的发展快,达到高峰的时间晚;能力低的发展慢,达到高峰的时间早。

(2)智力是人脑的机能,有一个发展的过程。但智力的发展是不等速的。童年期和少年期是某些能力发展最重要的时期。从3、4岁到12、13岁,智力的发展与年龄的增长几乎等速。

以后随着年龄的增长,智力的发展呈负加速增长,年龄增加,智力发展趋于缓和。但近年来的研究表明,即使在老年,人的智力还可以缓慢增长,只是这种增长限于智力的某一方面。

(3)人的智力在18~25岁间达到顶峰(也有人说是40岁)。智力的不同成分达到顶峰的时间不同。

(4)根据对人的智力毕生的发展研究,人的流体智力在中年之后有下降的趋势,人的晶体智力在人的一生中是稳步上升的。

(5)成年是人生最漫长的时期,也是能力发展最稳定的时期。成年期又是一个工作时期。在25、26岁至40岁之间,人们常出现富有创造性的活动。

二、能力发展的个别差异

所谓个别差异是指个体或某个特定群体在成长过程中因受遗传与环境的交互影响,使不同个体或群体之间在身心特征上所显示的彼此不同的现象。了解与鉴别个别差异,是"因材施教"的前提,因而一向受到教育界与社会各界的重视。

人的能力是有差异的,这个问题早已引起人们的注意。人的能力差异主要表现为能力发展水平的差异、表现早晚的差异、类型的差异,当然也有性别的差异。前两者是量的差异,后两者是质的差异。智力发展的差异是能力的量的差异的重要体现。

(一)能力发展水平的差异

能力发展存在水平上的差异,是能力的量差异的重要体现。能力发展水平的差异主要表现在智力发展上,全人口的智力差异从低到高有许多不同的层次。大致说来,智力在全人口中的表现为正态分布:两头小,中间大,即智力极低或智力极高的人很少,绝大多数的人属于中等智力(见图10-6)。

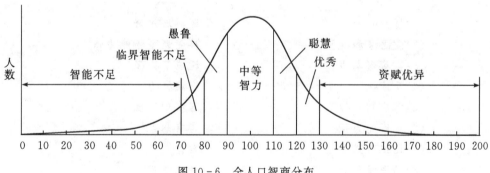

图10-6 全人口智商分布

研究表明,人与人之间在智力发展水平上存在着明显的差异,即不同个体的智力发展水平有高有低。如果我们用斯坦福-比纳量表来测量某一地区全部人口的智力,则智商在100 ± 16范围内的人应占全人口的68.2%,智商在100 ± 32以内的人应占全人口的95.4%。智商高于132或低于68的人在全人口中只有极少数。

表10-2是心理学家抽取2~18岁的2904人进行测验得出的智商情况。

表 10-2 智力水平分布

智商	百分比/%	级别
139 以上	1	非常优秀
120～139	11	优秀
110～119	18	中上
90～109	46	中智
80～89	15	中下
70～79	6	临界智力
70 以下	3	智力迟钝

心理学家根据智力发展水平把儿童分成三个等级,即超常儿童、常态儿童、低常儿童。

1. 超常儿童

超常儿童是指儿童的智力发展显著地超过同年龄常态儿童的水平,或具有某方面突出发展的特殊才能,能创造性地完成某种或多种活动的儿童。智力的高度发展叫作智力超常或天才。推孟(L. M. Terman)用智力测验来鉴别天才儿童,把智商为 130 作为划分临界点。人们一般认为 IQ 超过 140 的人是天才,大约占人口的 1%。单纯用智商来鉴别超常儿童有很大的缺陷,容易忽视非智力因素对一个人成功的影响。

超常儿童的共同的心理特征表现为浓厚的认识兴趣、旺盛的求知欲、敏锐的感知觉、细致敏锐的观察力;注意力易集中与转移,记忆速度快、记忆内容准确牢固;思维灵活敏捷,理解力强,有独创性;进取心强,勤奋,有坚持性;不易受到具体情境的局限。

知识与拓展 10-3

高智力儿童和高智力成人的最重要的特征排序表

儿童	成人
(1)好奇心强	逻辑思维好
(2)爱思考和提问	接受新事物能力强
(3)富有形象力	适应能力强
(4)反应快	有洞察力
(5)富有创造性	富有创造性
(6)观察能力强	富有想象
(7)记忆力强	自信
(8)动手操作能力强	独立性强
(9)模仿能力强	富有好奇心
(10)兴趣广泛	记忆力好
(11)表达能力强	精力充沛
(12)独立性强	善于表达
(13)自信	动手能力强
(14)注意力集中	兴趣广泛
(15)适应能力强	有幽默感

2. 低常儿童

低常儿童是指智力发展明显低于同龄儿童平均水平,并有适应性行为障碍的儿童。低常儿童的共同的心理特征主要表现为智商明显低下,一般智商低于70、社会适应不良、问题发生在早年。

智力落后的原因大多是先天的生理缺欠和后天的疾病造成的。我们既要防止低常现象的出现,也要正确对待低常儿童,给予相应的教育和治疗,促进智力的发展,帮助他们适应社会生活。

(二)能力表现早晚的差异

能力表现的早晚存在着明显的差异。早在汉代,我国的哲学家王充就指出:"人才早成,亦有晚就。"

有的人从小就表现出非常的聪明,能作曲,能写诗,有极高的运算能力。"落霞与孤鹜齐飞,秋水共长天一色"出自唐朝王勃所作《滕王阁序》。作者以落霞、孤鹜、秋水和长天四个景象勾勒出一幅宁静致远的画面,历来被奉为写景的精妙之句,广为传唱。他才华早露,未成年即被司刑太常伯刘祥道赞为神童。李贺7岁能即席赋诗,贝多芬13岁创作三部奏鸣曲,莫扎特6岁主演音乐会。这些人的能力早期就表现得异常出众,我们称为"少年早慧"。

有的人才能表现得较晚,到了中老年才创造出成果。他是一代名医,名齐华佗,大器晚成,他就是60多岁时才写成《本草纲目》的李时珍。达尔文完成《物种起源》时也已经50多岁了。

在不同的学科上,最佳创造能力的平均年龄也不同(见表10-3)。

表10-3 不同学科最佳创造的平均年龄

学科	最佳创造的平均年龄(岁)	学科	最佳创造的平均年龄(岁)
化学	26~36	声乐	30~34
数学	30~34	歌剧	35~39
物理	30~34	诗歌	25~29
实用发明	30~34	小说	30~34
医学	30~39	哲学	35~39
植物学	30~34	绘画	32~36
心理学	30~39	雕刻	35~39
生理学	35~39		

能力表现的早晚受很多因素的制约,有先天的遗传因素、环境教育和社会实践,关键是早期良好的教育。

(三)能力类型的差异

能力有各种各样的成分,它们可以按不同的方式结合起来。由于能力的不同结合,构成了类型上的差异。例如,有人长于想象,有人长于记忆,有人长于思维等。不同能力的结合,也使人们互相区别开来。

能力类型差异是指构成能力的各种因素存在质的差异,主要表现在一般能力方面,知觉、记忆、言语和思维的类型和品质方面的差异较明显。

在特殊能力方面也存在着不同类型的差异。如在音乐、绘画、体育等方面。巴甫洛夫根据两种信号系统相互关系的特点,区分出人类特有的神经活动的三种类型:艺术型、思维型和中间型,其中属于绝大多数的是中间型。

(四)能力的性别差异

研究表明,性别差异并未表现在一般智力因素上,而是反映在特殊智力因素中。比如,言语能力、数学能力以及空间能力等。智力的性别差异表现为:①男女的智力总体水平大致相等,但是男性智力分布的离散程度比女性大,即很聪明的男性和很笨的男性都比女性多;②男女的智力结构存在差异,各自具有自己的优势领域。

三、能力形成的原因和条件

能力的形成和发展依赖于各种因素的交互作用,虽然各种影响因素在决定能力高低与发展的历程中各占比重是多少无法估计,但有一点是不可否认的,先天素质、环境和教育的影响、实践的经验以及个人主观的努力,都对能力的形成和发展具有不同作用,缺一不可。

(一)遗传的作用

遗传素质是能力形成和发展的自然前提。基因是遗传的基本单位。心理学家对双生子能力与亲生父母和养父母能力相关研究表明:血缘关系越密切的人,在智力发展水平上有接近的趋势,其能力发展水平越相似。人的各种能力并不是与生俱来的,先天禀赋所具有的,只有一定的解剖和生理特点,其中高级神经系统特别是大脑的特点有着更为重要的作用,它们是能力发展的直接物质基础。在心理学上,把这些造成人们之间天生差异的解剖、生理特点,称为先天素质。先天素质是能力发展的自然基础,决定着能力发展的可能性。

例如,有研究证明,同卵双生子不管在一起还是分开抚养,智力相关系数均高于异卵双生子。这就是遗传的影响。研究同样证明,同卵和异卵双生子一起抚养的智力相关系数均高于分开抚养的智力相关系数。说明环境的影响在能力形成和发展中,也是值得注意的因素。

(二)环境的影响

环境包括自然环境和社会环境,都是客观现实。环境对能力形成发展有重要的影响。

早期环境,对能力的形成和发展更有重要影响,越来越多的心理学研究都证明了这一判断的正确性。

(1)产前环境的影响。胎儿出生前母亲的营养状况;母亲怀孕的年龄;母亲怀孕期间服药和患病;母亲孕期的情绪调节。

(2)早期经验的作用。儿童身体发育的资料表明,人的神经系统在出生后的头四年内获得迅速的发展,为能力的发展提供了物质基础。发展能力要重视早期环境作用,探索环境是能力发展的重要条件。著名的狼孩例子也指向这个观点。

(三)教育的作用

教育特别是学校教育是对年轻一代施加有目的、有计划、有组织的影响。学校教育对能力形成和发展所起的作用是系统性的。学生通过系统地接受教育,不仅要掌握知识和技能,而且要发展能力和其他心理品质。学校知识技能的传授非常有利于能力发展。能力不同于知识、技能,但又与它们有着密切的关系,发展能力是与系统学习和掌握知识技能分不开的。

(四)实践活动的影响

社会实践是能力发展的主要途径,人的主观能动性是优秀的个性品质,两者在能力发展中具有重要作用。环境和教育是能力发展的外部条件,人的主观能动性是能力发展的内部条件。人的各种能力是在社会实践活动中最终形成和发展起来的。虽然,掌握知识对于能力发展是重要的,但越来越多的科学家认识到,个人直接经验的积累在人的能力发展中有着不可替代的重要作用。人在多大范围内和多深程度上经历和掌握事物,也就在多大范围内和多深程度上形成应对事物的能力。人的最终能力的不同,归根结底是由于实践的性质、广度与深度不同造成的。

实践任务促使能力的发展并达到很高的事例是很多的。染色工人能辨别40种浓淡不同的红色;画家的亮度比值评定准确性比一般人高45倍;陶瓷工人根据敲击制品所发出的声音就能确定器皿的质量;烟草制造工人依靠品尝制品就能判断制品的品种、质量。这些事实足以说明,在能力的形成因素中,实践是决定的因素。

个人自身是能力的载体。一个人能力的提高,离不开他的主观努力。一个人追求的目标越远大,付出的努力越多,经历的范围越广、程度越深,他的能力也就相应地获得越大、越多、越广和越深的发展。优秀的个性品质在实践互动中培养起来,又推动人去从事并坚持某种活动,于是促进了能力的发展。

四、儿童的能力培养

人的智力发展同时受到遗传因素和环境因素的影响。实际生活中只要充分利用学生素质、营造良好的教育环境、采取适当的措施,扬长避短,可以有效地促进学生能力的发展。学生能力的培养应从以下几个方面进行。

1. 适时进行早期教育

智力发展的关键期是学前教育,抓紧早期教育,可以提高学习效果。人的智力或心理是遗传与环境交互作用的结果。日本学者木村久一认为,儿童的潜在能力遵循着一种递减规律。儿童的早期教育实践中,可以通过同伴来促进儿童的发展,可以通过榜样来感染儿童,也可以通过游戏的方法推动儿童认知发展。激发儿童的兴趣,注意利用各种具体的社会实践活动激发儿童对事物的直接兴趣,借此增强和锻炼儿童能力。

2. 根据个别差异因材施教

必须区分学生的能力倾向。即使在同一类型能力方面,也要考虑到能力有高低之分。能力作为个性的一个组成部分,与个性其他特征关系密切。要发展能力,不能脱离儿童的个性的培育与发展。

3. 教学活动培养学生的能力

根据能力发展的阶段性特点,把握时机,循序渐进培养学生不同能力。在培养学生智力因素的同时,强化其非智力因素。创设能力发展的环境,组织学生参加实践活动。在教育和社会实践中发展和锻炼儿童的能力是一个规律,知识和技能是能力发展的必要条件,知识的掌握和技能的形成,会推动和促进能力的发展。

复习与思考

(一)选择题

1. 科学方法编制智力测验的第一人是法国心理学家( )。
   A. 西蒙　　　　B. 比纳　　　　C. 瑞文　　　　D. 斯坦福
2. 世界上第一个标准化智力测验量表是( )。
   A. 斯坦福-比纳量表　　　　　　B. 比纳-西蒙量表
   C. 韦克斯勒成人智力量表　　　　D. 韦克斯勒幼儿智力量表
3. 以下说法正确的是( )。
   A. 晶体智力会随着时间的增加而逐渐减退
   B. 初中生的晶体智力和流体智力呈此长彼消的趋势
   C. 初中生的流体智力处于一直增长的趋势
   D. 流体智力随着年龄的增加会一直逐渐增长
4. 下列不属于加德纳提出的多元智力成分的是( )。
   A. 言语智力　　B. 内省智力　　C. 情绪智力　　D. 空间智力
5. 智力的核心成分是( )。
   A. 创造能力　　B. 抽象思维能力　　C. 观察力　　D. 记忆力

(二)简答题

1. 简述影响能力形成和发展的因素,并说出你以后的工作中需要怎样培养学生的能力?
2. 某个人智商得分为85分,其参考的团体平均分为80分,团体成员智商分数分布的标准差为5。用韦克斯勒量表测验,这个人的智商是多少?
3. 能力发展的一般趋势如何?
4. 举例说明能力发展的个别差异表现在哪些方面?你认为应如何看待能力的这些差异?

(三)材料题

有学者在孤儿院进行调查研究,发现留在孤儿院的儿童智力发展慢,智商平均只有53,而被领养的儿童智商发展快,平均智商达到80,特别是年龄很小时被领养的儿童,他们的智商可达到100。

问题:分析产生以上差异的原因。

第十一章

气质与性格

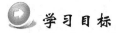学习目标

1. 了解气质、性格的概念。
2. 理解气质的类型及高级神经活动类型理论;分析不同气质类型的优缺点。
3. 理解性格的特征和类型差异;应用理论锤炼自己的性格。

俗话说的"江山易改,秉性难移"是什么意思?日常生活中,人们常说某人勤奋、慷慨、谦虚,某人懒惰、吝啬、骄傲,那么心理学对性格是怎样解释的呢?在中国的四大名著中有很多典型的人物,如多愁善感的林黛玉、机智善变的孙悟空、沉着稳重的林冲、暴躁易怒的张飞,这些人物的差异是气质差异还是性格差异呢?气质类型有哪些典型分类呢?性格差异表现在哪些方面?假如某人不满意自己的气质类型,可以改变吗?那性格又可以改变吗?本章内容将揭开人们的这些疑惑。

第一节 气质与性格概述

有人类就有"我是谁"的探索。早期的代表性故事古希腊战神俄狄浦斯来到斯芬克斯的面前,并且解答出了斯芬克斯的谜语便是其中之一。斯芬克斯的谜面是:在"早晨",是用"四条腿"走路的;"中午"就用"两条腿"走路了;到了晚上又变成了"三条腿",要求猜一种动物,谜底是人。因为我们小时候学习爬,到年老时要借助拐杖走路,就由四条腿变成了两条腿,最后变成三条腿了。纵观心理学发展简史,古希腊的希波克拉底、俄国的巴甫洛夫、美国的卡特尔等都对千姿百态、异彩纷呈的气质、性格做出了独到的理论解释,这些对我们今天的教育工作——了解学生、了解自己、锻炼更完美的自己,起到了很好的启发作用。

一、气质的内涵

气质是指人的心理活动与行为产生的动力特征,表现为心理活动的强度、速度、灵活性、指向性、稳定性等特征。俗话说,"江山易改,秉性难移",可以从两方面解读,其一,气质是一种典

型的、稳定的心理特征，是人格特征的重要成分；其二，在日常生活中，人们通常把气质理解为"秉性"或"脾气"。我们在概述中谈及的多愁善感的林黛玉、机智善变的孙悟空、沉着稳重的林冲、暴躁易怒的张飞指的就是不同气质类型的特征差异。你也可以说有人脾气暴躁，易动感情；有人沉着冷静，情绪稳定；有人反应灵敏，活泼好动；有人则反应迟缓，不敏感；这些都是气质特征的不同表现。托马斯根据活动节律、对环境的适应性、注意稳定性等9个维度，把婴儿的气质类型分为容易抚养型、缓慢发展型、困难型和混合型等，在某种程度上说明人的气质差异是先天形成的，这一点主要是因为气质受神经系统活动过程的特性所制约。正确理解气质的内涵还需要把握以下要点。

首先，气质主要表现为心理活动的动力特征。所谓心理活动的动力特征，主要是指心理活动的强度、速度、稳定性、灵活性以及指向性等方面的特征。心理活动发生的强度，是指情绪体验或表现的强弱、意志努力的程度、注意力定力的强弱。一个意志坚强的人会百折不挠、矢志不移地坚持到最后的胜利。心理活动发生的速度包括感知觉的速度、动作反应的快慢、记忆的敏捷性、思维灵敏与迟缓等。有的孩子信息加工特别快，反应灵活，老师刚提问完，他就报出了答案，这是速度快的表现。心理活动发生的稳定性主要是指注意的稳定程度和情绪的稳定性等，如有人的情绪在一段时间内会比较稳定，而有人的情绪则像过山车一样，教师多样化的教学方法和手段可以增强学生注意的稳定性。心理活动发生的指向性是指个体倾向于将心理活动指向外部或内部。例如，有的人倾向于指向外部事物，他们待人热情，善于交际；不开心时也容易找人倾吐，或到户外室外转移注意。有人倾向于内部，不爱与人交际，善于体验自己的内心世界；不开心时更容易生闷气或自我反省。值得一提的是，气质具有整体性，具有某种气质特征的人，往往会以同样的方式表现在各种活动中，而不以活动的动机、目的、内容为转移。因此气质就像一个面具，仿佛使一个人在整个心理活动和行为表现中涂上个人特定的色彩。

其次，气质具有天赋性。人的气质差异是先天形成的，这主要是因为气质较多地受到神经系统等先天特性的影响，是一种与生俱来的特征。例如，刚出生的婴儿就表现为行为特征的分化，有的规律性很强，睡足了就醒，清洗好、吃好、稍微活动后又接着睡，足够敏感的照顾，他一般不会哭闹。有的孩子生理节律难以把握，环境适应能力差，感觉阈限比较低，所以第一抚养人没有照顾好，他们就容易通过哭闹来发表个性，来反抗。这些特征从小处看会影响婴儿和父母之间依恋，从日后发展来看会影响他们的同伴关系，影响健全人格的形成，都反映了其形成的与生俱来性。

最后，气质具有极大的稳定性。它不受人的活动目的、动机和内容制约，一个情感容易冲动的孩子，可能在家容易和父母闹别扭，与同伴相处也容易耍脾气，管不住自己，感情用事，发生冲动行为。但气质又具有一定的可塑性。人在实践活动中形成和发展起来的其他个性心理特征也对天生气质特征加以掩盖与改造，心理学称之为气质的掩蔽现象，也就是说一个人的气质，在环境和教育的影响下，在某种程度上会有所改变，具有可塑性。比如一个天生抑郁质的人，但由于从事幼儿教育工作，天天和天真烂漫的孩子打交道，在与孩子们一起唱歌、跳舞、讲故事等愉快的、活泼的、多样化的教育活动中，她的天生抑郁质特征慢慢被开朗、善交际、活泼所掩蔽，这就是气质的不稳定性，也是气质的可塑性和掩蔽性。

二、性格的概念

性格是人在生活过程中形成的对现实的态度和行为方式中比较稳定的心理特征。有的人乐观积极,这是性格中的态度特征,所以表现为进取、积极的做事方式,这是其行为方式。一个人的态度和行为方式总是与其价值观、人生观和世界观相联系,因此性格是人格中最本质、最核心的部分,是一个人区别于他人的最主要标志。为了更准确的理解性格的内涵,我们需要把握好以下两个方面。

首先,性格是一种比较稳定的个性特征。这种稳定性,首先表现在一个人对人、对事、对学习、对工作的态度上。认真负责是一种态度,敷衍塞责也是一种态度;谦虚谨慎是一种态度,骄傲自满也是一种态度;精益求精是一种态度,浅尝辄止又何尝不是一种态度。人对客观事物的态度、为人处世的态度有相对的稳定性,很难想象一个对学习一丝不苟的人会对工作马虎了事。性格的稳定性还表现在与态度相适应的行为方式上。在精益求精的态度背后,可以看到的是一种任何细节都不会放过的、任何错误都不会随便忽视的行为方式。北宋大文学家苏轼有着达观进取的人生态度,所以被贬黄州期间游蕲水清泉寺看到门前流水往西流时,他能吟出充满着老当益壮的豪气的千古绝唱——"谁道人生无再少,门前流水尚能西";一再被贬到穷乡僻壤的儋州,他也能发出"此心安处是吾乡"的慰藉、洒脱之词,激励着每一个身处逆境的人。同样不可否认的是性格的稳定性也是一种相对的稳定,性格也会随着个人生活环境、条件的改变而改变。

其次,性格具有直接的社会意义,不同性格特征的社会价值是不一样的。因而,性格便具有了社会评价意义,所以不同于气质,性格有好坏之分,性格能直接地反映出一个人的道德风貌。所谓"诚实、正直、善良、谦虚、进取、乐于助人、慷慨、勤奋",这些是在任何时代都被认可的良好性格特征。反之,"虚伪、懒惰、损人利己、斤斤计较、避重就轻、贪婪"这些性格特征在任何历史时期都是不会被推崇的。那么在现实生活中,不断完善自我、健全人格就显得尤为重要。

三、气质与性格的关系

气质和性格是人格结构中既有区别,又密切联系的两个概念,二者相互影响也相互制约。在现实生活中,人们常常会把两者混淆,把气质视为性格,或把性格视为气质。例如,经常可以听到描述某人的性格特征是情绪稳定或易变,反应是快或慢,心理活动倾向是指内或指外,其实这里说的都是气质的特征。

(一)气质与性格的区别

气质与性格的首要区别表现在先天与后天形成上。两者虽然都是个性心理特征中的重要组成部分,但气质是先天的,更多地受人的高级神经活动类型影响,是在人的心理活动中表现出来的动力特征。性格是后天形成的,更多地受社会生活条件、社会实践活动所制约,它是对人、对事的态度和相适应的行为方式相结合而表现出来的具有道德评价意义的个性心理特征。

其次,气质无好坏之分,而性格有好坏之分,每一种气质类型都既有优点又有缺点。比如胆汁质的人,冲动是其缺点,但是直率是其优点;对于抑郁质的人而言,过于敏感会破坏其人际关系,这是其缺点,但是敏感的人感受性更强,心思更细腻,从而可能造就较高的洞察力和特有的文采,这又是其优点。

再次,气质表现的范围狭窄,局限于心理活动的强度、速度、稳定性、指向性、灵活性等方面,而性格表现的范围广泛,几乎囊括了人的所有社会心理特点。因为性格反映的是态度和行为方式,包括对人、对事的一切态度和习惯化的行为方式。

最后,气质的可塑性较小,变化较慢,而性格的可塑性较大,变化较快。当我们对自己的性格不满意时,可以针对性格的特征差异,改变我们的人生态度,由消极悲观变得更加豁达、积极、乐观;加强意志品质锻炼,使自己变得更加坚强、坚韧,并进行情绪调控,做一个情商更高的人。

(二)气质与性格的联系

性格与气质的关系密切,二者互相渗透、互相影响。气质就像一个"面具",能影响性格形成与发展的速度并赋予它某种独特的色彩。

首先,不同气质类型的人,都可以形成某些相同的性格特征。例如,爱国、勤奋、助人、公正等性格特征,只是不同气质类型的人,同样的性格特征在行为表现上带有不同的个人色彩。例如,对于乐于助人而言,胆汁质的人,表现为满腔热情、热血澎湃;抑郁质的人,在行为表现上则会带有某种怜悯的特点。对于公正而言,黏液质的人表现为恪守道德、规则条例;多血质的人会随着客观条件的变化适度调整标准。

其次,气质会影响某些特定性格特征形成与发展的速度。不同气质类型的人都有一些易于形成的性格特征。例如,自制力性格特征,对胆汁质的人来说,需要经过极大的克制和努力才能形成。但对于抑郁质的人而言,自制力的形成相对来说就比较容易。同样坦率的性格特征,胆汁质的人更容易形成,而黏液质的人形成周期相对长,因为其性格趋于保守。可以思考一下,如果要形成仔细谨慎的性格,你觉得哪一种气质类型更容易形成呢?

再次,性格对气质具有明显的影响。在一定程度上,性格可以掩盖和改造气质,由于个体的社会角色要求,其性格会对人身上某些气质特征产生持续影响。例如,医生的职业要求,会使胆汁质的人逐渐形成冷静而沉着的性格特征,从而掩盖或改造其容易冲动与急躁的气质特点。一个社会推销工作,会使黏液质的人逐渐形成灵活应变的性格特征,掩盖其墨守成规的特点。

第二节 气质的类型及高级神经活动学说

一、气质的类型

中外的气质理论主要有阴阳五行说、体液说、体型说、激素说、血型说和高级神经活动类型说。这里主要介绍其中的四种类型。

(一)体液说

体液说也是著名的气质学说。在公元前5世纪,古希腊医生希波克拉底提出了气质体液学说。他认为人体内含有四种不同的体液,即血液、黏液、黄胆汁和黑胆汁。这四种体液的不同混合,就形成了不同的气质类型。如在体液的混合比例中,黑胆汁占优势的人属于抑郁质,血液占优势的人属于多血质,黏液为主的人属于黏液质,黄胆汁占优势的人属于胆汁质。希波克拉底的理论后来被罗马医生盖伦所发展。

体液说虽然缺乏科学根据,但他们根据长期的观察与临床经验,把人的气质划分为不同类型,具有一定意义,尤其是他们概括的四种典型的气质类型则更具有代表性。现在人们在日常生活中也能观察到这四种气质类型。正因为这样,多血质、黏液质、胆汁质、抑郁质这四个名称一直沿用至今。

(二)体型说

体型说的观点在日常生活中很流行。这是德国精神病学家克雷奇默和美国心理学家谢尔顿提出的一种气质理论。他们认为人的气质决定于人的体型。他们把人的体型分为四种:发达的健壮型(斗士型)、矮而胖的肥胖型、高而瘦的瘦长型和异常型。不同的体型决定人的不同气质特点。他们认为,瘦长型的人具有分裂气质,不善交际、孤僻、神经质、多思虑;矮胖型的人被认为是躁狂气质,善交际,活泼,热情;而强壮型的人属于黏着气质类型,表现为迷恋、一丝不苟、理解缓慢等特征。

在日常生活中,我们会根据不同的体型去想象不同的气质特征,但二者并无必然的联系。我们会说矮胖型的人心宽体胖,但这些都仅仅是个例,没有任何心理学的依据;况且人的体型会在一生中不断变化,但气质并不能随体型的变化而变化。因此,用体型来说明气质的生理机制并不科学。

(三)血型说

血型说是日本的古川竹二和西方的一些学者所提出的一种气质理论。这种理论认为人的气质与其血型有关。人体血液分为O型、A型、B型和AB型四种类型,他们分别具有相应的气质类型。其中A型血型的人老实稳重、温顺多疑、怕羞孤僻、依赖他人。B型血型的人感知灵敏、善于交际、好管闲事、不怕羞怯。万能受血者AB型的人以A型气质为主,含有B型气质成分。O型血型的人意志坚强、好胜霸道、爱指使别人、有胆有识。

人的气质会受生理的制约,但仅从生理上的血型来推断人的气质类型是不科学的。血型说也缺乏科学的依据。在现实生活中,同一种血型的人具有不同气质特征,而不同血型的人则具有相似的气质特征。

(四)激素说

激素说是心理学家伯曼等人提出的一种气质学说,这是一种气质差异的生理机制的理论解说。该理论认为气质的特性决定于人的内分泌腺活动,并根据人的某种腺体特别发达把人的气质划分为甲状腺型、脑垂体型、肾上腺型、甲状旁腺型、性腺型等类型。该理论的合理性在于内分泌腺素的匮乏或过激对人的行为或情绪会有一定的影响。例如肾上腺素特别发达的人,情绪易于激动,而且表现出神经质特征;而甲状腺分泌过多的人,则会表现出感觉灵敏,意志力强的气质特征。

这种理论在气质生理机制的解释上具有较大影响,因为内分泌腺的活动会影响肌肉的力量与速度、代谢机能以及情绪,这些影响必然会在气质特点上有所体现。但是,内分泌腺的活动,不是产生气质差异的主要原因。气质的差异主要是由神经系统的差异造成的,因此,激素说也是片面的、不科学的。我们不能孤立地谈气质类型的影响因素,事实上气质类型受到高级神经系统以及生理机制等多种因素的调节与控制。

二、高级神经活动类型说

神经活动的基本过程包括兴奋和抑制两种。高级神经活动类型理论是俄国心理学家巴甫洛夫提出来的。巴甫洛夫通过动物实验研究发现,不同动物所形成的条件反射是有差异的,不同高级神经活动的兴奋和抑制有独特的、稳定的结合,构成不同的神经系统类型。

(一)高级神经活动的基本特征

巴甫洛夫通过科学实验,揭示出高级神经活动有三个基本特征:强度、平衡性和灵活性。

1. 高级神经活动的强度

高级神经活动的强度,是指神经细胞在工作上是否经得起较强的刺激,并能持久性地工作,是神经细胞和整个神经系统承受强烈刺激或持久工作的能力。周围环境经常不断地影响神经系统,神经系统能经得起多大负担,是以兴奋和抑制过程的强度为转移的。在一般情况下,强的刺激引起神经细胞和神经系统强的兴奋,弱的刺激引起弱的兴奋。

2. 高级神经活动的平衡性

高级神经活动的平衡性是指兴奋和抑制的力量对比。兴奋和抑制的强度相差无几,其基本神经过程属于平衡性。如果其中之一占优势,则属于不平衡型。即如果表现出兴奋过程占优势,其抑制过程则较弱;如果抑制过程占优势,其兴奋过程则较弱。

3. 高级神经活动的灵活性

高级神经活动的灵活性是指对刺激反应速度和兴奋与抑制相互转化的速度。实验表明:神经过程灵活性高的动物,条件反射容易改变。神经过程灵活性低的动物,条件反射就不易改变,反射活动就会发生紊乱,严重的可以引起神经活动的失调。

这三种神经活动特性在人与人之间存在着个体差异,其不同的组合就形成了高级神经活动的不同类型,而这些神经活动类型分别对应着四种典型的气质类型,即胆汁质、多血质、黏液质和抑郁质。

(二)高级神经活动的类型

1. 强而不平衡型

这种类型的特点是兴奋过程强于抑制过程,阳性条件反射比阴性条件反射易于形成。这是一种易兴奋、奔放不羁的类型,所以,称为"不可遏制型"或"兴奋型"。

2. 强、平衡、灵活类型

这种类型的特点是高级神经活动的兴奋过程和抑制过程都比较强,而且容易转换;表现为反应灵敏,外表活泼,能很快适应迅速变化的外界环境,又称为"活泼型"。

3. 强、平衡、不灵活的类型

这种类型的特点是高级神经活动的兴奋过程和抑制过程都比较强,但二者不容易转换;表现为较易形成条件反射,但不易改造,是一种坚毅而行动迟缓的类型,以安静、沉着和反应迟缓为其特点,又称为"安静型"。

4. 弱型

这种类型的特点是高级神经活动的兴奋过程和抑制过程都很弱,而且弱的抑制过程占优势。当有过强刺激作用时,容易引起疲劳,有时甚至会导致神经衰弱或神经官能症。它是以胆小、经不起冲击、消极防御为特征的类型,也称为"抑制型"。

巴甫洛夫认为,这四种神经类型在个体身上与古希腊学者希波克拉底对气质分类相对应,详见表 11-1。

表 11-1 高级神经活动类型与气质类型对照

神经活动类型及特征				气质类型
类型	强度	平衡性	灵活性	
兴奋型	强	不平衡		胆汁质
活泼型	强	平衡	灵活	多血质
安静型	强	平衡	不灵活	黏液质
抑制型	弱	不平衡		抑郁质

高级神经活动类型和气质并不能画上等号。气质是心理现象,高级神经活动类型是生理现象。高级神经活动类型是气质的生理基础,气质是高级神经活动类型的心理表现。巴甫洛夫的高级神经活动类型说为神经活动类型和气质类型的关系勾画了一个轮廓,对气质的实质作了科学的解释。但正如前文所分析,影响气质的因素不只有高级神经系统的活动特性,还应包括其他生理机制,以及社会环境和性格等因素,他们都会对气质类型产生重要影响。

三、气质经典分类

(一) 划分气质类型的心理指标

气质是个体心理活动的反应特征,是由许多心理活动的特性交织而成的,包括感受性、耐受性、敏捷性、可塑性、兴奋性和倾向性等六个因素,这六个因素的不同结合就构成不同的气质类型。

感受性是个体对外界刺激的感觉能力,可用最小刺激量来衡量。能引起感受的最小刺激量(也就是绝对感觉阈限)或刺激之间的最小差异量(也就是差别感觉阈限)越大,感受性越弱。抑郁质的人感受性高,感觉阈限比较低。

耐受性是个体耐受刺激作用的能力,可从强度和作用时间两方面进行衡量。如有人能长时间接受单调的刺激,有人长时间从事一种活动容易分心,对于流水线上的同一劳作并不是所有人都能坚持。一般来说黏液质的人耐受性较高。

敏捷性是指心理活动的灵活性，主要从心理活动的速度和不同活动转换的速度来衡量。有人记忆快、遗忘也快，思维敏捷。有人记忆慢、遗忘也慢。多血质气质特征的人被认为具有较强的反应的敏捷性。

可塑性是指个体根据外界事物的变化情况而改变自己适应性行为的程度，是指一个人的气质的可变化程度。可塑性与高级神经系统的灵活性密切相关。神经系统灵活性强的人，其先天的气质特征更容易随着后天生活环境和所从事的职业而发生变化，可塑性更强。

兴奋性是在行为中表现出来的情绪的兴奋程度，不仅能反映个体神经活动的强弱，还能反映个体兴奋与抑制的平衡性。情绪的兴奋性与高级神经过程的强度有关，也和高级神经过程的平衡性相关。一般来说，多血质和胆汁质的人具有较高的情绪兴奋性，抑郁质的人神经活动偏弱，胆汁质的人高级神经过程容易表现为不平衡性。

倾向性是指反应主要倾向于外部世界，还是倾向于内心体验，也即内倾还是外倾。

根据上述心理指标的分析，这六个因素的不同结合便构成四种气质类型，详见表11-2。

表11-2 心理指标与气质类型的相互关系

类型特性	感受性	耐受性	敏捷性	可塑性	兴奋性	倾向性	速度
胆汁质	低	强	强	强	强	外	快
多血质	低	强	强	强	强	外	快
黏液质	低	强	弱	弱	弱	内	慢
抑郁质	高	弱	弱	弱	弱	内	慢

(二)四种经典的气质类型及其基本特征

古希腊学者希波克拉底将人的气质类型概括为四种，现代心理学根据这一传统学说仍将人的气质分为多血质、胆汁质、黏液质、抑郁质这四种经典类型。其基本特征及行为表现如下。

1. 多血质

多血质的神经过程的特点是强、平衡且灵活。和这种神经过程的特点相适应，多血质的人的感受性低而耐受性高；活泼好动，言语、行为敏捷，反应速度、注意的转移的速度比较快；行为外向，容易适应外界环境的变化，善交际，不怯生，容易接受新事物；情感易变，表情生动，行动敏捷，姿态活泼，注意力容易转移，思维灵敏，语言快捷，善交际，亲切，但往往表现出轻率，具有外倾性。我们可以想到四大名著中典型的多血质代表人物有孙悟空、王熙凤。

2. 胆汁质

胆汁质的神经过程的特点是强但不平衡。和这种神经过程的特点相适应，胆汁质的人感受性低而耐受性高；能忍受强的刺激，能坚持长时间的工作而不知疲倦，显得精力旺盛；行为外向，直爽热情，情绪的兴奋性高；但心境变化激烈，脾气暴躁，难以自我克制。情绪发生快而强，易激动，富有表情，行动迅速而坚决，言语明快，坦白直率，但易怒和暴躁，有时刚愎自用，傲慢不恭，具有外倾性。四大名著中的李逵、张飞是胆汁质的典型代表。

3. 黏液质

黏液质的神经过程的特点是强、平衡但不灵活。和这种神经过程的特点相适应，黏液质的人的感受性低而耐受性高；反应速度慢，情绪的兴奋性低但很平稳；举止平和，行为内向；头脑清醒,做事有条不紊、踏踏实实,但容易循规蹈矩;注意力容易集中,稳定性强;不善言谈,交际适度。情绪发生慢而弱,而情绪一旦引起,则稳固而深刻,反应缓慢,注意稳定,遇事谨慎,三思而行,持久力强,但往往表现出固执而淡漠,具有内倾性。在四大名著中典型代表人物有沙僧、林冲等。

4. 抑郁质

抑郁质的神经过程的特点是弱型,兴奋过程更弱。和这种神经过程的特点相适应,抑郁质的人的感受性高而耐受性低;多疑多虑,内心体验极为深刻,行为极端内向;敏感、机智,别人没有注意到的事情,他能注意得到;胆小、孤僻,情绪的兴奋性弱,难以为什么事动情,被什么事打动,爱独处,不爱交往,做事认真仔细,动作迟缓,防御反应明显。多愁善感,情感微弱而持久,体验深刻,反应缓慢,动作迟缓,行为孤僻,遇事欠果断,善于观察事物细节,想象丰富,多悲观与忧郁感,具有内倾性。在《红楼梦》中抑郁质的典型代表人物是林黛玉。

现实生活中成人只有少部分人属于这四种基本类型,多数人属于中间型或混合型。所以,在判断人的气质时,不要简单地将某人划归为某一基本类型。

四、气质与教育

在前面的气质的内涵及性格的分析中,我们明确气质的先天性、稳定性、可塑性及无好坏之别,这些对我们做中小学教育工作尤其重要。

(一)认识其独特性,长善救失,发扬优点

我们前面谈到过,气质类型没有好坏之分,任何一种气质类型都有其优点也有其缺点。所以每种气质类型的孩子的教育都要尽可能做到长善救失,利用其积极因素克服其消极因素。如对小学低年级的孩子来说,黏液质的孩子内向沉静、谨慎稳重、语言动作迟缓、适应能力差、显得落落寡欢。那么教师应多给予他们参加各种活动的机会,及时表扬他们的成绩,培养他们的自信心,激发他们的积极性,引导他们快速完成活动,同时,创造机会鼓励他们多说话,提高孩子的情感表达能力,还要注意让他们多参加体育活动,训练身体的灵活性。

(二)认识其先天性,因势利导,健全人格

气质是与生俱来的,气质会影响某些特定性格特征形成与发展的速度。抑郁质的人,自制力的形成相对来说就比较容易;胆汁质的人更容易形成坦率的性格特征;黏液质的人更容易形成仔细谨慎的性格。这就需要教师认真观察、仔细比较孩子更倾向于哪种气质类型,然后因势利导,健全不同气质类型的孩子的人格特征。如鼓励抑郁质的孩子多参加集体活动,引导班上其他孩子和他们交往,培养他们的合群习惯;加强多血质孩子的责任感和纪律性教育,培养他们做事认真细致、有条有理、善始善终的好习惯。

(三)认识其稳定性,正确定位,职业规划

气质具有极大的稳定性。研究和实践表明,某些气质特征往往为一个人从事某种工作提供了有利条件。例如,多血质和胆汁质的人对需要迅速、灵活反应的工作较为合适,黏液质和抑郁质的人较适合持久而细致的工作。我国心理学工作者1988年调查空军战斗机飞行员与

地面参谋人员气质类型报告:战斗机飞行员中,多血质占45.31%,胆汁质占19.80%,胆汁质与多血质混合型占15.13%,多血质与黏液质混合型占5.81%,胆汁-多血-黏液三种混合型占2.32%;这五项气质类型占总人数的88.37%,这些战斗机飞行员样本中没有发现抑郁质的人。而地面参谋人员中黏液质占29.90%,抑郁质占28.74%,黏液质与抑郁质混合型占23%,三项合计占总人数的81.64%。可见,职业与气质有密切关系。了解孩子的气质类型,可以作为职业定位与选择的一种重要依据。

(四)认识其可塑性,实践锻造,自我调适

如前所述,人在实践活动中形成和发展起来的其他个性心理特征对天生气质特征加以掩盖与改造,在某种程度上会有所改变,具有可塑性。气质的可塑性,并不是被动地接受实践的改造而是自己主动选择有利于自己的活动,主动出击,锻造自己。如胆汁质的学生意识到自己容易冲动,可以选择一些需要细致、耐心的事情,并用时间来约束自己,以磨炼和培养耐心细致的习惯,同时多进行检查和反思;如果自己容易激动,爱发脾气,做事急躁,那么有针对性地进行自我情绪调控,增强自制力和韧性。

第三节 性格的特征及类型

性格的构成包括性格的态度特征和行为特征两个方面。性格的差异主要表现为特征差异和类型差异。

一、性格的特征差异

性格的特征差异包括四个方面:态度特征、理智特征、情绪特征和意志特征。

(一)性格的态度特征

这一特征是指个人对现实的态度的倾向性特点。具体表现在三个方面:对社会、集体、他人的态度;对工作、学习、劳动的态度;对自己的态度。有这样的对比:一朵漂亮的玫瑰花,你是先看到了花还是先看到了刺呢?有两个人同时走在大沙漠里,他们的身上都只剩半瓶水了,乐观的人想着,"太好了,我还剩半瓶水,我一定可以走出去!"而悲观的人想着,"天啊,这可怎么办啊,我只剩半瓶水了,一定走不出去了。"最后的结果是乐观的人走了出去,而悲观的人葬身于沙漠。因此性格的态度特征在性格结构中具有核心作用。

(二)性格的理智特征

性格的理智特征,即表现心理活动认知过程方面的个体差异的特点。例如,在感知方面,是主动观察型还是被动感知型;在思维方面,是具体形象型还是抽象概括型,是分析型还是逻辑型;在想象力方面,是丰富型还是贫乏型;在记忆方面是精确型还是模糊型。性格的理智特征会影响我们信息加工的方式,是性格特征中最难以改变的,所以对于小学教育而言,尤其要求加强养成教育,养成良好的认知习惯,改善认知结构,促进智力发展。

(三)性格的情绪特征

性格的情绪特征,即表现个人受情绪影响或控制情绪程度状态的特点。情绪活动的强度、稳定性、持久性和主导心境等方面的特征,构成了一个人的情绪特征。例如,一个人受情绪感染和支配的程度,情绪受意志控制的程度,情绪反应的强弱、快慢,情绪起伏波动的程度,主导心境的性质等都体现了一个人的情绪特征。性格的情绪特征会影响我们加工信息的速度、方向、深度。对于小学低年级儿童的教育,教师尤其要增进其积极情绪体验,让孩子们拥有快乐的童年,创设愉快的氛围,使教学达到事半功倍的效果。

(四)性格的意志特征

这一特征表现个人自觉控制自己的行为及行为努力程度方面的特征。主要表现在三个方面:是否具有明确的行为目标;行为是否受社会规范的约束,如,是独立性还是依赖性,是主动性还是被动性;对行为的自觉控制能力,如能否自制自律,还是任性。在紧急情况或困难条件下处理问题的特点,如是否坚定、顽强、忍耐持久等。越是困难的任务,越需要持久努力,也越是考验一个人的意志品质。贝多芬曾说过,卓越的人一大优点是在不利与艰难的遭遇里百折不挠。

二、性格的类型差异

性格类型是指某类人身上共同具有的性格特征的独特结合。按照一定标准和原则对性格进行分类有助于认识性格的本质,塑造性格,下面聚焦四种有代表性的类型。

(一)机能类型说

机能类型说由英国心理学家培因根据认识、情感和意志在性格结构中哪种占优势地位,将人的性格划分为理智型、情绪型和意志型三种基本类型。理智型的人,在对现实的态度上用理智的尺度衡量一切,处处用理智支配自己的行动,行为表现稳定、谨慎。从事理论研究的人较多为理智型的人。情绪型的人,做事不善于思考,情绪体验深刻,也可能感情用事,行动中具有浓厚的情绪色彩。情绪型的人在生活处事中往往意气用事,控制不好自己会后悔。意志型的人,目标明确,行动主动,果敢、坚韧,具有自制力。需要说明的是在日常生活中,很少有单一典型性格,绝大多数人是中间型,如意志-理智型、情绪-理智型等。

(二)向性说

瑞士心理学家荣格是向性说的代表人物。他指出,人把兴趣和关心的事情倾向于外部客体,叫作外向;把兴趣和关心的事情倾向于内部主体,叫作内向。任何人都具有外向和内向两种机制,只是其中某一种占优势,决定一个人是外向型还是内向型。如果外向机制占优势,就属于外向型;如果内向机制占优势,就属于内向型。

外向型的特点是活泼、开朗、爱社交、情感外露、当机立断、不拘小节、独立性强、容易适应环境的变化、有卓越的实践能力和统帅能力,但也有轻率的一面。内向型的特点是好沉思、善内省、孤僻、交际面窄、反应缓慢、缺乏实际行动、较难适应环境的变化。荣格认为,没有纯粹的外向型或内向型的人,只是在某种特定场合下,由于情境的影响使得一种向性占优势。在实际生活中,绝大多数人都是兼外向性和内向性的中间型,你也可以说自己有时很外向有时很内向。

(三)独立顺从说

按照一个人的独立性程度,可以把人的性格分成顺从型和独立型两种类型。属于顺从型的人,容易受暗示,容易不加分析、不加批判地接受别人的意见,并照着行动,消极地适应环境,在紧急情况下表现得张惶失措。而属于独立型的人,善于独立地发现问题和解决问题,具有坚定的信念,积极地适应环境,在紧急情况下沉着冷静,易于发挥自己的力量。独立型的人,在日常生活和人际交往中都充满着自信,具有较强的号召力和组织才能,但也容易把自己的意志和意见强加于人,并听不进别人的意见和建议。

在当代社会,独立型个性越来越凸显,顺从型个性需要合理界定。有人在职场中频繁"跳槽",也不能说明其就是独立型的人,顺从型的人也不是唯唯诺诺,而是需要自我斟酌有选择性地遵守一些行为规则。

(四)文化社会价值类型说

文化社会价值类型说是由德国哲学家和教育家斯普兰格提出,他把人们的文化生活领域划分为六个方面,并根据个人所倾向的某一领域,将人的性格划分为六种类型。

第一种,经济型,对所有事物都从经济观点出发判断它的可利用程度。这种类型的人是利己主义者,其生活目的就是为了获得财产。

第二种,理论型,具有浓厚的认识热情,客观而冷静地观察事物,力求把握事物的本质,追求各种观点和理想,但在解决实际生活中的问题时,往往显得束手无策。

第三种,审美型,对实际生活表现得不够关心,总是被动地获得生活印象,而对所有的生活印象又赋予个人的主观色彩,这种强烈的内部主观性质又常表现于外。他们把感觉事物的美当作人生的本来价值。自我实现和自我欣赏是他们的生活目的。

第四种,宗教型,把信仰的核心作为存在的最高价值进行探讨,总是感到圣主的拯救和恩惠。相信命运和超自然的力量,把宗教信仰作为生活的最高价值,这种人一般都有坚定的信仰,富有同情心,但容易从现实生活中退却。

第五种,权力型,倾向于权力意识和权力享受,有强烈的支配和命令别人的欲望。权力型的人一般都有领导他人和支配他人的欲望和才能,自我肯定,有活力,有信心,对人对己要求严格,讲原则,守秩序,但有时固执己见,自负专横。

第六种,社会型,对待社会的态度是以关心他人为己任,勇于献身社会,帮助别人是他们生活的最高价值。这类人通常是在献身社会的同时体验着自我价值。

第四节 性格的测验

性格测验是心理测验的一种,它是指在标准化的条件下引发出被试的行动和内部心理变化的手段。例如,你的手机上某种小程序会问,你是习惯用两只手拿手机还是一只手拿手机,并告诉你属于哪一类人;还会经常问你喜欢什么颜色等问题来评估你的性格。这些都只能看成是一种非正式的测验。性格测验是采用评价的方法对性格进行测验,推测出一个人在一定情境下,经常表现出来的典型行为和性格特征等。对性格的测量比对能力或其他心理现象的测定困难。目前性格测验的方法由于立论基础不同呈多样化发展态势,这些方法大致可分为两大类,一类是自陈量表法,另一类是投射测验法。

一、自陈量表法

自陈量表法是最常用的性格评鉴方法。它是指让被试按自己的意见,对自己的性格特质进行评价的一种方法。自陈量表是使用一些标准化的量表,通过被试主动回答问题,再根据所呈现的信息进行科学的理论的解释,进而分析性格的一种方法,自陈量表法通常也称为性格量表。用自陈量表法编制的性格量表,常见的有明尼苏达多项人格测验量表、卡特尔十六种人格因素测验量表、艾森克人格问卷表、大五人格量表等多种,本书只介绍前三种。

(一)明尼苏达多项人格测验量表(MMPI)

明尼苏达多项人格测验量表,简称 MMPI,是由明尼苏达大学教授哈瑟韦与麦金力于 20 世纪 40 年代制定的。经过不断完善,MMPI 既可以测定正常人的人格,也可以鉴别各类精神病,如歇斯底里症、强迫症、偏执症、精神分裂症、抑郁性精神病等。

MMPI 共有 566 道题目,题目的内容广泛,有身体方面的情况,也有心理体验的精神状态方面的情况,还有对恋爱、婚姻、家庭、宗教、政治、法律以及社会等方面的态度。测验量表分为 14 个量表,其中 10 个临床量表和 4 个效度量表。凡年满 16 岁,具有小学文化水平,没有视觉障碍和书写障碍等生理缺陷的人,均可以参加测验。被试对量表中的每个问题要从"是""否""无法回答"三个答案中选择其中之一来回答。MMPI 十分庞大,能提供丰富的信息,但实施起来比较费时费力。

MMPI 是目前应用很广的人格量表。我国于 1980 年开始对 MMPI 进行修订,并依据我国国情,开发了我国正常人的常模。

(二)卡特尔十六种人格因素测验量表

卡特尔十六种人格因素测验量表是美国伊利诺州立大学人格及能力测验研究所卡特尔教授编制的,用于人格检测的一种问卷,简称 16PF。16PF 的应用仅次于 MMPI,排名第二。它与 MMPI 完全不同,是以正常人为对象而建立起来的测验量表。卡特尔和他的同事们首先找出 4500 多个用于描述人类行为的形容词,然后简化为 170 个涵盖原始词表主要含义的形容词,再用这 170 个词要求大学生描述他们的熟人,最后用因素分析的统计技术区分出这些条目的项目归类,即主因素,由此提出鉴别人格的 16 个根源特制因素,它们能够反映人格的关键特征或本质。

16PF 适用于 16 岁以上的青年和成人,现有五种版本:A、B 本为全版本,各有 187 个项目;C、D 本为缩减本,各有 106 个项目;E 本适用于文化水平较低的被试,有 128 个项目。我国现在通用的是美籍华人刘永和博士在卡特尔的赞助下,与伊利诺伊州大学人格及能力研究所的研究员梅尔瑞博士合作,于 1970 年发表的中文修订本,其常模是由 2000 多名港台地区的中国学生得到的。目前普遍认为 16PF 是迄今比较完善的人格特质评鉴方法。

(三) 艾森克人格问卷表(EPQ)

艾森克人格问卷表,简称 EPQ,是英国伦敦大学心理系和精神病研究所教授艾森克编制。经过大量的研究,几经修改发展而成,分为成人(16 岁以上)和青少年(7~15 岁)两种,问卷由 4 个分量表 E、N、P、L 组成。

在该问卷中,E 分量表测量内外向维度。分数高代表外向,可能是好交际,喜聚会,随和乐观,喜欢变化,易冲动;分数低代表内向。N 分量表测量情绪稳定性,又称为神经质维度。它反映的是正常行为,并非病态。高分表示可能是焦虑的、担忧的、对刺激反应过于强烈。P 分量表测量精神质维度,精神质又称为倔强、讲求实际,并非暗指精神病。P 分数高表示可能是孤独的,缺乏情感投入,好挑衅,喜欢干奇特的事且不顾危险,难以适应外部的环境。L 分量表主要测定被试作答的掩饰性,也能反映社会性幼稚的水平。若被试掩饰性高,则整个量表得分可信度不高。

被试按每个项目的陈述,根据自己的实际情况答"是"或"否",并把答案按题号写在答卷纸上。测试者收卷后用计分套版算出 4 个量表的原始分数,再对照常模,将原始分数换成以 50 为平均数、10 为标准差的标准 T 分数,制成剖析图,就可以对一个人的人格进行鉴定。

与 MMPI 和 16PF 人格测验量表相比,EPQ 的题目较少,只有八九十个问题,测试时间较短,实施较为容易,但由于该测验所得到的结果相对简单,提供的信息量比较有限。

二、投射测验法

投射测验法是以弗洛伊德精神分析的人格理论为依据,强调人的行为受潜意识内驱力所推动,给予被试一些含义模棱两可的刺激物,如墨迹、含义模糊的图片等,在不受限制的情况下自由的联想、解释或做出反应。主试通过被试对刺激物的不知不觉反应,分析其表现内在的态度、动机、需要、感情及性格特点,再来推知若干人格特征。现在在幼教领域中的画"房树人"也是一种重要的代表,著名的经典投射测验有罗夏克墨迹测验和主题统觉测验等多种类型,在此仅举出三种主要的方法。

(一) 罗夏克墨迹测验

罗夏克墨迹测验由瑞士精神病学家罗夏克于 1921 年创制。罗夏克墨迹测验共有 10 张内容不同的墨迹图片。其中,5 张印成浓淡不同的黑白色,2 张印成红色和黑白色,3 张用多种颜色印成,图 11-1 为其中的一例。

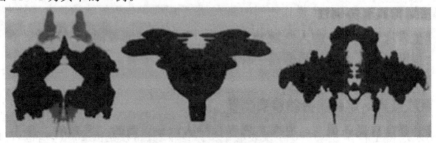

图 11-1 罗夏墨迹测验图示例

罗夏克墨迹测验的卡片编有次序。测验时逐张问被试一些标准化问题，如"这像什么？""你看到什么？""这使你想起什么？"等。根据被试的回答，主试从四个方面对其进行人格评定。第一，部位。看被试者是对图形作整体反应，还是部分反应？是对其中某处做特殊反应，还是对空白部分做出反应？第二，决定的原因。判断被试是对图形的形状反应，还是对颜色反应？是把图形看成动的，还是静的？第三，内容。把图形看成什么？是人，是物，是动物，还是人或物的一部分？第四，从众性。被试的反应是与众不同，还是与众相同？

罗夏克墨迹测验属于个别施测，每次只能施测一个。施测时，主试一方面要记录被试的语言反应，同时还要注意被试的情绪表现和伴随的动作。罗夏克墨迹测验由于不受语言文字限制，图片本身不需修改，在任何文化环境下都可以使用，这增加了其适用范围。但是，主试对测验结果的解释，因理论依据或流派不同而多种多样，很不一致，影响了测试的信度。

（二）主题统觉测验

主题统觉测验，简称 TAT，是一种使用最广泛的投射测验，由美国心理学家默里和摩根于1938年创制。它与看图说故事类似，全套有30张黑白图片和一张空白卡片组成（见图11-2）。这些图片显示的人物和景物都暧昧不明、模棱两可，可作不同的解释。施测时，被试共抽出20张图片。每抽出一张图片，被试者都要根据图片编一个故事，故事的内容不加限制，主要包括以下四个要素：你看到什么情景？情景发生的原因是什么？将来会发生什么结果？画中人体验的是什么样的情意？对于空白图片要求被试想象卡片上有一幅画，并将它描述出来，然后再讲故事。

主题统觉测验中被试可在不受限制的条件下，随意作出反应。其缺点是评分缺乏客观标准，对测验结果难以进行解释，同样的反应由于施测者的判断不同，解释可能不一样。再者，由于主题统觉测验适于个别施测，因而它需要花费大量的时间，这一点不如问卷法优越。

图11-2 主题统觉测验图示例

（三）句子完成法测验

句子完成法，简称 SCT，是以未完成的句子作为刺激，让受测者自由地给予语言反应来完成未完成的部分。依据受测者的反应内容来推断受测者的情感、态度以及内心冲突等。例如，"我们的朋友……""我们的敌人……""我喜欢的是……"

这种句子完成法起源于德国，最初用于测查儿童的智能，后来美国使用这种方法测查人格。这种方法广泛地运用于临床预诊，它使用比较方便，易于掌握，既可以施测个人，也可以施测团体。句子完成法因其使用方便、掌握容易而较为普及。

第五节 性格的形成和发展

一、性格的适应性

人格心理学常涉及四个问题：成就、人际关系、幸福感和健康。为了更全面理解性格，我们需要从这四个方面做一些拓展，了解良好性格的适应性。

(一)性格与成就

人格研究结果表明：A 型人格趋于征服成就任务，尤其当任务具有挑战性，或他在与别人竞争时。同样，关于大五人格和职业行为的研究发现，尽责性得分高的人易成为优秀的雇员。这些人仔细、认真、可靠，容易被组织起来，能坚持完成困难的任务。在成就情境中，乐观主义者往往比悲观主义者做得好。这出于他们对自身能力的自信。他们为自己设定了更高的目标，并相信能够达到。然而，某些人采用防御性悲观主义策略取得成功。他们考虑到所有可能出现的坏结果，然后鼓励自己尽力做。在这种情况下，他们能做得不错。

另外，一些研究者通过考察人们如何面对失败来探索成就行为。面对消极评价，高自尊的人比低自尊的人更不易放弃。面对失败的时候，低自尊的人会考虑他们犯下的错误和遇到的挫折；但同样是失败，高自尊的人则会考虑自己的能力与成就。内控的人失败后能做出适当的调整，外控的人则通常为失败寻找借口。

(二)性格与人际关系

人格特质理论研究表明：外向的人远比内向的人更喜欢聚会、交往。典型的外向者喜欢参加聚会、与一桌子的朋友共餐、聊天，典型的内向者则喜欢在校园幽僻的地方散步，或在安静的角落里看书。除了内向性之外，还有别的人格特质使人喜欢独处。一方面，高社交焦虑者常回避社会性情境，因为他们害怕别人对自己做出低评价，与喜欢独处的内向者不同，社会焦虑的人希望自己能更善于交际些，因孤独而痛苦的人希望得到更多的社会接触，但他们缺乏建立良好人际关系必需的技巧；另一方面，某些人有高度的孤独偏爱。他们独处不是因为想逃避过度的刺激，或害怕来自交往的低评价，而是因为认识到独处的好处，因而主动地寻求独处。

(三)性格与幸福感

人格研究者考察的所有课题都或多或少与幸福感有关。研究表明，消极情绪是幸福感很低的情绪，如焦虑、抑郁。积极感受性高的人，主动、随和、对自己的生活满意，消极感受性高的人常常感到愤怒、内疚、沮丧。有一些人格变量与快乐存在相关，对生活有多满意是自尊的机制。高自尊的人比低自尊的人对自己和自己的生活更满意。外向性能预测幸福感，外向者的报告表明他们的幸福水平比内向者高。那些压抑者也不会把注意力集中于引起不愉快的信息上，但是这并不表明他们就不受这些信息的影响。研究表明，把痛苦的体验说出来或写出来的人，比那些隐藏这些体验的人更快乐。

(四)性格与健康

第一个考察人格与健康之间关系的是对 A 型行为的开创性研究。最初的研究发现,A 型的人比 B 型的人更易患心血管疾病。后来的研究发现,生气、敌对性这些 A 型的性格才是问题的原因所在,能有力地预测健康问题。消极感受性与健康有关,消极感受性得分高的人比得分低的人更易患健康问题。另有研究表明,内控的人与外控的人对待身体健康有不同的看法。内控的人比外控的人更会采取措施防止生病,而且,内控的人更知道面对疾病时应该做些什么,并主动地进行康复工作。

二、性格的形成与发展

良好性格的适应性强,性格的形成与发展既受生活环境因素的制约,也受实践活动、个体自我教育的影响。

(一)生活环境对性格的熏陶和制约作用

"一方水土养育一方人。"性格受生活环境的制约。所谓"近朱者赤,近墨者黑""蓬生麻中不扶自直,白沙在涅与之俱黑",都说明生活环境对性格的影响作用。小到家庭环境,核心家庭、主干家庭、联合家庭、单亲家庭、隔代家庭等这些家庭环境都会对孩子的性格形成产生熏陶感染和潜移默化的影响。但是生活环境对性格的影响不能夸大,有人"染于苍则苍,染于黄则黄",但也有人"出淤泥而不染,濯清涟而不妖",所以环境对性格的影响只能是一种条件,并不能起到决定性的作用。

(二)实践活动对性格的磨炼和促成作用

社会实践是一个很好的磨炼性格的过程,在进行社会实践时不可避免要与人交往;不可避免要与学校截然不同的社会集体接触;不可避免地要投入心血,参与一些细节的安排。所有的一切都要对人格提出要求,只有人格健全,性格和善的人才能很好地融入集体,与别人建立较好的友谊。我国历史上的许多著名教育家都十分重视艰苦的磨炼对年轻一代成长的作用和价值。例如,孟子认为,一个人只有通过意志的锻炼才能有坚强的性格,才能担负重任。他说:"故天将降大任于斯人也,必先苦其心志,劳其筋骨,饿其体肤,空乏其身。"所以,要重视实践活动对性格的磨炼。

(三)自我教育对性格的决定和提升作用

主观心理因素也是影响个体的性格形成和发展的重要因素,其中自我意识对性格形成和发展起着十分重要的作用。自我教育则是自我意识发展起来之后个体对自己性格的有意识的培养与塑造,从而使自己性格朝着自我理想方向发展。在青少年阶段,学生有意识地自我教育,是塑造良好性格特征的内在力量。儿童把自己从客观环境中区分出来是性格形成的开始。从此,就开始了自己教育自己、自己塑造自己的努力。当然,这种努力是在成人的指导、帮助下实现的。随着儿童自我意识的发展,这种自我教育、自我塑造的力量越来越强。儿童的性格形成也就从被控者变为自我控制者,而且也能产生一种"自我锻炼"的独特动机。因此,教育者要鼓励和指导学生自我意识的发展,创造各种机会,加强他们自身性格的锻炼与修养。

(四)性格完善的毕生过程

"路漫漫,其修远兮,吾将上下而求索!"人生圆满需要好性格,好性格与坏脾气往往只有一步之遥,好性格就是一把开启幸福之门的金钥匙,好性格需要终身修炼。人生的最终目的是自我的实现,每天都能看到一个全新的自己,将现在与昨天比较,超越昨天,做最好的自己,这样的人便注定会成功。

复习与思考

(一)选择题

1. 在工作和生活中,行动目标明确,有较强的自我控制能力,能克服消极情绪的影响,实现预定目标。这种人格属于(　　)。
   A. 理智型　　　B. 混合型　　　C. 情绪型　　　D. 意志型
2. 一些高年级学生在做作业的时候喜欢封闭安静的环境,不喜欢有他人在场,更不喜欢他人干预自己的作业进展情况。他们所具有的认知方式为(　　)。
   A. 场依存　　　B. 场独立　　　C. 辐合型认知　　D. 发散型认知
3. 个性中具有核心意义的成分是(　　)。
   A. 气质　　　　B. 能力　　　　C. 性格　　　　D. 动机
4. 根据儿童的不同气质,教师可采取不同的教育策略。对(　　)的儿童,应着重培养其灵敏、自信的心理品质,防止疑虑、孤僻。
   A. 胆汁质　　　B. 多血质　　　C. 黏液质　　　D. 抑郁质
5. 下列儿童属于胆汁质的是(　　)。
   A. 孤僻、敏感、情绪发生慢而强　　　B. 轻率、敏捷、情绪发生快而多变
   C. 沉着、淡漠、情绪发生慢而弱　　　D. 热情、粗暴、情绪发生快而强

(二)简答题

1. 简述气质与性格的概念。
2. 简述气质与性格的区别。
3. 简述性格的特征差异和类型差异。
4. 简述性格的测量方法。

(三)材料题

强强是幼儿园大班的孩子,无论参加什么活动,他都十分积极主动,精力旺盛。强强平时做事很急,想干什么就立即行动,想要的东西也必须马上得到,否则会坐立不安。强强做事有闯劲,但时常马虎。强强待人热情,直率大方,爱打抱不平。他喜欢别人听从他的支配,否则便大发脾气,甚至动手打人,有时候虽然也后悔,但当时总是难以克制。

问题:请根据强强的上述行为表现,联系相关理论,判断强强属于哪种气质类型,并简要说明不同气质类型孩子的培养策略。

参考文献

[1] 梁宁建.基础心理学[M].第 2 版.北京:高等教育出版社,2011.
[2] 梁宁建.当代认知心理学[M].上海:上海教育出版社,2004.
[3] 彭聃龄.普通心理学[M].北京:北京师范大学出版社,1994.
[4] 彭聃龄.普通心理学[M].北京:北京师范大学出版社,2001.
[5] 彭聃龄.普通心理学[M].第 4 版.北京:北京师范大学出版社,2012.
[6] 黄希庭.心理学导论[M].第 2 版.北京:人民教育出版社,2007.
[7] 黄希庭.心理学[M].上海:上海教育出版社,1997.
[8] 黄希庭,杨治良,林崇德.心理学大辞典[M].上海:上海教育出版社,2003.
[9] 黄希庭.未来事件的心理结构[J].心理学报,1994,26(2):121 - 127.
[10] 朱智贤,林崇德.儿童心理学史[M].北京:北京师范大学出版社,1988:39.
[11] 林崇德.发展心理学[M].第 2 版.北京:人民教育出版社,2008.
[12] 胡德辉.论情感教育[J].湖北大学学报(哲学社会科学版),1995(1):14 - 19.
[13] 李爱蓉.中学生消极情绪的自我调节[J].心理世界,2000(7):56.
[14] 张曦艳.中学生不良情绪自我调节探索[J].广西教育学院学报,中小学德育与心理健康教育专辑.2001(2):20 - 24.
[15] 曹荣清.浅谈不良情绪的心理调适[J].沈阳教育学院学报,1998(4):77 - 80.
[16] 许海霞.当好情绪的调节师[J].心理与健康,2005(3).
[17] 列维托夫.性格心理学[M].北京:人民教育出版社,1959:314.
[18] Jerry M. Burger.人格心理学[M].陈会昌等,译.北京:中国轻工业出版社,2004(9):349 - 350
[19] 李丹.发展心理学[M].上海:上海教育出版社,1989.
[20] 路海东.心理学[M].长春:东北师范大学出版社,2006.
[21] 杨胜勇.心理学[M].武汉:武汉大学出版社,2013.
[22] 张德.心理学.长春:东北师范大学出版社,1993.
[23] 格里格,津巴多.心理学与生活[M].王垒,王甦等,译.第 16 版.北京:人民邮电出版社,2003.
[24] 田爱香.心理学[M].武汉:中国地质大学出版社,2013.
[25] 陈琦,刘儒德.教育心理学[M].第 2 版.北京:高等教育出版社,2011.
[26] 刘儒德.教育中的心理效应[M].第 2 版.上海:华东师范大学出版社,2013.
[27] 叶奕乾.普通心理学[M].修订 2 版.上海:华东师范大学出版社,2004.

[28]朱智贤.心理学大词典[M].北京:北京师范大学出版社,1989.
[29]侯玉波.社会心理学[M].第2版.北京:北京大学出版社,2007.
[30]周瑛,胡玉平.心理学[M].吉林:吉林大学出版社,2011.
[31]安容瑾.心理学[M].北京:红旗出版社,2015.
[32]中公教育研究院.国家教师资格考试专用教材[M].北京:世界图书出版公司,2019.
[33]郝波,梁卫兰.影响正常幼儿词汇发育的个体和家庭因素研究[J].中华儿科杂志,2004;42(12):908-912.
[34]余华.关于文学作品中的想象[EB/OL].搜狐教育文学批评.https://www.sohu.com/a/317089598_752169
[35]科比生涯10大励志故事天才之所以伟大源于学习[EB/OL].http://www.360doc.cn/article/9428521_700278709.html

复习与思考参考答案